新时代高校教师

—— 发展丛书 ——

一线教师如何建设新文科

从政策理念到实践操作

田洪鋆◎著

清华大学出版社

北京

图书在版编目（CIP）数据

一线教师如何建设新文科 ：从政策理念到实践操作 / 田洪鋆著. -- 北京 ：清华大学出版社, 2024. 12（2025.1重印）(新时代高校教师发展丛书). -- ISBN 978-7-302-67705-5

Ⅰ. G642.4

中国国家版本馆 CIP 数据核字第 2024Q98D72 号

责任编辑：朱晓瑞
封面设计：汉风唐韵
责任校对：宋玉莲
责任印制：杨　艳
出版发行：清华大学出版社
　　网　　址：https://www.tup.com.cn，https://www.wqxuetang.com
　　地　　址：北京清华大学学研大厦 A 座　　邮　　编：100084
　　社 总 机：010-83470000　　邮　　购：010-62786544
　　投稿与读者服务：010-62776969，c-service@tup.tsinghua.edu.cn
　　质 量 反 馈：010-62772015，zhiliang@tup.tsinghua.edu.cn
印 装 者：小森印刷霸州有限公司
经　　销：全国新华书店
开　　本：148mm×210mm　印张：9.375　字　　数：200 千字
版　　次：2024 年 12 月第 1 版　　印　　次：2025 年 1 月第 2 次印刷
定　　价：69.00 元

产品编号：103409-01

序：为什么要写这本书？

本书的写作是为了解决两个问题：其一，关于新文科建设这个高等教育问题的研究一直不能准确地落在教育学的范畴，缺乏操作性，致使一些政策不能落地。其二，我们很难见从一线教师的视角对新文科建设这一课题进行研究，大多是各层级的领导对政策的解读，视角偏宏观。不可否认的是，一线教师是新文科建设的主体，不从一线教师的角度对新文科建设进行深入细致的剖析，新文科建设最终只能流于形式。

先看第一个问题——关于新文科建设的研究不能准确地落在教育学的范畴，缺乏操作性，政策无法落地。提起新文科，你会想到什么？一些关键词会出现在你的脑海里，如中华文化、中国学派、哲学社会科学、创新发展、信息时代、产业革命、守正创新、价值引领、分类推进、学科交叉……这些都是教育部相关文件中经常出现的词。相应地，学界对新文科的解读也没有脱离这些措辞。比如，一些学者认为，新文科之“新”在于背景新，因为新文科建设所处的背景从国际层面来看，是百年未有之大变局，国际格局、国际关系发生剧烈变化；从中国角度来看，是中国的社会发展实践遇到很多新的问题；从时代角度来看，是信息革命、产业变革……还有一些学者认为，新文科之“新”在于方法新，因为新文科的关键词主要有交叉融合、守正创新、继承与发展、融会贯通、协同共享……

我们必须面对的实际情况是教育部提出了一项建设内容（如新文科），从国家层面来看，是提出了设想和要求，带有明确的问题意识，希望高等教育界给出解决方案。教育部使用的语言和表达方式偏政策性，这是国家视角（也是提出问题方的视角），无可厚非。接到这项建设任务后，高等教育界需要将这项用政策性语言表述的任务或者是问题转化成教育领域内的问题（即解决问题方的视角）。也就是说，作为新文科建设的主体——教育界，各个高校，高校各部门如社科处、教务处，高校中的各个学院，学院的主管领导以及庞大的一线教师群体要从各自的职责和定位出发，遵循高等教育的规律，使用高等教育的方法将新文科建设任务落到实处，也就是要用高等教育的理论解决教育部提出的新文科建设的问题。在具体落实过程中，虽然高等教育领域内各主体的地位、分工不同，但具有一个共同的特点，即都属于高等教育的范畴，都需要将教育部的各项要求落实到高等教育上。这就有点像一位牙痛患者来到医院，通过分诊来到口腔科，最后在口腔科大夫的口腔专业知识和技术指导下得到了救治。如果这位患者被分配到了足踝外科，尽管也是专业的科室，但是解决不了这位患者的病痛。抑或是这位患者没有去医院，而是被推荐给某个江湖术士，通过“作法”“跳大神”等方式治疗牙痛，这会让一个现代人觉得匪夷所思。

无论是背景新还是方法新，都不是新文科建设的落脚点，都只是引发新文科建设的“因”，而不是需要具体建设的内容。新文科建设必须落实到高等教育范畴中的课程建设、教学方法、教学模式、人才培养、课程体系、专业设置、学科建设等方面。目前，对新文科建设的不少研究要么停留在国际、国内、时代、社会和发展等背景层面（这些切入点离高等教育太远，只是高等教育运行的外围场域），要么强调交叉、创新、融合、协同、共享等路径，并且没有交代为什么要交叉、怎样交叉、怎样跨学科、怎样进行数字建设、数字建设什么、共享什么、协同什么……还有一部分研究强调新文科建设的结果，如构建中国话语体系、自主理论体系、文化进步、价值观重塑、中国学派、哲学社会科学家、构建学科知识平台……但如何达到这些结果，在方法论层面上缺乏指导，理论层面上也缺乏分析。也有少部分研究提及人才培养、专业设置、课程体系、师资队伍建设等具有高等教育内涵的建设内容，但浅尝辄止，并未深入细致展开，仍不具有操作性。如果不能在高等教育内部，顺应高等教育的规律，提出具有操作性的解决方案，那么这种分析顶多是国家政策的重复、理念的分享，抑或是某种学术“意淫”，并不能解决新文科建设的具体可操作性问题。

目前新文科研究中最急迫的问题是教育界没有将国家（教育部）的建设要求、目标（或者问题）转化到教育领域的各个职能部门、各个层次的主体身上，并从符合高等教育规律的角度分类推进。有的只是对国家政策的重复，对一些流行词如交叉、创新的无意义强调，以及对新文科美好成果如中国学派、自主理论体系的憧憬和向往，但是具体的路径、方法、抓手、落脚点统统不提，这种研究是很令人怀疑的。我们应当明确的是，教育部作为国家机关，对某项政策的描述是偏政策性、宏观性、引导性的，使用的是政策性语言。说简单点，就是国家只负责从国家角度对高等教育提要求，具体怎么将国家的要求落实到高等教育的各个环节，是高等教育领域的人应该思考的问题。就像上文提及的牙痛患者想解决牙痛的问题，他不知道自己的牙痛是由什么引起的，也不懂口腔科的技能、词汇和表达，他只是带着他的需求来到医院。一所专业的医院，应该确保这位患者在什么都不知道的情况下被导诊到口腔科而不是别的什么科室，更不能将患者推到不靠谱的江湖术士那里通过“跳大神”等非专业方式解决病痛。作为高等教育的参与者，首先要对国家政策进行“专业”识别（即教育学审视），这是必备且不可逾越的环节，即不能停留在政策层面，要将国家政策和要求落到自己的专业层面。目前，高等教育的从业者在研究新文科的时候仍然是站在国家的角度重复新文科建设的需求，而不是将该问题落下来，这使得新文科建设虽然已经推进了四年，但是仍然没有形成本质性的、可靠的建设路径和方案。多数研究停留在政策解读、理念分析，不具有操作性，不能落地。

如果你问笔者为什么会出现上述问题，原因就在于我们需要将国家提出的要求、设想和政策转化成教育问题，就像上文的牙疼问题要被识别成口腔科问题一样。可是目前大多数高等教育的从业者是专业出身（比如笔者是法学专业出身），对新文科建设研究所需的高等教育原理和知识，以及高等教育的运作规律，从认识上有待提升，从而在将新文科建设的具体要求转换成高等教育领域的问题时遇到了障碍。现实中，你不可能让一名律师（法学专业）去帮你修牙吧。所以，这给了我们一个提示，即要想从事新文科的建设和研究，需要具备基本的教育学知识、了解教育规律以及高等教育的运行结构。

再说第二个问题——新文科建设缺乏一线教师的研究视角。从静态来讲，高等教育是一个复杂的结构体系；从动态来讲，高等教育又有复杂的运行机理。高等教育中的每一个主体对于新文科建设都是必不可少的。比如，高校作为高等教育界的一员，在新文科建设中的作用和功能是什么？教务处、社科处作为高校下设的职能部门，在新文科建设中起到什么作用？学院作为高校的业务构成主体，在新文科建设中要发挥什么功能？校长、教务处处长、院长、主管副院长、一线教师分别要承担什么样的新文科建设任务？不对高等教育的具体环节、具体参与主体进行区分，笼统谈新文科建设并没有什么实际意义。从理论上来说，一线教师能做的事与院长、校长能做的事是不一样的。一线教师把握的东西偏微观，从教学的角度来看就是一门课的建设、一门课的教学。院长掌握的东西要中观一些，院长可以把握整个学院的课程体系、单一学科的人才培养、专业设置、重整等工作，甚至可以实现跨学科的整合。校长能做的事多是偏宏观的，整个学校的人才培养定位、学科分布设置、整合重置、教育理念等问题比较适合校长来考虑。由于工作的原因，笔者经常参与高校的教改项目立项、结项等工作，也包括新文科项目的立项。笔者经常遇到一个问题，就是教育主体“越位”从事教学研究。比如，一位一线教师要研究教育理念、人才培养、专业设置、课程体系等方面的内容。从教育学的角度来看，笔者认为这不是一线教师能够研究的内容，这至少是副院长、院长要做的事。一线教师主要的工作就是自己手中的这门课以及这门课怎么上。简单说，在教学领域，一线教师碰不到也并不经常从事专业设置、课程体系、人才培养方面的工作，这是领导要处理的事情。相反，如果一位校长总是关注微观，不能守住自己工作的那个宏观层面，这也是一种“越位”，会让人觉得抓小放大、本末倒置。

在有关新文科的研究中，我们经常能够看到某学校的校长、书记、院长的大作，发表的文章绝大多数出自领导之手。笔者并不反对这种现象，也没有任何褒贬，笔者认为有些文章写得还是很中肯的。但是这里有一个问题，诚如上文所述，处在高等教育不同环节的人有着不同的功能、职责和定位，这会让其产生不同的观察高等教育的视角。比如，领导会关注中观、宏观方面的话题，如人才培养、专业设置、招生、就业、学科建设、考核、评价……这些对于一线教师来讲太远了，没有直接的指导意义。不可否认的是，一线教师手中的课以及如何上好这门课（教学），一线教师如何开展新文科方面的科研工作是新文科建设的基本，也是庞大的存在。毫不客气地说，新文科建设的基本主体是一线教师，而不是什么具体的领导。领导只能在其职能范围内发挥作用，这还得是懂教育、懂新文科建设的领导，否则会起到反作用。这个话题太远，我们还是回到一线教师的新文科建设上。

据笔者观察，关于新文科的政策解读、描述已经够多了。当前，更多的研究应当下沉到一线教师，指导一线教师如何在新文科的要求下开展科研，以及如何在新文科的要求下开展教学。毕竟谁都不能否认一线教师是新文科建设的基本主体，缺乏这个主体的参与，教育部的各项改革措施都无法落地。而且，不论建设什么，一线教师的主要职责都是科研和教学，新文科建设也不能脱离一线教师的这两项基本的工作来谈。这也呼应了笔者对上一个问题的阐述,我们必须把党和国家关于新文科建设的具体要求、期待落到一线教师的日常工作中，否则一切都是空中楼阁，一无所成。

在新文科建设中，一线教师是需要指导的，不仅因为新文科是一个新生的事物，更因为科研和教学两项工作是“专业”工作。虽然一线教师在年复一年、日复一日地从事着科研和教学工作，但是我们不得不正视一个问题——教师是凭经验、感觉在试探性地从事科研、教学工作，缺乏专业的方法论来实现科研和教学的自觉、自省和自查，仍属于自由探索的状态。新文科建设的要求是明确而具体的，即在科研上希望科研工作者能够回应社会的复杂问题、新时代的要求，使用交叉学科、跨学科等多种方法，共享协同以及多平台作业，形成开创性、能体现中国特色的社会科学成果，学者的成果汇聚到一起就会形成自主理论知识体系，同时也造就了哲学社会科学家，最终推动整个社会的价值重塑，促进文化进步，提升文化软实力，提升中国的话语权。所以，新文科背景下科研工作者需要审视科研活动的各个环节，将新文科建设的要求渗透到科研活动的全过程，进而从个体角度对新文科建设做出贡献。从教学的角度观察，高校教师可谓是外行了。高校教师与中小学教师不同，中小学教师还能尽可能保证师范类专业出身，也就是说具备了教育学的理论基础和实践技能。高校教师则不然，他们成为高校老师是因为他们的专业，如医学、法学、经济学、社会学、哲学等。他们并没有经过严格、专业的教育学培训，尽管在成为高校教师之前会经过一个短暂的新入职教师培训，但参加这个新入职教师培训只是为了获得教师职业资格。在这种有限的教育教学知识和技能的基础上，一线教师就开始了自己的教学生涯，他们的教学活动多是经验式的、临摹式的，伴随着他们学生时代的上课体验和自己作为教师的悟性形成了一套野生的教学模式，从专业角度来看错漏百出，可以提升的空间很大，这也是高校教师教学发展中心存在的意义和主要工作。新文科对于教师的教学要求是非常明确的，即如何通过一门课的教学实现人才培养的目标、一流课程的建设、教学过程的优化……这些都是非常专业的、一线教师所不具备的。因此，我们需要在上述两个方面为一线教师提供支撑，帮助他们更好地参与到新文科的建设中。

正是上述两个相互交织、互相联系和嵌套的问题触发了本书的写作初衷。序言的写作空间狭窄，仅能对问题进行简单的描述，笔者会在正文中对新文科研究的现状和问题、一线教师建设新文科的两个抓手——科研和教学展开详细论述，希望能够为新文科建设贡献自己的绵薄之力。此外，虽然在序言和稍后的正文中会提及一些新文科研究的现状以及表达对这些现状的批判，但不可否认的是，其中很多研究是颇有价值的，尤其是来自教育学专家（包括出身教育学以及有丰富教育学经验的人）的解读。这再次印证了一个道理，即专业的事情需要专业的人来干。从本质上来讲，新文科建设是一个教育学问题，需要高等教育的参与者在使用教育学理论、尊重教育学规律的前提下分析问题和提出解决方案。那些游离在高等教育范畴和领域之外的各种所谓研究是不会有太多存在价值的。以上是本书的核心观点和阐述问题的前提，希望本书的面世能够澄清一些认识上的误解，将新文科建设拉到正确的轨道上来。

• 目　　录 •

第一章 新文科文献综述

一、新文科的研究现状

新文科的研究主要分为两大类——理论研究和实践研究，其中理论研究主要集中在什么是新文科、为什么建设新文科和怎样建设新文科三个问题上；实践研究则集中在不同专业、不同课程和不同学校的具体做法上。本部分将从理论和实践两方面呈现新文科研究的现状，帮助读者了解目前新文科研究的推进情况。

（一）理论研究

1. 理论研究涉及的关键词整理

在中国知网上输入“新文科”进行检索，会得到3000多个检索结果。如果将其中报道类、与新文科建设关联不大、学术性不强、权威性不高的文章排除，仍会得到几百篇关于新文科建设的文献。本书关于新文科研究现状的分析和呈现就是建立在这几百篇发表于相对权威的学术期刊、与新文科建设有直接关联的文献基础之上。新文科是一个复杂的事物，涉及的概念、角度和关键词众多且复杂，因此在呈现理论研究关注的三个问题之前，笔者对新文科建设涉及的关键词汇进行了简单的分类和整理，如表 1-1 所示，尽可能呈现新文科研究的整体图景，再分门别类介绍每一个研究关注的角度和研究情况，以期帮助读者更好地了解新文科研究的现状。

表 1-1　新文科知识地图

	A 组 （背景）	B 组 （建设类动词）	C 组 （抓手或落脚点）	D 组 （结果）
外围	**国际相关词汇：** 国际视野、国际交流、全球新格局、世界水平、世界政治经济共同体、经济全球化、国际化、全球格局、百年未有之大变局、国际影响力不足、知识交流、国际对话、大布局、开放性、中外结合、文科国际化、全球治理、国际竞争、全球视野、世界舞台 **国家和民族相关词汇：** 民族国家、国家战略、中国巨大变化、中国社会现实、国家命运、中国特色、使命、中国化问题、中国大国地位、本土需求、本国立场、家国情怀、顶层设计、国家战略需求、教育强国、民族复兴、中国实力、国家发展、新国情、强国、走出去、服务国家战略不足	创新、原创、交叉、融合、服务社会、服务需求、回应战略、生产、再生产、跨（学科）、整合、守正创新、价值引领、交流、建设、数字打通、继承与创新、传统与发展、中外交流、共享与协同、传统与创新、优化、打通、配合、服务、配套	**学科相关词汇：** 跨学科、交叉学科、学科内容、学科定位、突破学科、学科分类、学科自身发展、学科问题、跨学科联合学位、多学科集群为基础的现代书院制度、学科整合、跨类学科重组、跨学科课程群、优化学科、自主学科体系、学科交叉融合、新学科、超学科、共同体、重组学科、大交叉、大融合、大跨越、大凝练、文理交叉、交叉融合、交叉学科、多学科协同、学科建设、打通文理、学科界限 **专业相关词汇：** 专业新方向、专业、新专业、一流专业、跨专业、专业结构 **课程相关词汇：** 课程	话语权、话语体系、文化进步、软实力、自主理论、自主理论体系、价值观重塑、共同体、文化传承、文化自信、文化传统、多文化交流、理论自信、学科知识平台、新时代人才、哲学社会科学家、自主思想体系、人文赋能技术、中国学派、人文传统、教育强国、六拔尖一卓越

续表

A 组 （背景）		B 组 （建设类动词）	C 组 （抓手或落脚点）	D 组 （结果）
	社会相关词汇：服务社会、社会需求、社会实践、社会矛盾、社会发展、社会全息化、社会场景巨变催生文科变化、古典主义、向大众靠拢、经济社会、社会需求、社会问题、社会服务、公共事务、公共理性、大学与真实世界 **时代相关词汇：**现代化及其发展、进程、新时代、历史节点、中国特色社会主义新时代、新使命、融合发展、新兴领域、实践需要、时代热点、时代需求、信息时代 **信息技术相关词汇：**信息化、数字化、科技革命、产业变革、数字人文、技术、产业、信息、新技术、新经济、数字、科技、媒体、新科技、新产业、新问题、大数据、数字技术融入、信息时代、现代技术、数字科技、媒体融合 **文化传统相关词汇：**文化多样化、文化自信、文化传统、外来文化文明、传承优秀文化、传统文化不足 **科学相关词汇：**自然科学、物理学、实用主义、自然主义、科学主义、科学精神、科学方法		主辅结合、跨学科课程群、新课程、课程教学体系、课程体系、课程内容、优化课程、通识课程、人文和专业课融合、主辅结合、金课、选课方式 **人才培养相关词汇：**人才培养、复合人才、交叉型人才、高级文科人才、人才培养体系、综合型高素质人才、时代新人培养、人才培养新模式、联合培养、领导人才、全球治理应用人才、通识人才培养、使命担当、人才综合素养、家国情怀、人文素养、专业能力、创新能力、写作能力、综合学科视野高素质人才、通识教育、培养目标、培养体系、培养模式、文科人才培养、通识人才 **师资、组织相关词汇：**师资队伍、学术组织、校内外“双师”队伍、教师队伍建设 **教育、高等教育等相关词汇：**教育、教学、教学质量、课程教学体系、实践教学弱化、文科教育振兴、教学改革、实践教	

续表

	A 组 （背景）	B 组 （建设类动词）	C 组 （抓手或落脚点）	D 组 （结果）
自身	**笼统文科问题：**不重视、千校一面、没特色、人文社科边缘化、文科的知识过于精细化、专业化和学科化、缺乏实用性、交叉不够、技术融合不够、战略引领不够、要回应所有层面的关键词、文科自身发展、学术研究薄弱、问题意识、文科功能和核心素养、人文教育、配合“四新”、配合通识、服务其他学科 **中国文科问题：**不成熟、不自主、不独立、仿效西方、现有文科解释困难 **外国文科问题：**希拉姆学院新文科建设、欧美文科式微、文科教育的边缘化		学、理论与实践、终身学习以及实践能力、学习方式、教育发展、教育理念、教育模式、教学质量、教育方式、高等教育、高教改革、高教自身面临挑战 **教材等载体建设相关词汇：**教材建设、期刊建设、图书馆建设、数字教材 **评价相关词汇：**评价、评价标准、评价制度、学术评价、评价体系 **招生相关词汇：**招生、招生名额、大类招生、生源构成 **科研相关词汇：**学术研究、科研模式、科研方法、研究方法、打通科研和教学、学术组织、学术评价、科学精神、研究手段、方法学、理念方法、方法转型、方法创新、问题导向、需求导向、针对性、问题意识 **管理类相关词汇：**管理模式、运行模式、管理方面、新管理标准、管理方法、新型管理组织 **协同平台类相关词汇：**协同式学科平	

续表

A 组（背景）		B 组（建设类动词）	C 组（抓手或落脚点）	D 组（结果）
			台、现代书院、实验室建设、协同创新、超学科共同体、包容作用、平台意蕴 **知识类相关词汇：**知识创新、知识生产、知识分类、知识效用、知识格局、知识范式、知识问题、批判精神、探索未知、探索新知识、知识的整体性和体系性、知识丰富与能力提升、知识体系、改造知识体系、新的知识话语体系、思维训练、知识获取 **育人相关词汇：**立德树人、育人、以育人为中心、价值引领、观念塑造、课程思政、以人为本、健全人格及协作精神、价值重塑	

之所以要制作表 1-1，是因为新文科是一个新生事物，很多内容如范畴、边界、内涵、外延等都没有确定。相应地，从事新文科相关研究的学者只是选取了其中一个角度、片段或某方面内容进行讨论。如果我们不对新文科的相关知识结构、关键术语进行梳理，而是直接将学者们的研究情况、讨论主题呈现出来，就有点盲人摸象式的介绍，这样读者虽然了解了新文科研究的相关细节和推进情况，但是会缺乏整体性的概念和图景，无法对相关研

究做出正确的判断，也无法认识每个单独研究切入的角度。于是本书采用了一种特殊的文献综述方法，即先将新文科研究相关的高频词汇分门别类地整理出来，以帮助读者构筑一个关于新文科研究的整体性知识地图，再在这一宏观地图的指引下展开新文科研究的微观阅读和品咂。

需要指出的是，本书对新文科相关文献的整理是主观性的且相对粗放的。一方面，笔者只对这些文献中反复出现的词汇和术语进行整理和分类，并没有过多探讨这些术语是否被恰当地使用，因为这部分是为了尽可能客观呈现既有研究的面貌。[①]另一方面，现有研究中使用的相关词汇和术语是互相联系的，它们之间的边界并不清晰。因此，在梳理过程中可能出现一个词汇涉及两个领域，或者一个词汇放在哪个领域都不太妥当的情况。不管怎样，将这些大量出现的词汇和术语整理出来并进行简单的分类，能帮助我们对新文科相关研究的推进情况和整体状态有一个大致的了解，尽管这种区分可能不太精准、较为粗放，但是对于新文科研究的整体性和轮廓性把握是非常有帮助的。

总的来说，笔者发现经过检索、筛选之后可作为本书写作基础性材料的几百篇新文科文献所涉范围非常广泛，切入点比较分散，强调的内容各有不同。如果只简单介绍新文科建设有哪些研究，哪些学者介绍了什么、强调了什么、分享了什么，那么最后呈现的内容仍然是盲人摸象式的，即每个人说的都对，但都只是新文科研究的一部分，缺乏整体性，进而导致读者在阅读时容易

① 本部分只是“述”，笔者会在下文对既有研究做出“评”，即对这些词汇术语的选择、使用进行解读和评论。

迷失在各个片段中而对整体性失去把握或者不能洞见整体的图景。因此，本书在开篇先对新文科研究的知识地图进行梳理，勾勒一头完整的“大象”，尽管这种梳理带有主观性和不完善性，但能够提供一个观察视角供学者批判。最重要的是，它能够使读者带着“导航”去观察自己行进（阅读）的每一段道路（每一篇文献）。

2. 理论研究涉及的三个话题

关于新文科的理论研究主要围绕三个话题展开：什么是新文科、为什么要建设新文科和怎样建设新文科。其中，什么是新文科是最重要的话题，绝大部分学者对这个话题发表了自己的看法。这些看法直接关系到他们如何看待其余两个话题。所以，我们先从第一个话题谈起。

1）什么是新文科

这是研究新文科时躲不开、必不可少、至关重要的一个话题。不论我们研究什么，都必须先界定研究对象，因此绝大多数文献会或多或少阐述作者对新文科的理解。遗憾的是，我们看到的对新文科的界定都集中在什么是“新”，而没有界定什么是“文科”。换句话说，这些研究默认“文科”的概念是没有问题、没有争议的，是大家都了解并达成共识的，但实际上并没有。这不是本部分的重点，笔者会在下文对这个问题进行深入细致的分析，本部分的重点放在学者们怎样界定新文科上。

有一些学者对目前新文科研究中“什么是新文科”即新文科“新”在何处做过综述，我们先来看这些学者所作的综述。

首先，马骁等在《新文科建设：瓶颈问题与破解之策》一文中将学术界对新文科内涵的界定分成两种——创新论和融通论。[①]其中持创新论者认为“新文科是发展社会主义先进文化的重要载体”，主张“新文科的核心是创新的新，而不是新旧的新、新老的新”，强调新文科的时代性，把新文科置于构建中国特色哲学社会科学的大逻辑中去审视和把握。持融通论者强调了新文科的融通性，主要代表如徐显明，他认为“新文科将是文理打通、人文与社科打通、中与西打通、知与行打通的‘四通文科’”[②]。马费成认为，移动互联网彻底改变了人类的生产生活方式，出现了前所未有的法律、伦理和道德问题，要解决这些问题，显然不能依靠单一学科，必须多学科协同。于是，在多学科交叉边缘上出现了新兴的文科研究领域和研究方式。在陈鹏看来，新文科的提出，正是寄希望于文科的内部融通、文理交叉来研究、认识和解决学科、人和社会中的复杂问题。[③]樊丽明从新科技革命与文科融合化，进入新时代与文科中国化，历史新节点与文科新使命，全球新格局和文科国际化[④]四个维度阐释了新文科之“新”的内涵。

其次，黄启兵、田晓明在《“新文科”的来源、特性及建设路径》一文中将学者们认为的新文科分成一方面的“新”和全方面

① 马骁、李雪、孙晓东：《新文科建设：瓶颈问题与破解之策》，载《中国大学教学》2021 年第 1 期。

② 徐显明：《高等教育新时代与卓越法治人才培养》，载《中国大学教学》2019 年第 10 期。

③ 陈鹏：《“新文科”要培养什么样的人才》，载《光明日报》2019 年 5 月 20 日，第 8 版。

④ 樊丽明：《“新文科”：时代需求与建设重点》，载《中国大学教学》2020 年第 5 期。

的“新”。[①]强调某一方面之“新”的学者，如陈跃红认为“新文科”之“新”在于创新：“眼下提倡的新文科，不是新旧之新，而是创新之新，是立足于新科技时代，为了未来创新型人才培养，对文科提出的提升要求。换言之，是要打造‘2.0 版新文科’。”[②]魏琛认为“新文科”建设之“新”在于：“新文科建设强调学科建设的交叉融合性、开放包容性与技术人文性，以求同存异、互鉴共进、协同发展为核心基准。”[③]强调全方面“新”的学者，如刘艳红认为，“新文科的‘新’主要体现在学科协同之新、信息技术融入之新、人才培养模式之新等方面”。[④]樊丽明认为“新文科”有四点“新”：新科技革命与文科的融合化发展，历史新节点与文科新使命，进入新时代与文科中国化，全球新格局和文科国际化。[⑤]周毅、李卓卓提出新文科的特征有四：新交叉、新功能、新范式、新路径。[⑥]夏文斌强调四“新”：一是服务国家战略上有新要求，二是促进学科的交叉和融合，三是高水平的人才培养体系，四是人文精神的现代传承。[⑦]

---

① 黄启兵、田晓明：《“新文科”的来源、特性及建设路径》，载《苏州大学学报（教育科学版）》2020 年第 2 期。

② 陈跃红：《新文科：智能时代的人文处境与历史机遇》，载《探索与争鸣》2020 年第 1 期。

③ 魏琛：《新文科视域下认知语言学研究的五个维度》，载《北京科技大学学报（社会科学版）》2020 年第 1 期。

④ 刘艳红：《新文科建设背景下的高校图书馆服务研究》，载《图书与情报》2019 年第 4 期。

⑤ 樊丽明：《对“新文科”之“新”的几点理解》，载《中国高教研究》2019 年第 10 期。

⑥ 周毅，李卓卓：《新文科建设的理路与设计》，载《中国大学教学》2019 年第 6 期。

⑦ 夏文斌：《新文科新在何处》，载《石河子大学学报（哲学社会科学版）》2019 年第 6 期。

再次，白寅在《论融媒体素养对新文科人才培养的意义》一文中从“超学科”和“人才培养”两个方面归纳了学者们对新文科内涵的界定。[①]一些学者认为新文科体现了一种“超学科”视野，比如赵奎英认为这种超学科性体现为解决全人类共同面对的重大复杂问题，因而要构建一种“共同体”思维。[②]还有一些学者则认为新文科体现了人才培养的普适性，针对的是各类社会文化工作的新要求——由于新技术的广泛嵌入，社会文化领域的许多岗位及相关行业的内涵发生了重大转变，这种变化的一个重要趋势就是对复合型人才的需求。因此，新文科教育的重点，就是培养多学科交叉融合的新型文科人才。[③]

最后，王兴旺在《面向新文科建设的高校图书馆智库式服务研究》一文中列举了我国一些学者对新文科内涵和特点的界定，[④]但并没有对这些观点进行深入的整理和区分。如樊丽明等认为，当前所指的新文科概念是2017年由美国希拉姆学院率先提出的，其所阐释的新文科主要是专业重组，不同专业的学生打破专业课程界限，进行综合性的跨学科学习。[⑤]马费成、李志元认为，新文

---

① 白寅:《论融媒体素养对新文科人才培养的意义》，载《中国编辑》2021年第6期。

② 赵奎英:《“新文科”“超学科”与“共同体”：面向解决生活世界复杂问题的研究与教育》，载《南京社会科学》2020年第7期。

③ 白寅:《论融媒体素养对新文科人才培养的意义》，载《中国编辑》2021年第6期。

④ 王兴旺:《面向新文科建设的高校图书馆智库式服务研究》，载《现代情报》2021年第11期。

⑤ 樊丽明，杨灿明，马骁，等:《新文科建设的内涵与发展路径（笔谈）》，载《中国高教研究》2019年第10期。

科是为了对接新一轮科技革命所带来的学科交融要求，其任务是在“应变”和“求变”中实现哲学社会科学教育及知识生产模式深刻而全方位的变革。[①]王铭玉、张涛认为，新文科是相对于传统文科而言的，具有战略性、创新性、融合性和发展性等新的特征。[②]张俊宗提出要从学科、历史、时代、中国等多个维度理解新文科。[③]蔚海燕、李旺认为，学界对于新文科的认知已达成基本共识：新文科的提出并非源于传统文科的不足，即新文科的“新”并非“新旧”之新，而是“创新”之新，主要体现在学科的交叉融合、信息技术的融入、人才培养模式的创新等方面。[④]朱尖在《新文科背景下中国边疆学发展思考》一文中列举了几位权威人物对新文科的界定，其中时任教育部部长陈宝生在“六卓越一拔尖”计划 2.0 启动大会上指出：“新文科是发展社会主义先进文化的重要载体，要把握好新时代哲学社会科学发展的新要求，推动哲学社会科学与新科技革命交叉融合，培养新时代的哲学社会科学家，积极投身社会主义文化强国建设，提升国家文化软实力和中华文化影响力。”山东大学原校长樊丽明提出了新科技革命与文科的融合化发

---

① 马费成，李志元：《新文科背景下我国图书情报学科的发展前景》，载《中国图书馆学报》2020 年第 6 期。

② 王铭玉，张涛：《高校“新文科”建设：概念与行动》，载《中国社会科学报》2019 年 3 月 21 日，第 4 版。

③ 张俊宗：《新文科：四个维度的解读》，载《西北师大学报（社会科学版）》2019 年第 5 期。

④ 蔚海燕，李旺：《图书馆数据服务助力新文科建设之路径》，载《图书与情报》2020 年第 6 期。

展，历史新节点与文科新革命，进入新时代与文科中国化，全球新格局和文科国际化四点看法。徐显明进一步明确新文科相较于传统文科有四个不同：其一，在话语体系上，应把西方话语体系主导下的文科转向中国话语体系主导下的文科，不完成这个转变就无所谓新文科；其二，在内容上，应把纯文科转向文理交叉的学科；其三，在作用上，应从探讨人文社科所涉对象的规律性转向对社会价值观的重塑和形成国家软实力，为理工科甚至为国家和社会提供指导思想；其四，在方法论上，应从运用传统的人文社科方法转向运用现代科技及算法，将文科的定性方法与定量方法相统一，彰显新文科的科学性。新文科将是文理打通、人文与社科打通、中与西打通、知与行打通的“四通文科”。[①]可以看出作者在这里并没有对学者及其研究进行分类，只是简单罗列。周计武在《新文科的使命与艺术学理论的跨学科定位》一文中指出，国内一些学者对新文科作了如下定义：“新文科是相对传统文科而言的，是以全球新科技革命、新经济发展、中国特色社会主义进入新时代为背景，突破传统文科的思维模式，以继承与创新、交叉与融合、协同与共享为主要发展建设途径，促进多学科交叉与深度融合，推动传统文科的更新升级，从学科导向转向以需求为导向，从专业分割转向交叉融合，从适应服务转向支撑引领。”[②]

---

① 朱尖：《新文科背景下中国边疆学发展思考》，载《云南师范大学学报（哲学社会科学版）》2021 年第 4 期。

② 周计武：《新文科的使命与艺术学理论的跨学科定位》，载《民族艺术研究》2021 年第 1 期。

以上既是中国新文科研究中对什么是新文科的研究现状，又是学者对什么是新文科、新文科内涵界定的综述现状。这些梳理（综述）要么没有分类，只是简单罗列，没有进行底层本质的深度探索（如王兴旺、朱尖、周计武）；要么分类标准较为简单，没有围绕新文科的本质进行讨论（如马超的“创新论”和“融通论”，黄启兵的一方面的“新”和全方面的“新”，白寅的“超学科”和“人才培养”）。总体而言，关于什么是新文科这个话题，学者们切入的角度多且杂，关注的点也不同。正是这些研究现状使得想要对什么是新文科进行综述的学者陷入一定程度的困境。

尽管既有文献对什么是新文科，即新文科内涵的梳理相对简略，但是我们仍然能够看出，所有的综述描述和覆盖的内容都没有脱离表 1-1 的范畴。我们先介绍一下表 1-1 中梳理关键词构建新文科知识地图的思路，再围绕表 1-1 重新梳理学界对新文科内涵的界定。首先，表 1-1 梳理的关键词是既有文献中反复出现的高频核心词汇，它们散布在每一篇文章中，是学者们经常提及、读者耳熟能详且能够瞬间产生新文科联想的关键词。其次，表 1-1 梳理的关键词一共有四组，分别是 A 组（背景）、B 组（建设类动词）、C 组（抓手或落脚点）、D 组（结果），这四组关键词有着共同的主语——新文科，也就是说，这四组关键词都是围绕新文科形成的，没有脱离新文科来谈分类。其中 A 组为新文科背景类词汇，是指大多数学者在文献中普遍提及的新文科建设背景类的信息，这些信息又被细致地分为外围背景词汇和自身背景词汇两类。B 组为新文科建设类动词，多为既有研究中用来描述建设新文科的方式、路径等的词汇。这一组都是动词，包含着学术界对新文科的建设构想。C 组为抓手或落脚点，是指很多文献中反复提及的新文科建设的领域。细心的读者已经发现，这一组关键词是教育范畴的词汇，大到教学和科研这种描述高等教育两大核心工作模块的词汇，小到专业、课程、教材、教学过程、教学方法等具体描述教学的词汇，以及研究方法、研究团队、研究组织、问题意识等具体描述科研的词汇。本书序言就指出，新文科建设必须落到教育学的范畴，这样一方面能够揭示新文科建设的高等教育内涵；[①]另一方面也能使新文科建设落地，因此笔者将这一组关键词称为抓手或落脚点。所谓落地，是要落实到高等教育学的各个环节，如果一项研究连具体的教育学的抓手和落脚点都没有，谈何落地。任何新文科建设的设想、分析和路径如果不能落在教育学的点上，那么这种设想、分析和路径无疑是不符合新文科建设要求的，必然会失败，也无法落地。在研读新文科既有文献的时候，我们发现，有些研究并没有把国家关于新文科建设的想法落到教育学的范畴，因为研究者根本就没有站在教育学的视角，而是站在国家层面对新文科建设的方针、政策做宏观解读、政策解

① 诚如笔者在序中指出的，新文科建设从国家角度来看属于用户需求，高校及其所在的高等教育行业是解决用户需求的具体组织。高校及其从事新文科相关建设的工作人员必须将国家关于新文科建设的需求转换成教育问题，提供高等教育的分析视角和解决方案，这样才能彰显专业性，这也是解决教育问题的常规路径。这个问题实在太重要了，这是新文科建设的起点，很多既有研究之所以无法落地、大而无形，就是因为没有将国家关于新文科建设的方针政策落到教育学领域，即没有揭示新文科建设的高等教育内涵，没有将这个问题转换成高等教育问题来看待，而是停留在对国家政策的重复或者从其他领域探讨新文科，这些都不是高等教育领域建设新文科应该做的事情。我们在本书的第二章还会继续探讨这个问题，在此仅对这个重要的问题再一次提示和强调。

读。还有一些研究虽然提及了教育学相关范畴，即试图将国家关于新文科建设的想法落到教育学的某个抓手或者落脚点上，这种想法和尝试是好的，思路也是正确的，但仍属于初步探索，表现在两点：其一，没有勾勒出新文科建设覆盖的高等教育落脚点的全貌，只是在自己熟悉的教育领域随手选取诸如人才培养、课程建设、大类招生、师资队伍、研究方法、教育质量等碎片化的词语，有时候这些词语分散且不处于同一教育学的逻辑层次中，因此给读者的感觉是碎片化、缺乏整体性；其二，对上文提及的、随手选取的碎片化教育词语只是浅尝辄止式研究，没有做深入的分析和考察。比如，课程是怎样建设的？如何体现新文科的要求？甚至连课程建设是什么都没有搞清楚。再如，交叉学科怎么交叉？为什么交叉？遵循什么样的规律？总结一下，现有关于新文科的研究要么没有体现出 C 组关键词，即教育学抓手或落脚点，表明此类研究还游离在教育学范畴之外；要么体现出一部分 C 组关键词，表明这些研究试图找到教育学的抓手或落脚点，这是好的，也是正确的。但是，多数研究缺乏整体而系统的观察，给人以碎片化的感觉且停留在表面，没有深入进去。D 组关键词是既有研究中涉及新文科建设结果和美好愿景的词汇，因此也与新文科建设有关，揭示的是新文科建成之后我们能够得到的有形或者无形的建设结果，这也是新文科建设必须达到的效果，否则新文科建设就是失败的。同样，我们观察到 D 组这些表明结果的词语中，一般像哲学社会科学家、新时代人才、自主理论体系、文化自信、社会价值观等词，表明这些结果是通过 C 组关键词的建设形成的，也就是说，高等教育界以教育学的方式对新文科建设的要求、方针政策进行解读、分析，形成教育学的一系列成果之后，最终要达到 D 组关键词的效果。因此，脱离 C 组关键词谈 D 组关键词是没有任何意义的。

受篇幅的限制，我们先将表 1-1 的形成、内部结构、逻辑关系及其与新文科建设的关系解读到这里。接下来我们可以在表 1-1 这个被梳理出来的新文科研究的知识地图的引导下来看看学界对新文科的研究进行到什么程度了。对照表 1-1，我们很容易将目前学界对“什么是新文科”的研究进行分类，为读者和后续的研究者提供一个相对清晰的解释。

由表 1-1 我们很容易发现，关于“什么是新文科”的研究，即新文科的“新”，主要有以下几种观点。

首先，一些学者认为新文科的“新”主要在于背景新，对照表 1-1 中的 A 组，根据切入点的不同，还可以进一步区分为外围背景和文科背景两大类。一部分学者认为新文科的“新”在于外围背景，而另一部分学者认为新文科的“新”在于文科本身遭遇了问题，因此产生了“新”的需求。那些认为新文科的“新”在于外围背景的学者也会因观察视角的不同（国际、国内、科技、时代、社会等不同的层面）而略有不同，但总体都可以归入此类。例如，王铭玉明确指出，新文科的“新”在于背景新，新科技革命、新经济发展、新时代要求继承和创新、交叉与融合、协同与共享。[①]陈凡、何俊指出，新文科建设要直面改革开放以来中国所发生的巨大变化，在世界的视野中，重新观察与分析改革开放以

① 王铭玉：《新文科——一场文科教育的革命》，载《上海交通大学学报（哲学社会科学版）》2020 年第 1 期。

来的中国现代化进程，提炼出有效解释中国现代化的知识话语。[①]樊丽明从“新科技革命与文科融合化”“进入新时代与文科中国化”“历史新节点与文科新使命”“全球新格局和文科国际化”四个维度阐释了新文科之“新”的内涵。[②]段禹、崔延强指出，要围绕国家发展战略、科技革命、社会主要矛盾以及人民需求来拓展新文科。[③]龙宝新认为，新文科建设不仅是世界新文科运动的一部分，更是当代中国国家文化战略的有机构成，是新时代中国特色社会主义建设事业的中枢神经。[④]王光林指出，新文科必须具有时代性，要照顾到数字人文与跨学科之间的关系。[⑤]张俊宗指出，从历史维度看，新文科是人文精神随历史发展而主题不断演变的必然结果。从时代维度看，新文科是教育领域应对“百年未有之大变局”的结果。[⑥]

那些认为新文科的“新”在文科本身的学者也因观察角度的不同（是一般意义上的文科、外国文科还是中国文科）而有所区别。我们先来看从一般意义上文科的角度切入的观点。王铭玉指出，传统教育对文科教育并不重视。相当一段时间，高校“千校一面”情况突出。[⑦]周志强指出，“新文科”是对一直以来文科知

① 陈凡，何俊：《新文科：本质、内涵和建设思路》，载《杭州师范大学学报（社会科学版）》2020 年第 1 期。

② 樊丽明：《“新文科”：时代需求与建设重点》，载《中国大学教学》2020 年第 5 期。

③ 段禹，崔延强：《新文科建设的理论内涵与实践路向》，载《云南师范大学学报（哲学社会科学版）》2020 年第 2 期。

④ 龙宝新：《中国新文科的时代内涵与建设路向》，载《南京社会科学》2021 年第 1 期。

⑤ 王光林：《关于新文科的思考》，载《当代外语研究》2021 年第 6 期。

⑥ 张俊宗：《新文科：四个维度的解读》，载《西北师大学报（社会科学版）》2019 年第 5 期。

⑦ 王铭玉：《新文科——一场文科教育的革命》，载《上海交通大学学报（哲学社会科学版）》2020 年第 1 期。

识精细化、专业化和学科化分布的一次反拨。刘小兵教授指出，传统文科越分越细，功利性太强，对文科的实质理解和关注度不够。接下来我们看从外国文科角度入手的观点。吴岩指出："常有一种说法认为，新文科的产生是由于欧美国家近年来文科式微，学生不再报名、选课，文科教师因此产生危机感，为了减缓这种危机发生的可能，他们开始了创建新文科的努力。"[①]樊丽明认为："2017年美国希拉姆学院率先提出新文科，即把新技术融入哲学、文学、语言等课程之中，为学生提供综合性的跨学科学习。"[②]持类似观点的学者还有很多，如方延明[③]、方秀才[④]、肖向荣[⑤]。还有一些学者认为文科在高等教育领域普遍衰退，这也是新文科建设要解决的问题，这种观点主要借鉴了外国学者的研究。如黄启兵、田晓明[⑥]指出，早在20世纪乔·古尔迪（Jo Guldi）就曾指出，"最近的半个世纪，整个人文学科一直处于危机之中，虽然危机在每个国家的表现有所不同"[⑦]。J. 康利认为美国"20世纪60年代社

---

① 吴岩：《"守城"到"攻城"：新文科建设的时代转向》，载《探索与争鸣》2020年第1期。

② 樊丽明：《对"新文科"之"新"的几点理解》，载《中国高教研究》2019年第10期。

③ 方延明：《"新文科"建设：何以必要及如何可能》，载《江海学刊》2020年第5期。

④ 方秀才：《新文科背景下ESP能力测试框架研究》，载《西安外国语大学学报》2021年第2期。

⑤ 肖向荣：《面向"新文科"未来的"整体艺术"》，载《艺术设计研究》2020年第3期。

⑥ 黄启兵、田晓明：《"新文科"的来源、特性及建设路径》，载《苏州大学学报（教育科学版）》2020年第2期。

⑦ [美]乔·古尔迪、大卫·阿米蒂奇：《历史学宣言》，孙岳译，上海人民出版社2017年版，第6页。

会科学拥有的自信心，到了 20 世纪 80 年代已变为绝望”。[①]利奥塔（Jean－Francois Lyotard）甚至宣称“死掉的文科”。[②]在笔者检索的外文文献中，塞缪尔·戈登堡（Samuel Goldberg）[③]、崔西娅·A.塞费尔（Tricia A.Seifer）[④]、玛丽克·范·德·文德（Marijk van der Wende）[⑤]、洛里·瓦洛塔（Lori Varlotta）[⑥]、泰德·贝克（Ted Baker）、E.艾林·鲍威尔（E. Erin Powell）[⑦]都传递了类似的观点。也有一些学者认为国内文科的问题是新文科建设的主要针对点，如陶东风指出，在中国谈新文科，有一个中国的特殊语境问题：西方文艺复兴和启蒙运动后建立的文科，在中国是不成熟的，其基本原则和价值规范依然没有确立起来。当下的中国人文科学依然需要争取西方现代人文科学早已获得的那种自主性和独立性。[⑧]陈凡、何俊指出，中国文科理论源自西学，改革开放以来中国社会所呈现的历史现象及其复杂性，诚乃西方现代化过程中没有出现过的；中国所呈现的特色越来越鲜明，目前中国文科

---

① J. 康利、戴侃：《美国社会科学面临的危机——研究经费的削减和公司的挤入》，载《国外社会科学》1983 年第 11 期。

② [法]让-弗朗索瓦·利奥塔：《后现代性与公正游戏：利奥塔访谈、书信录》，谈瀛洲译，上海人民出版社 2018 年版，第 86 页。

③ Samuel Goldberg, “The Sloan Foundation’s New Liberal Arts Program”, 18(2) *Change* 14 (1986).

④ Tricia A. Seifert et al., “The Effects of Liberal Arts Experiences on Liberal Arts Outcomes”, 49(2)*Research in Higher Education* 107 (2008).

⑤ Marijk van der Wende, “The Emergence of Liberal Arts and Sciences Education in Europe: A Comparative Perspective”, 24 *Higher Education Policy* 233 (2011).

⑥ Lori Varlotta, “Designing a Model for the New Liberal Arts”, 104(4) *Liberal Education* 44 (2018).

⑦ Ted Baker & E. Erin Powell, “Entrepreneurship as a New Liberal Art”, 52(2) *Small Business Economics* 405 (2019).

⑧ 陶东风：《新文科新在何处》，载《探索与争鸣》2020 年第 1 期。

对上述问题存在着解释困难。[①]

其次，很多学者认为新文科的“新”是建设方式新（对照表 1-1 中的 B 组）。这些学者对新文科的内涵理解主要是建立在 B 组关键词上，认为新文科就是交叉、创新、生产与再生产、服务社会、回应国家战略、打通、继承、发展、交流、协同、实践以及配套。具体展开来看，这些学者认为新文科最主要的关键词就是交叉，通常指学科交叉，也有人理解成专业交叉，或者只谈交叉，至于如何交叉、怎样交叉并没有深入细致地展开。王铭玉指出，新文科建设要加强对“新”所承载的内涵的理解。“新文科是相对传统文科而言的，是以全球新科技革命、新经济发展、中国特色社会主义进入新时代为背景，突破传统文科的思维模式，以继承与创新、交叉与融合、协同与共享为主要发展建设途径，促进多学科交叉与深度融合，推动传统文科的更新升级。”方延明指出，新文科是以社会需求为导向，不断突破既有的学科边界，并迫使学科做出相应的调整，跨学科交叉与文理交叉就是这种调整的具体体现。[②]马费成认为，移动互联网彻底改变了人类的生产生活方式，出现了前所未有的法律、伦理和道德问题，要解决这些问题，显然不能依靠单一学科，必须多学科协同。于是，在多学科交叉边缘上出现了新兴的文科研究领域和研究方式。新文科正是寄希望于文科的内部融通、文理交叉来研究、认识和解决学科、人和社会中的复杂问题。刘小兵指出，新文科新的交叉包括三个

① 陈凡、何俊：《新文科：本质、内涵和建设思路》，载《杭州师范大学学报（社会科学版）》2020 年第 1 期

② 方延明：《“新文科”建设：何以必要及如何可能》，载《江海学刊》2020 年第 5 期。

方面：最大层面是文理层面的交叉，其次是人文科学和社会科学之间的交叉，还有社会科学内部的交叉。赵奎英指出，新文科的内涵究竟是什么，还没有明确的定论，学界比较有共识的一点是，新文科意味着一种学科的深度交叉和融合，尤其是文科与理科、人文与科技的融合。[①]王兴旺指出，新文科的"新"并非"新旧"之新，而是"创新"之新，主要体现在学科的交叉融合、信息技术的融入、人才培养模式的创新等方面。[②]朱尖指出，新文科是新时代哲学社会科学发展的新要求和新趋势，目的是推动哲学社会科学与新科技革命交叉融合。[③]胡开宝指出，新文科是指对传统文科进行学科重组，实现文科内部以及文科与自然科学学科之间交叉与融合之后形成的文科。[④]类似的观点还有很多，本书不再一一列举。

除了出现频率最高的关键词——交叉，融合、创新、协同、交流、数字、打通、配套等也经常被认为是新文科的关键词。李凤亮认为，新文科意在通过突破传统学科的自我设限，加强学科的融合与创新，提升高等教育支撑国民经济与社会发展的能力。[⑤]白寅指出，新文科的内涵在于新文科专业的"应变、融合、创新、

① 赵奎英：《"新文科""超学科"与"共同体"——面向解决生活世界复杂问题的研究与教育》，载《南京社会科学》2020 年第 7 期。

② 王兴旺：《面向新文科建设的高校图书馆智库式服务研究》，载《现代情报》2021 年第 11 期。

③ 朱尖：《新文科背景下中国边疆学发展思考》，载《云南师范大学学报（哲学社会科学版）》2021 年第 4 期。

④ 胡开宝：《新文科视域下外语学科的建设与发展——理念与路径》，载《中国外语》2020 年第 3 期。

⑤ 李凤亮：《新文科：定义 · 定位 · 定向》，载《探索与争鸣》2020 年第 1 期。

坚守、认同”。[①]王丽华、刘炜认为，新文科的内涵之一在于推动人工智能、大数据等现代信息技术与原有文科专业的深入融合。[②]樊丽明提出，新文科指新科技革命与文科的融合化发展。徐显明教授认为，新文科与传统文科相较，它的精髓和灵魂在于创新。[③]马费成认为，移动互联网彻底改变了人类的生产生活方式，出现了前所未有的法律、伦理和道德问题，要解决这些问题，显然不能依靠单一学科，必须多学科协同。徐显明认为，新文科将是文理打通、人文与社科打通、中与西打通、知与行打通的“四通文科”（后又升级为“五通文科”）。[④]严峰指出，新文科建设离不开有效的对外交流。宁琦指出，新文科建设需要在与世界不同文明和不同学科的对话、交流与合作中发展出既具有民族性又具有世界性的思想和知识创新成果。王丽华、刘炜指出，新文科内容将是数字内容，数据化趋势不可阻挡，数字人文必然是人文研究的未来。传统人文方法将被数字化方法取代，将运用现代科技手段进行人文社科研究。[⑤]徐显明认为，新文科在方法论上应适应从工业文明向信息文明的转型，从运用传统的人文社科工具转向运用现代科技、信息技术、人工智能，特别要运用好算法，将文科的定性方

---

① 白寅：《论融媒体素养对新文科人才培养的意义》，载《中国编辑》2021 年第 6 期。

② 王丽华、刘炜：《助力与借力：数字人文与新文科建设》，载《南京社会科学》2021 年第 7 期。

③ 徐显明：《新文科建设与卓越法治人才培养》，载《中国高等教育》2021 年第 1 期。

④ 徐显明：《高等教育新时代与卓越法治人才培养》，载《中国大学教学》2019 年第 10 期。

⑤ 王丽华、刘炜：《助力与借力：数字人文与新文科建设》，载《南京社会科学》2021 年第 7 期。

法与定量方法相统一，彰显新文科的科学性，推动形成数字人文。[①]权培培、段禹、崔延强指出，新文科是后工业时代基于知识高度综合化、信息化、数字化的一种文科知识生产与再生产的新形态。[②]王铭玉指出，新文科的产生是与“四新”学科建设相辅相成的。王丽华、刘炜指出，新文科建设是“四新”+“六卓越一拔尖”体系的重要组成部分。这是从新文科与“四新”建设的关系以及体系的角度来观察新文科。

再次，很多学者认为新文科的“新”是建设结果新（对照表 1-1 中的 D 组）。这些学者对新文科的内涵理解主要建立在 D 组的关键词上，认为新文科的内涵主要集中在一些有形和无形的结果上，如话语权、文化进步、软实力、自主理论、价值观重塑、共同体、学科知识平台、新时代人才、哲学社会科学家等。时任教育部部长陈宝生在“六卓越一拔尖”计划 2.0 启动大会上指出：“新文科是发展社会主义先进文化的重要载体，要把握好新时代哲学社会科学发展的新要求，推动哲学社会科学与新科技革命交叉融合，培养新时代的哲学社会科学家，积极投身社会主义文化强国建设，提升国家文化软实力和中华文化影响力。”[③]相应地，一些学者在研究中直接引用了陈宝生部长的话作为对新文科内涵的界定。如朱尖认为，陈部长的讲话，从宏观上为“新文科”的发展指明了方向。“新文科要推动哲学社会科学与新科技革命交叉

① 徐显明：《新文科建设与卓越法治人才培养》，载《中国高等教育》2021 年第 1 期。

② 权培培、段禹、崔延强：《文科之“新”与文科之“道”——关于新文科建设的思考》，载《重庆大学学报（社会科学版）》2021 年第 1 期。

③ 陈宝生：《掀起一场高等教育“质量革命” 助力打造“质量中国”》，载四新建设工作网站，2019 年 4 月 29 日，http://four-e.tju.edu.cn/info/1018/1164.htm。

融合，培养新时代的哲学社会科学家，要完成新时代哲学社会科学发展的新要求，提升国家文化软实力和中华文化影响力。”[①]郁建兴认为，新文科的内涵之一就是创新形成自主性理论。[②]刘曙光认为，构建中国特色的哲学社会科学体系是新文科的重要内容。[③]鲁世林等认为，新文科应当创造属于新文科的新的学科体系、学术体系与话语体系。[④]袁清等认为，新文科建设意味着开放学科融入各种各样的学术共同体，重建因学科划分而失去的知识的统一性、体系性。[⑤]

最后，必须指出的是，有一部分学者将切入点落到了教育学范畴（对应表 1-1 中 C 组的抓手或落脚点）。应该说这些学者的观点和研究切入点与本书类似，这也是笔者将这部分放在最后加以强调的原因。不足之处在于，尽管这些研究将新文科建设引入教育学领域，使用了很多高等教育范畴的名词，但是这些研究仍然是缺乏体系性的，也就是说，学者们依旧是较为零散地使用一些相关词语来描述新文科的内涵。此外，学者们的研究也是点到为止。比如，认为新文科的内涵在于人才培养、课程建设、专业整合、教材建设等方面，并没有深入细致地延伸到人才培养、课程

① 朱尖：《新文科背景下中国边疆学发展思考》，载《云南师范大学学报（哲学社会科学版）》2021 年第 4 期。

② 郁建兴：《以系统思维推进新文科建设》，载《探索与争鸣》2021 年第 4 期。

③ 刘曙光：《新文科与思维方式、学术创新》，载《上海交通大学学报（哲学社会科学版）》2020 年第 4 期。

④ 鲁世林、吴菡、赵祥辉：《新文科建设的知识生成与理论创新》，载《江苏高教》2021 年第 12 期。

⑤袁清、王雨芳、陈婵：《新工科与新文科：“双脑”会聚只创未来》，载《高等工程教育研究》2019 年第 5 期。

建设、专业整合、教材建设的具体环节、要素以及内容方面，只提及了上述相关的教育学概念，至于怎么落地和实际操作并没有深入研究。我们还是先来看一下这部分研究的现状以及学者们的主要观点，后文会继续对现有研究做出评论。

C 组关键词中使用最多的是“学科”一词，学者们围绕跨学科、交叉学科、学科整合、学科重组、超学科、多学科协同等展开。如王铭玉从学科内涵、学科定位等角度理解新文科建设。[①]权培培等指出，新文科是突破以学科专业为载体的知识生产方式，由单一学科专业向跨学科、超学科转型。樊丽明等认为：“2017年美国希拉姆学院率先提出‘新文科’概念，他们所阐释的新文科主要是专业重组，不同专业的学生打破专业课程界限进行综合性的跨学科学习。”[②]周毅、李卓卓指出，要在文科人才培养模式上实现跨学科专业的新突破，即突破现有文科人才培养的学科专业限制，在更大范围内实现文理、文科各专业之间的交叉。[③]段禹、崔延强认为，在学科管理上，要由学科专业目录导向转向现实需求导向。[④]郁建兴指出，创新学科结构体系是新文科的重点。[⑤]龙宝新指出，新文科是文科集群生长的学科共生体。[⑥]赵奎英指出，

---

① 王铭玉：《新文科——一场文科教育的革命》，载《上海交通大学学报（哲学社会科学版）》2020 年第 1 期。

② 樊丽明、杨灿明、马骁，等：《新文科建设的内涵与发展路径（笔谈）》，载《中国高教研究》2019 年第 10 期。

③ 周毅、李卓卓：《新文科建设的理路与设计》，载《中国大学教学》2019 年第 6 期。

④ 段禹、崔延强：《新文科建设的理论内涵与实践路向》，载《云南师范大学学报（哲学社会科学版）》2020 年第 2 期。

⑤ 郁建兴：《以系统思维推进新文科建设》，载《探索与争鸣》2021 年第 4 期。

⑥ 龙宝新：《中国新文科的时代内涵与建设路向》，载《南京社会科学》2021 年第 1 期。

新文科的内涵究竟是什么，还没有明确的定论，学界比较有共识的一点是，新文科意味着一种学科的深度交叉和融合。[①]王光林明确指出，新文科是跨学科建设。[②]类似的观点还有很多，本书就不再一一列举了。

C组关键词中另一个备受关注的词是“专业”，学者们主要围绕专业新方向、新专业、一流专业、跨专业、专业结构等展开研究。在这里笔者想先澄清一下学科和专业在概念上的不同，因为很多文献将学科和专业混合使用，甚至替换使用，不仅不做区分，甚至认为二者有几乎相同的内涵。对于这两个我们耳熟能详并且经常使用的概念，其实我们并不了解它们真正的内涵。学科是指学术的分类，即一定科学领域或一门科学的专业分支，学科划分遵循的是知识体系自身的逻辑。专业是按照社会对不同领域和岗位专门人才的需要来设置的，处于学科体系与社会职业需求的交叉点。大家一定要清楚，学科是按照知识体系划分的；专业是根据社会需求，同时结合学科体系来确定的。这跟要不要跨专业、跨学科有什么关系呢？专业在高校的设置是以学科为依托的，但是不能忽略的是有时候某个专业需要若干个学科的支持，所以即便这个专业被放在某个学科里，人们对这个专业的社会需求是需要这个专业具备多学科知识的，这时候就必须跨专业，或者跨学科。不论你跨不跨，你都需要复合专业的知识。比如，研究国际法的人要多少懂一些国际关系理论，否则很多现象和规则就不能解释。再如，吉林大学法学院原来设有欧盟研究中心，后来这个

---

① 赵奎英：《“新文科”“超学科”与“共同体”——面向解决生活世界复杂问题的研究与教育》，载《南京社会科学》2020年第7期。

② 王光林：《关于新文科的思考》，载《当代外语研究》2021年第6期。

中心被转移到了经济学院。有的学校将法经济学专业放在法学院，也有学校将其放在了经济学院。这些都说明很多专业是由社会需求决定的，情况很复杂，虽然一个专业被放在一个学科下面，但是需要多学科知识的支撑。所以，从现有意义上来看，专业是依托学科设置的，但是它对接的是社会需求，具有跨学科的本性。而学科是知识分类，虽然也有跨学科和交叉学科的可能，但是毕竟是在知识范畴内进行整合。本部分对学科和专业的区分点到为止，还是回头来看一下学者们是如何从专业的角度理解新文科的内涵的。

权培培等认为，新文科建设需要突破以学科专业为载体的知识生产方式，由单一学科专业向跨学科、超学科转型。冯果认为："新文科是相对于传统文科而言的，是对传统文科的提升，其目的在于打破专业壁垒和学科障碍。"[①]樊丽明等认为："美国希拉姆学院率先提出'新文科'概念，他们所阐释的新文科主要是专业重组，不同专业的学生打破专业课程界限进行综合性的跨学科学习。"[②]马骁、李雪、孙晓东认为，新文科要在人才培养上实现跨学科专业的新突破，即突破现有文科人才培养的学科专业限制，在更大范围内实现文理、文科等各专业之间的交叉。[③]王铭玉、张涛认为："新文科是促进多学科交叉与深度融合，推动传统文科的更新升级，从学科导向转向以需求为导向，适应服务转向支撑引

① 冯果：《新理念与法学教育创新》，载《中国大学教学》2019 年第 10 期。

② 樊丽明、杨灿明、马骁，等：《新文科建设的内涵与发展路径（笔谈）》，载《中国高教研究》2019 年第 10 期。

③ 马骁、李雪、孙晓东：《新文科建设：瓶颈问题与破解之策》，载《中国大学教学》2021 年第 1 期。

领，从专业分割转向交叉融合。”[①]以上学者的观点几乎都没有区分学科和专业，并将两者混同或者并列。王丽华等指出，新文科要紧跟新一轮科技革命和产业变革新趋势，积极推动人工智能、大数据等现代信息技术与原有文科专业深入融合，推动专业知识体系和能力要求的更新。在这里，笔者将专业与知识体系相联系，但实际上学科才是从知识体系角度区分得更为准确的概念。

还有学者将落脚点放在了课程上，这也是一个非常重要的切入点，主要围绕着课程建设（金课）、课程优化、课程体系、通识课程、跨学科课程群、主辅课程结合以及选课方式进行阐述。方延明指出，新文科的初衷主要是针对传统文科进行学科重组、文理交叉，把新技术融入哲学、文学、语言等课程中。[②]周毅、李卓卓指出，新文科需要对文科人才培养的基本理念、目标定位、组织形式、课程体系等重新认识或实现结构重塑。[③]王丽华、刘炜认为，新文科的内涵之一体现在课程“新”上，课程是人才培养的核心要素，课程质量直接决定人才培养质量，要树立课程建设新理念，推进课程改革创新。[④]刘建军指出，新学科主要体现在专业课程与课程思政要素之间的有机结合上。[⑤]

“人才培养”也是学者们特别喜欢使用的 C 组关键词，它的表

---

① 王铭玉、张涛：《高校“新文科”建设：概念与行动》，载《中国社会科学报》2019 年 3 月 21 日，第 4 版。

② 方延明：《“新文科”建设：何以必要及如何可能》，载《江海学刊》2020 年第 5 期。

③ 周毅、李卓卓：《新文科建设的理路与设计》，载《中国大学教学》2019 年第 6 期。

④ 王丽华、刘炜：《助力与借力：数字人文与新文科建设》，载《南京社会科学》2021 年第 7 期。

⑤ 刘建军：《“新文科”还是“新学科”？——兼论新文科视域下的外国文学教学改革》，载《当代外语研究》2021 年第 3 期。

述更加多元，包括复合型人才、交叉型人才、高级文科人才、人才培养体系、综合型高素质人才、时代新人培养、人才培养新模式、联合培养、人才培养模式、领导人才、全球治理应用人才、通识人才培养、联合培养、人文素养、专业能力、创新能力、写作能力。通过这些不同的、与人才培养相关的词汇，我们能够发现，人才培养的范围和跨度很大，既包括人才培养体系、模式这些运行和结构方面的范畴，又包括符复合型人才、交叉型人才、高级文科人才、领导人才、全球治理应用人才以及通识人才等具体的分类，还包括人才培养模式、联合培养等具体操作方面的词语，以及人文素养、专业能力、写作能力、创新能力等人才培养方面的具体要求。从“人才培养”这个关键词的丰富内涵和广泛跨度，我们感受到教育学的庞杂。在对教育学（本书讨论的内容仅限于高等教育范畴）没有整体概念的情况下，就会出现本书所指出的现象——讨论内容碎片化，缺乏体系性以及混杂化。碎片化与缺乏体系性具有相同的含义，是指文献中使用的词语貌似是教育学的专门术语，实际是广泛而复杂的教育体系中的沧海一粟，而研究者并没有意识到这些分散、碎片化术语背后的体系。混杂化是指研究者将不同逻辑范畴的词语混合使用，比如前面提到的学科和专业，以及此处提及的写作能力与交叉型人才、通识与专业课程等，都是不同范畴和处于不同逻辑层面的概念，在讨论和使用之前必须明确这些概念在专业领域（教育学）中的逻辑脉络和定位，不能随意拼凑或者混合使用。这个问题在后文还会有介绍，在此只是为了方便读者更好地理解人才培养的研究状况而稍做展开。我们还是拉回话题来看新文科人才培养方面的主要观点。

段禹、崔延强认为，新文科在人才培养模式上，由单一专业培养走向多学科、模块化、产学研一体化培养。[①]郁建兴认为，创新人才培养模式是新文科的核心。[②]李凤亮认为，新文科主要强调文科建设与人才培养对新时代新形势的适应与对接。[③]白寅认为，新文科教育的重点，就是培养多学科交叉融合的新型文科人才。[④]蔚海燕、李旺认为，新文科之“新”主要体现在学科的交叉融合、信息技术的融入、人才培养模式的创新等方面。[⑤]安丰存、王铭玉认为，新文科的内涵主要体现在两个方面：一是以现有文科专业为基础，赋予文科专业人才培养新内容；二是在文科人才培养模式上实现跨学科专业的新突破。[⑥]周计武指出，新文科关系到人文社科专业培养什么样的人才、如何培养人才以及如何评价人才的问题。[⑦]

在新文科内涵中，还有一个值得一提的与教学相关的落脚点——立德树人。龙宝新认为，新文科是“求知、育人、服务”三位一体的功能集合体，新文科一定是以化育人性为根本旨趣的，

---

① 段禹、崔延强：《新文科建设的理论内涵与实践路向》，载《云南师范大学学报（哲学社会科学版）》2020 年第 2 期。

② 郁建兴：《以系统思维推进新文科建设》，载《探索与争鸣》2021 年第 4 期。

③ 李凤亮：《新文科：定义·定位·定向》，载《探索与争鸣》2020 年第 1 期。

④ 白寅：《论融媒体素养对新文科人才培养的意义》，载《中国编辑》2021 年第 6 期。

⑤ 蔚海燕、李旺：《图书馆数据服务助力新文科建设之路径》，载《图书与情报》2020 年第 6 期。

⑥ 安丰存、王铭玉：《新文科视阈下的大外语观及学科建设内涵》，载《外语研究》2021 年第 3 期。

⑦ 周计武：《新文科的使命与艺术学理论的跨学科定位》，载《民族艺术研究》2021 年第 1 期。

新文科知识生产的起点与终点都是培育高洁人性，以文化人、固本培元、塑造人格是新文科建设的根本意图所在。[①]陈凡、何俊指出，新文科应该重新思考与探索人的培养，在立德树人上彰显新文科建设的中国文化内涵与路径。[②]刘建军认为，新文科主要体现在文科与理工科、专业课程与课程思政要素之间的有机结合。[③]

上述关于新文科内涵的整理都与C组关键词中的教学词汇有关，但还有一部分落脚点落在了科研相关的表述上，即一些学者认为新文科的建设除了与教学相关，还与科研有密不可分的关系。这些关于新文科内涵的观点主要围绕学术研究、科研模式、科研方法、科研和教学的关系、问题意识、社会需求导向、知识生产与知识创新等展开。方延明认为，知识生产与培养人既是高校教学与科研的基本内容，又是推进与提升高校发展的真正动力。与此相应，包括文科在内的所有学科则是知识生产与培养人过程中逐渐形成的知识分类形态。[④]龙宝新认为，新文科是文科学术人探究文科知识、参透社会运行学问的公共学术学科平台，借助文科知识的生产、探究与创造来保持新文科建设的强劲势头。[⑤]马骁、李雪、孙晓东基于不同视角拓展了新文科研究的视界和维度。[⑥]宁

---

① 龙宝新:《中国新文科的时代内涵与建设路向》，载《南京社会科学》2021年第1期。

② 陈凡、何俊:《新文科：本质、内涵和建设思路》，载《杭州师范大学学报（社会科学版）》2020年第1期。

③ 刘建军:《“新文科”还是“新学科”？——兼论新文科视域下的外国文学教学改革》，载《当代外语研究》2021年第3期。

④ 方延明:《“新文科”建设：何以必要及如何可能》，载《江海学刊》2020年第5期。

⑤ 龙宝新:《中国新文科的时代内涵与建设路向》，载《南京社会科学》2021年第1期。

⑥ 参见马骁、李雪、孙晓东:《新文科建设：瓶颈问题与破解之策》，载《中国大学教学》2021年第1期。

继鸣、周汶霏认为，“新文科”的学术话语是围绕哲学社会科学的学科、知识、范式、方法等维度论证与构建起来的一套学术语言系统。①马骥认为：“新文科是基于全球新技术发展……突破传统文科的思维模式，注重通过文科内部融通、文理交叉融合来研究、认识和解决学科本身、人和社会中的复杂问题。”②肖向荣指出，新文科是对传统文科的更新升级，从以学科为导向转向以需求为导向。③权培培等指出，新文科是后工业时代基于知识高度综合化、信息化、数字化的一种文科知识生产与再生产的新形态，是文科知识规训的新模式、新手段。④陈凡等指出，新文科建设首先要直面改革开放以来中国所发生的巨大变化，在知识生产上寻求知识的增量建设，而不是知识的存量重组。

以上就是本书对新文科文献中的一个重要话题——什么是新文科，即新文科“新”在何处的文献梳理。由于涉及的内容众多，此处做一个小结。

首先，用一个简洁的表格来帮助读者对这部分的内容有一个清晰、整体的认识。根据表 1-2，我们发现学者们的观点可以大致划分成几种类型，至于为什么这么划分，前面已经解释过，在此不再赘述。

---

① 宁继鸣、周汶霏：《“新文科”学术话语的建构路径：基于文本挖掘的视角》，载《山东大学学报（哲学社会科学版）》2022 年第 1 期。

② 马骥：《新文科背景下〈决策理论与方法〉课程教学改革分析》，载《知识经济》2019 年第 30 期。

③ 肖向荣：《面向“新文科”未来的“整体艺术”》，载《艺术设计研究》2020 年第 3 期。

④ 权培培、段禹、崔延强：《文科之“新”与文科之“道”——关于新文科建设的思考》，载《重庆大学学报（社会科学版）》2021 年第 1 期。

表 1-2　对“什么是新文科”的观点梳理

<table>
<tr><th>认为与 A 相关</th><th>认为与 B 相关</th><th>认为与 C 相关</th><th>认为与 D 相关</th></tr>
<tr><td>与外围背景相关</td><td rowspan="2">与若干建设思路相关</td><td>与教学若干范畴相关</td><td rowspan="2">与若干建设结果相关</td></tr>
<tr><td>与文科本身相关</td><td>与科研若干范畴相关</td></tr>
</table>

其次，值得注意的是，很多学者对新文科的观察角度都不是单一的，而是多元复合的。他们关于新文科的观点要么涉及 A 组中的 A1、A2、A3 等不同的关键词，要么涉及 B 组内 B1、B2、B3 等不同的关键词。涉及 C 组和 D 组关键词的也是如此，要么就横跨 A、B、C、D 组中的几个关键词，出现“A+B”“A+C”“B+C”等组合。这也导致笔者在对学者观点进行分类的时候出现了将某个观点重复列举的情况，因为这一观点涉及了不同组的关键词。同时，学者们的观点复杂多元也导致在区分、归类上出现了边界模糊和困难。但这并不影响理解，因为关于新文科的研究本就处于刚起步的状态，本书用一个基本符合新文科认识规律的知识地图将现有的比较初步分散的、处于自由探索阶段的研究进行大致分类，已经达到本书想要呈现既有新文科研究状态的目的。

最后，我们发现，所有关于新文科内涵界定的观点都能够在表 1-1 内找到对应的坐标。表 1-1 中最能体现新文科研究专业性的是 C 组关键词，因为这标志着学者们真正能够从教育学的角度观察、解释新文科问题。①但不能否认的是，有些学者的观察仅停留在 A 组、B 组或者 D 组；有些学者的观察涉及了 C 组内容，但是不够深入也不够系统。这也为读者在后续自行阅读相关文献时

① 为什么新文科研究一定要落到教育学的抓手和落脚点上，笔者在序言中解释过一些，在第二章还会进一步解释。

提供了一个审视该文献专业性的标准。如果一篇文献仅停留在A组、D组上，那么标志着研究者依然围绕着国家政策在打转，没有将这个问题落实到教育领域，这类文章通常比较宏大；部分读者还会觉得这类文章又大又空，缺乏具体的分析。也就是说，这类文章会告诉我们国家的需求是什么，却没有告诉我们这个需求如何转化成教育学问题，各部门、各参与人员怎么做。如果一篇文献停留在了B组、C组上，那么说明研究者试图将这个问题转化成教育学问题，并试图找到一条建设的路径。这时候我们要如何观察这部分研究是否做得到位呢？从上述分析能够看出，教育学以及高等教育的范畴很庞杂，即便一些研究者将研究推进到B组、C组的程度，我们依然要看研究者是否准确了解其所使用的C组词语的内涵，有没有将不同逻辑的词语混用，在其所使用的词语中能否看出研究者对高等教育以及相关教育学术语的整体性理解。但是很遗憾，诚如笔者在前面所言，很多教育学的概念是被乱用、混用、不加区分地使用，即便将研究落到了B组、C组的范畴，也没有进一步按照诸如人才培养规律和原理、课程建设的规律和原理、专业建设的规律和原理等展开分析。所以，目前关于新文科的研究是初步的，无论是停留在A组、D组的层面，还是在B组、C组的层面上，都是没有办法揭示新文科的全貌和本质的。同时，也如笔者在序言中所言，高等教育是一个非常复杂的结构体，由不同结构、环节和人员构成。单就“人才培养”一词来看，从校长到教务处处长，再到学院院长以及基层的一线教师，每一层级所承担的建设任务是不一样的。不区分主体，笼统地来谈新文科建设，没有什么实际的指导意义，也注定无法落地。

2）为什么建设新文科

关于新文科建设的三个话题中，什么是新文科是最为重要的话题，也有一些研究涉及为什么要建设新文科。学者们对于为什么要建设新文科的观点受各自对“什么是新文科”界定的影响。总体而言，依照上文表 1-1 我们还是能够将学者们为什么要建设新文科的观点进行大致的分类，从这个分类可以看出学者们的切入角度是宏观的、中观的还是微观的。

第一类学者切入的观察点是 A 组的背景。他们认为新文科建设是由国际、国内、国家、民族、社会、时代、科技、信息、产业、文化以及科学边界等外围因素变化引发的，或者认为新文科建设是由文科本身的问题引发的。先看从外围背景讨论新文科建设原因的观点。李凤林在《加快建设“新文科”　主动引领新时代》一文中将新文科建设的宏观背景阐述得淋漓尽致，他指出世界正面临百年未有之大变局，正在经历大发展、大调整、大变革，经济全球化、世界多极化、社会信息化、文化多元化的深入发展，全球治理体系和治理格局深刻变革，国际力量对比发生巨大变化。随着我国综合国力和国际地位的快速提升，我国参与全球治理体系改革的程度不断加深，面临的外部环境愈发复杂深刻。中国特色社会主义进入新时代，开启了实现中华民族伟大复兴的新征程，有许多重大的理论问题和现实问题需要回答。新一轮科技革命和产业革命正在影响和改变人类的生产生活，科技的飞速发展在改变人类生活的同时也给人类社会带来了前所未有的道德、法律和伦理等方面的问题，很多问题并非单纯的科学与技术问题，而是深层次的社会文化问题。时代变革、国家战略、高等教育发展提出了建设和发展“新文科”的时代诉求。[①]陶东风指出，新文科是为应对人类面临的新状况而出现的，当我们谈到人类面临的新状况时，首先想到的是新技术、新产业的出现，如人工智能、生物基因工程、虚拟技术、数字技术、大数据采集和编程、移动互联网等。[②]崔延强等指出，突破社会科学以物理学为建构标准的唯一性，使其从一种分析的科学走向多种知识相结合的新体系。突破以民族国家为分析框架的唯一性，向民族间性、跨民族性、世界性的研究框架转型。[③]王铭玉指出，新文科的产生是内在和外在需求促成的。一是文科教育具有特殊的价值，二是当前环境的特殊外在要求。当今世界的显著特征是“多而全”，即权势多极化、文化多样化、经济全球化、社会全息化。[④]张涛甫指出，社会场景巨变催生知识逻辑的转变，社会外部性的剧烈变化重置了知识生产场景，无论作为客体层面的对象物还是主体层面的对象物，都发生了深刻的巨变。[⑤]黄启兵、田晓明认为，中国“新文科”概念的提出至少与三个方面有关：新技术的推动、新需求的产生和新国

---

① 李凤林：《加快建设“新文科” 主动引领新时代》，载《中国高等教育》2020年第1期。

② 陶东风：《新文科新在何处》，载《探索与争鸣》2020年第1期。

③ 崔延强、段禹：《新文科究竟“新”在何处——基于对人文社会科学发展史的考察》，载《大学教育科学》2021年第1期。

④ 王铭玉：《新文科——一场文科教育的革命》，载《上海交通大学学报（哲学社会科学版）》2020年第1期。

⑤ 张涛甫：《知识的结构化转型与新文科建设》，载《复旦教育论坛》2021年第3期。

情的要求。[①]李凤亮指出，人文社会科学正日益呈现对策化、跨界化、技术化、国际化的趋势。新文科建设就是对上述趋势的回应。[②]樊丽明教授认为，新文科建设主要是为了回应社会新需求，回应科技革命，回应中国文化传统，回应中国理论自信等问题。[③]杨灿明教授等则认为，新文科建设是为了立足自己文明、吸收外来文明以及对学生进行人格培养。[④]陈凡、何俊指出，中国要建设新文科，原因有以下几点：①中国文科理论源自西学；②改革开放以来中国社会所呈现的历史现象及其复杂性，诚乃西方现代化过程中所没有出现过的；③中国所呈现的特色越来越鲜明，无论是经济、社会、政治还是文化方面，中国与西方之所异都远胜于所同；④源自西方的文科知识话语在认识与分析上发生了这样或那样的困难，这是显而易见的事实，也是学术界提出发展中国知识话语的原因。[⑤]刘建军指出，新文科建设源于文科面临的新挑战：第一，当前世界范围内以人工智能、大数据、生命科学、新材料为代表的科学技术的迅猛发展和以都市化进程为代表的社会发展，使我们面临的问题具有复杂性和综合性；第二，世界的巨大进步使人们的知识呈几何级增长，如何剔除旧知识、补充新知识、构建新

---

① 黄启兵、田晓明：《“新文科”的来源、特性及建设路径》，载《苏州大学学报（教育科学版）》2020 年第 2 期。

② 李凤亮：《新文科：定义·定位·定向》，载《探索与争鸣》2020 年第 1 期。

③ 樊丽明：《“新文科”：时代需求与建设重点》，载《中国大学教学》2020 年第 5 期。

④ 樊丽明、杨灿明、马骁，等：《新文科建设的内涵与发展路径（笔谈）》，载《中国高教研究》2019 年第 10 期。

⑤ 陈凡、何俊：《新文科：本质、内涵和建设思路》，载《杭州师范大学学报（社会科学版）》2020 年第 1 期。

体系成为人们面临的重要课题；第三，科学技术的进步塑造了人类社会的新形态，也导致了新的社会需求；第四，物质文明的发展和国际化导致新的价值、文明方式、霸权的冲突。[①]

接下来，我们再来看从文科这个背景来讨论为什么建设新文科。陶东风指出，在中国谈新文科，还有一个中国的特殊语境问题：西方经历文艺复兴和启蒙运动后建立的文科，在中国是不成熟的，其基本原则和价值规范依然没有确立起来。当下的中国人文科学依然需要争取西方现代人文科学早已获得的那种自主性和独立性。[②]王铭玉认为，相当一段时期，文科存在的问题主要有专业设置相似相仿、学科特色淡化缺乏、学术研究前瞻弱化、课程体系无视需求、问题意识少有观照等。[③]操太圣认为，新文科建设源于知识应用导向下文科发展的困境。两种文化的出现带来了"人文社会科学"的双重分裂：一方面是相较于自然科学能够更快地适应工业革命和科学革命发展的需要，人文社会科学总体上缺乏实用性，处于学科群的边缘；另一方面，人文社会科学中也有一部分应用学科慢慢地靠近和依附于技术革命和科学革命，出现了人文社会科学中纯粹的基础学科与应用学科之间的分裂。[④]

以上是学者们从较为宏观的背景视角观察和界定新文科建设

---

① 刘建军：《"新文科"还是"新学科"？——兼论新文科视域下的外国文学教学改革》，载《当代外语研究》2021年第3期。

② 陶东风：《新文科新在何处》，载《探索与争鸣》2020年第1期。

③ 王铭玉：《新文科——一场文科教育的革命》，载《上海交通大学学报（哲学社会科学版）》2020年第1期。

④ 操太圣：《知识、生活与教育的辩证：关于新文科建设之内在逻辑的思考》，载《南京社会科学》2020年第2期。

的原因，这也是“为什么建设新文科”的主要原因，即认为外部原因是新文科建设的主要原因。还有一部分小众的原因，我们继续梳理。

第二类学者切入的观察点与 D 组的关键词有关，这也是一类偏宏观的视角，只不过这类研究更愿意从新文科建设的结果或者目标角度去观察新文科建设的原因。主要学者的观点如下。王铭玉、张涛认为，“四新”学科建设（含新文科）总的目标是在我国原有学科基础上，通过学科整合，开拓创新，凝练特色，建成具有中国特色理论水平、学术水平和话语水平的世界一流学科，进而创建世界一流大学。[①]权培培等认为，新文科建设是构建中国特色哲学社会科学话语体系、学术体系的应然之举。新文科建设有力支撑了中国特色哲学社会科学体系的构建，运用新知识理论，在中国讲好国际故事，在国际上讲好中国故事，积极为建设具有中国特色、中国风格、中国气派的哲学社会科学体系提供智力支撑与人才支持。[②]白寅认为，新文科建设的首要任务包含以下三项：一是中华优秀传统文化的传承与社会主义先进文化的构建；二是树立文化自信，凝聚中华民族向心力，增强国家文化软实力；三是让中国文化“走出去”，向全世界展示中国魅力，赢得世界对中国的认同。[③]

第三类学者从高等教育分析新文科建设的原因，他们的切入

① 王铭玉、张涛：《高校“新文科”建设：概念与行动》，载《中国社会科学报》2019 年 3 月 21 日，第 4 版。

② 权培培、段禹、崔延强：《文科之“新”与文科之“道”——关于新文科建设的思考》，载《重庆大学学报（社会科学版）》2021 年第 1 期。

③ 白寅：《论融媒体素养对新文科人才培养的意义》，载《中国编辑》2021 年第 6 期。

点与 C 组关键词有关。相较于从 A 组和 D 组关键词观察新文科建设的原因，C 组观察角度不仅是偏微观的角度，还将观察视角拉回了教育范畴。权培培等指出，新文科来自我国高等教育的现实改革需求：关注人才培养模式、专业结构、课程体系和教学质量的完善与提升。新文科也是对高等教育领域既有改革的深化与拓展，通过引导人文社会学科在人才培养、科学研究等方面与新技术、新领域相结合，实现提档升级，进而保障国家“双一流”建设。[①]方延明指出，新文科建设相较于教育主管部门的倡议，更多的应该是大学文科教育内在发展的一种呼唤，是内需使然。[②]马骁等指出，新文科建设原因有四：①学科分类体系难以适应知识创新的现实要求及未来趋势；②基层学术组织形态一定程度上制约了学科的交叉融合与创新；③人才培养体系难以有效实现新文科要求的人才培养目标；④评价体系对建设新文科发挥的支撑引领作用明显不够。[③]周计武认为，新文科建设不是单方面的变革，而是顺应新时代、新形势、新科技发展而提出的一项系统的教育战略，其要求知识生产、人才培养和社会服务三者相辅相成、不可或缺。[④]宋继伟、刘颖认为，人文社会科学立德树人存在教材体系建设投入不足、传统文化普遍薄弱的现象。[⑤]

---

① 权培培、段禹、崔延强：《文科之“新”与文科之“道”——关于新文科建设的思考》，载《重庆大学学报（社会科学版）》2021 年第 1 期。

② 方延明：《“新文科”建设：何以必要及如何可能》，载《江海学刊》2020 年第 5 期。

③ 马骁、李雪、孙晓东：《新文科建设：瓶颈问题与破解之策》，载《中国大学教学》2021 年第 1 期。

④ 周计武：《新文科的使命与艺术学理论的跨学科定位》，载《民族艺术研究》2021 年第 1 期。

⑤ 宋继伟、刘颖：《新文科建设背景下人文社会科学科研转型提升之路径探索》，载《贵州师范大学学报（社会科学版）》2022 年第 2 期。

还有更多的观点涉及不同组目的关键词，即他们的观点具有多元性和复合性，单一的分类并不能将这些观点区别开，但无论如何也没有脱离表 1-1 的范畴。权培培等指出，新文科建设的原因总结起来无外乎有如下几点：第一，新技术革命与产业革命引发的生产力变革；第二，国家重大战略需求变化对高级文科人才的需求；第三，高等教育尤其是高等文科教育面临的新挑战和发展的新趋势。[①]张勇安认为，新文科提出的背景首先是学科从分化走向综合，其次是社会问题越来越复杂多变，最后是综合型高素质人才紧缺。[②]吴岩指出，新文科建设的原因主要有四：第一，从世界来看，世界的新变革呼唤新文科建设；第二，从中国发展来看，新时代呼唤新文科；第三，从教育来看，教育方针呼唤新文科建设；第四，从方位来看，中国的高等教育不再局限于中国视野、中国格局、中国坐标，而是置于世界舞台、全球格局、国际坐标，不仅要参与国际竞争，还要参与国际高等教育治理，参与国际高等教育标准的制定。[③]方延明认为，新文科建设是应运而生的，随时代而来，时代呼唤新文科。新时代、新使命，要求文科教育必须加快创新发展。提升综合国力需要新文科，坚定文化自信需要新文科，培养时代新人需要新文科，建设高等教育强国需要新文科，文科教育融合发展需要新文科。[④]上述观点横跨了 A

① 权培培、段禹、崔延强：《文科之“新”与文科之“道”——关于新文科建设的思考》，载《重庆大学学报（社会科学版）》2021 年第 1 期。

② 张勇安：《走向国际的中国世界史与新文科》，载《探索与争鸣》2021 年第 10 期。

③ 吴岩：《加强新文科建设 培养新时代新闻传播人才》，载《中国编辑》2019 年第 2 期。

④ 方延明：《新文科建设探义——兼论学科场域的间性功能》，载《社会科学战线》2022 年第 4 期。

组的宏观背景和C组的教育学内容。崔延强等指出，新文科建设主要是出于以下几点的需要：①建设现代化大国和科教强国的需要；②彰显文化自信和培育新文化的需要；③参与并融入国际交流语境的需要；④应对科技创新、产业革命和新经济的需要。[①]宋继伟、刘颖认为，新文科建设的总体要求为：①服务经济和社会；②服务党和国家；③服务国际化；④服务话语体系。[②]刘坤、李龙认为，新文科建设的原因主要有三点：①新科技革命和产业变革成为时代主题；②全球化背景下的风险升级向全人类提出了新的课题；③建设中国特色哲学社会科学体系，培养合格的社会主义建设者和接班人的迫切需求。[③]上述观点囊括了A组宏观背景和D组建设结果方面的内容。李凤林指出，新文科建设面临很多现实的困境，主要是学科交叉度不够、技术融合性不强、战略引领力不足。[④]这个观点虽然比较简短，但是同时涉及了B组、C组和D组的内容。安丰存等认为，要时刻明确新文科建设既是文科发展的要求，又是文科有效服务其他学科的时代要求。新文科在培养多元化创新型文科人才的同时，还要发挥其对于各级各类人才的人文素养养成的基础作用，为培养具有家国情怀、国际视野的专业性人才发挥文科应有的作用。这一观点也涉及了B组、C组和

---

① 崔延强、段禹：《新文科究竟“新”在何处——基于对人文社会科学发展史的考察》，载《大学教育科学》2021年第1期。

② 宋继伟、刘颖：《新文科建设背景下人文社会科学科研转型提升之路径探索》，载《贵州师范大学学报（社会科学版）》2022年第2期。

③ 刘坤、李龙：《重构与推进：新文科背景下的高校哲学社会科学变革》，载《学位与研究生教育》2022年第1期。

④ 李凤林：《加快建设“新文科”主动引领新时代》，载《中国高等教育》2020年第1期。

D 组相关的内容。

以上就是本书对新文科建设的第二个话题——为什么建设新文科的主要观点的梳理。可以看出，既有的学术研究在这一话题的讨论上延续了第一个话题的特征，呈现出类似的特点，我们在此简单总结一下。首先，学者们的观点依旧是复合多元的，很多时候很难将学者的观点简单归入 A 组、D 组或者 C 组，他们的观点多数时候是在这几组关键词中横跳的。这也无可厚非，因为表 1-1 中不同组的关键词本身便与新文科有关，只是观察和切入的角度不一样。其次，学者们的观点主要是从 A 组、D 组或者 C 组关键词切入并可以被简单地归纳为宏观、中观或微观视角。那些主要从国际、国家、民族、社会、经济、时代、科技、信息、产业、文化等 A 组视角，以及哲学社会科学家、文化自信、理论自信、社会价值观、话语权等 D 组视角切入的观点都是偏宏观的，这也是教育部阐述问题经常使用的切入点；那些从文科自身，无论是中国文科、外国文科仍一般意义上的文科切入的观察视角就偏中观一些；那些从 C 组即与教育学有关的视角切入的研究从本书的意义上来讲才将国家政策拉入教育范畴，属于偏微观视角。[①] 最后，在宏观、中观和微观视角中存在着观察角度递进的关系。不可否认的是，宏观、中观和微观视角呈现的内容都是客观事实，都是正确的，但是三者之间仍存在不同。所谓的宏观视角，是从

---

① 暂且将这个视角归入微观视角。事实上，从本书后续阐述的更为微观的知识生产和知识传递角度来看，C 组的词汇也是教育学中偏宏观的视角，但无论如何，相对于 A 组和 D 组所使用的词语而言，C 组的角度已经是偏微观的了。

"新文科"中的"新"这个外围角度观察新文科建设的原因，同时这些学者阐述的层面过高，与党中央、教育部的角度一致，没有落下来。所谓的中观视角，是从"新文科"中的"文科"这个偏外围的角度观察新文科建设的原因，没有深入文科的本质，依旧从中外文科比较、中国文科历史发展等外围因素入手。只有微观视角将"新文科"建设的原因落实到了与教育领域相关的词语上，认为是宏观、中观的背景导致新文科在人才培养、课程建设、立德树人等方面出现了问题。所以，宏观、中观和微观的视角在观察为什么建设新文科这个话题上是递进的，作为读者和研究者，我们需要明白不同学者切入的角度是不同的，不同的角度（宏观、中观、微观）也代表着既有研究对问题的不同看法和态度。从本书的观点来看，就像拍摄电影一样，研究者有义务给出一个长镜头，让观众看到大背景、中背景，一直到眼前情况的大景深镜头，这是一个比较成功的展示，而不是杂乱的、不分层次的、碎片化的呈现。如果还需要补充一点的话，可能依旧跟上文的观点是一致的，学者们在使用不同的词语描述新文科建设的原因时缺乏整体的图景，使用的词语分散、杂乱，不属于同一逻辑层次，并且跨度很大，没有遵循严密的逻辑逐一展示，相反，文字跳跃、逻辑跳跃的情况经常发生。这也是本书想要解决的一个问题，即对新文科全景体系性的勾勒下，从一个具体的角度（一线教师）观察新文科到底应该怎么做（如何建设），使读者有一个整体的认识后再展开局部的、有节奏的、有逻辑的、有控制的探讨，而不是像目前的研究，偏宏观、碎片化、不能落实到具体的教育领域以及具体的教育领域中特定的主体身上。

3）如何建设新文科

这是新文科文献梳理中要讨论的最后一个话题，这个话题也受到学者们如何界定新文科的影响，即学者们从哪个角度界定新文科，他们的结论（如何建设新文科）便通常会从该角度出发。与第二个讨论话题——为什么要建设新文科一样，如何建设新文科也可以被区分为宏观、中观、微观几种切入点，这个切入点的选择通常与该学者在第一个话题、第二个话题中的立场保持一致。我们先来简单看一下学者们的主要观点有哪些。

第一类学者从宏观角度来寻求新文科的建设路径，他们的建设方案中所使用的词汇多数与表 1-1A 组中的背景词汇（尤其是外部背景）和 D 组中的结果词汇有关。王铭玉认为，新文科除具有人文社会科学一般学科特征外，还应具有战略性、创新性、开放性、系统性、针对性五个方面的特征，表明了新文科建设的走向。同时，新文科建设要具有可操作性，可以从“大”“新”“融”“通”“特”等几个方面开展新文科的具体建设及规划。[①]樊丽明指出，文科中国化需要正视教育教学内容中国化的问题，需要正视培养目标和方法适应中国未来需要的问题；实践教学弱化，专业见习实习学时不足，不利于深入把握中国国情，以及全球新格局和文科国际化。[②]张涛甫认为，新文科建设不仅要解决知识自身的问题，

① 王铭玉：《新文科——一场文科教育的革命》，载《上海交通大学学报（哲学社会科学版）》2020 年第 1 期。

② 樊丽明：《“新文科”：时代需求与建设重点》，载《中国大学教学》2020 年第 5 期。

还要解决知识之外的社会问题。[①]郁建兴指出，新文科建设的路径主要有推进文科发展科技化，增强社会服务能力，提升中国文化软实力，贯穿系统化建设理念等。[②]操太圣指出，新文科的建设应通过以下方法：首先，回归中国实践，处理好先验理论与本土实践之间的关系；其次，坚持中国立场，对中国实践进行主体性阐述；最后，推动国际对话，展现中国理论的独特价值。[③]龙宝新指出，当代新文科建设的路向主要包括四点：①回植人文灵魂；②复兴中国文化；③推进学科耦合；④提振文科教育。[④]李凤林认为，新文科建设路径主要包括融合新兴技术，推进智能文科建设，服务国家战略以及提升文科引领能力。[⑤]黄铭、何宛怿指出，新文科建设不止于“解释世界”，还应当致力于“改变世界”，同时新文科建设要突出问题导向。因此，我们需要培养既有家国情怀又有全球视野的领导人才，要培养讲好中国故事、传播好中国声音的传播人才，要培养适应国际竞争、参与全球治理的应用人才。[⑥]田晓明、黄启兵指出，新文科必须从三方面着手：顶层设计、弘扬传统、全球视野。[⑦]安丰存、王铭玉指出，新文科建设要具有可操作性，应从“大”“新”“融”“通”“特”等几个方面开展具体建设

① 张涛甫：《知识的结构化转型与新文科建设》，载《复旦教育论坛》2021 年第 3 期。

② 郁建兴：《以系统思维推进新文科建设》，载《探索与争鸣》2021 年第 4 期。

③ 操太圣：《知识、生活与教育的辩证：关于新文科建设之内在逻辑的思考》，载《南京社会科学》2020 年第 2 期。

④ 龙宝新：《中国新文科的时代内涵与建设路向》，载《南京社会科学》2021 年第 1 期。

⑤ 李凤林：《加快建设“新文科”主动引领新时代》，载《中国高等教育》2020 年第 1 期。

⑥ 黄铭、何宛怿：《在新文科建设中强化价值引领》，载《中国高等教育》2021 年第 7 期。

⑦ 田晓明、黄启兵：《论我国“新文科”建设之中国特色》，载《苏州大学学报（教育科学版）》2021 年第 3 期。

及规划，要充分体现大布局、大交叉、大融合、大跨越、大凝练。[①]王永指出，新文科要有立足于自身的问题意识，要不断重申技术的工具属性。[②]金永兵指出，新文科背景下创意写作人才的培养要抓住时代脉搏，与时代问题和生活热点相融合；要深挖文化血脉，与民族经典文化相融合。[③]江锦年、陈瑛指出，新文科背景下新闻传播学建设要强调思想引领，把握中国立场；要回应时代需求，多学科协同。[④]刘坤、李龙指出，新文科建设要加快构建中国特色哲学社会科学，改造现有的知识生产体系，确保哲学社会科学的内涵式发展。[⑤]

第二类学者从较为中观的角度探索新文科建设的路径，他们多从文科本身或者高等教育整体上切入，涉及的关键词有表 1-1A 组的文科词语和 C 组中关于高等教育、教育整体性的词语。张涛甫认为，新文科需纠正泛自然主义和唯科学主义的偏向，反思科学主义的傲慢与偏见，让文科回归文科。[⑥]陈凡、何俊认为，新文科建设就是要重新接续被近代以来现代化进程强行打断了的中国文化传统。换言之，新文科建设要落实到立德树人上，其重要的路径应该是致力于追求中国传统文化的创新型解释与创造性发

① 安丰存、王铭玉：《新文科建设的本质、地位及体系》，载《学术交流》2019 年第 11 期。

② 王永：《新文科建设的三个理论前提》，载《现代传播》2020 年第 5 期。

③ 金永兵：《新文科与创意写作人才培养》，载《中国大学教学》2021 年第 1 期。

④ 江锦年、陈瑛：《新文科背景下新闻传播学的跨学科研究》，载《出版广角》2021 年第 4 期。

⑤ 刘坤、李龙：《重构与推进：新文科背景下的高校哲学社会科学变革》，载《学位与研究生教育》2022 年第 1 期。

⑥ 张涛甫：《知识的结构化转型与新文科建设》，载《复旦教育论坛》2021 年第 3 期。

展。[①]马骁等指出，新文科建设要把准文科发展的基本规律。[②]周毅、李卓卓指出，新文科建设要考虑到文科教育的新理念、文科教育的新定位以及文科教育的新结构等。[③]

第三类学者从相对微观的角度寻找新文科建设的突破口，他们切入的角度多为高等教育内部的各个分支，具体而言就是对应表 1-1 中 C 组的相关教育类词语，如学科、专业、课程、人才培养、教材、立德树人等。由于如何建设新文科是一个路径探寻，是寻找建设方案，因此必然涉及表 1-1 中 B 组的相关词汇。事实上，B 组词汇和这部分学者的观点相结合，是与 B 组关键词的特征相联系的。B 组主要是建设动词，也就是建设思路和方法，无论学者的角度是宏观的、中观的还是微观的，都需要使用相应的动词来完成对建设路径的描述。只不过持宏观视角的学者更愿意使用 B 组中的交流、打通、共享、回应、服务等词，持中观视角的学者更愿意使用 B 组中的创新、优化、配套等词来表达，而持微观视角的学者更愿意使用建设、交叉、融通、整合等词汇。文无定法，上述区分也是粗线条的，请读者在阅读本书和相关文献的时候细细体会。此外，我们还需要注意，很多学者的观点即便落脚在 C 组关键词中，仍会涉及很多不同组的词，也就是说观点是多元复合的。我们在后面会继续对这一点展开评述，还是先回过头看一下微观视角的主要观点。

---

① 陈凡、何俊：《新文科：本质、内涵和建设思路》，载《杭州师范大学学报（社会科学版）》2020 年第 1 期。

② 马骁、李雪、孙晓东：《新文科建设：瓶颈问题与破解之策》，载《中国大学教学》2021 年第 1 期。

③ 周毅、李卓卓：《新文科建设的理路与设计》，载《中国大学教学》2019 年第 6 期。

崔延强、段禹指出，新文科建设要从以下几方面入手：①探索文科专业的新方向；②创新人才培养的新模式；③建立健全国内外跨学科联合学位培养模式；④探索以多学科集群为基础的现代书院制度；⑤践行“传统文科+”，助力传统文科转型升级；⑥凝练人文学科的核心功能与核心素养。[①]王铭玉指出，新文科建设有五项具体的举措：①把握新文科教学质量标准；②组建跨学科的复合课程群；③探索开放式课程教学体系；④构建协同式学科平台；⑤创立管理新模式。[②]权培培等认为，新文科要做到以下几点：①构建新文科专业及课程体系；②建立跨学科师资队伍；③确立新文科教研评价标准；④形成新文科建设的运行模式。[③]黄启兵、田晓明指出，新文科建设在人才培养方面应注重创新、适应与卓越，课程设置及教学手段等要符合时代发展特征；在学术研究方面应注重技术化、跨学科性及应用性；在社会服务方面应顺应国家、满足社会需求；在管理方面应模糊学科界限，建设跨学科平台，扶持特色、优势学科等。[④]马骁等认为，新文科建设除了要把准文科发展基本规律，还要重视以下几方面：①重塑基层学术组织形态；②完善学科协同创新机制；③深化文科人才培养改革；

---

① 崔延强、段禹：《新文科究竟“新”在何处——基于对人文社会科学发展史的考察》，载《大学教育科学》2021 年第 1 期。

② 王铭玉：《新文科——一场文科教育的革命》，载《上海交通大学学报（哲学社会科学版）》2020 年第 1 期。

③ 权培培、段禹、崔延强：《文科之“新”与文科之“道”——关于新文科建设的思考》，载《重庆大学学报（社会科学版）》2021 年第 1 期。

④ 黄启兵、田晓明：《“新文科”的来源、特性及建设路径》，载《苏州大学学报（教育科学版）》2020 年第 2 期。

④构建引领文科发展的评价体系。[①]周毅、李卓卓指出，新文科建设可以从两方面进行探索：一是对现有文科人才培养模式、课程体系与内容等进行升级改造，其目标是引导现有文科人才在已有行业或专业领域发挥创新和引领作用；二是直接对接新兴领域的实践需要，培育或创造一个全新的文科人才培养路径，以适应新兴领域对文科人才的特定需求。[②]段禹、崔延强认为，我国高校实施新文科建设的路径框架主要有六种：①深入解读新文科建设内涵，凝聚新文科建设共识；②优化学科生态，创设多主体联动的动态专业设置、调整与淘汰机制；③分层次、分类别进行新文科建设；④践行“质量革命”，深入推进一流文科专业建设；⑤夯实文科专业基础，重拾人文社科的现实关怀与批判精神；⑥改革文科评价制度，构建价值多元、方法灵活的评价体系。[③]吴岩指出，在新文科建设方面，应该从以下方面努力：第一，鼓励新知识领域的建设，通过投资和政策推进人文领域新知识的探索；第二，强化新知识的积累，并以此鼓励和稳固新领域的创生；第三，以知识管理的创新带动教学创新，完善课程和教学改革；第四，注重方法学研究，推进新文科的多元化发展。[④]李宏图指出，大力发展新文科，如果从顶层设计的维度来看，需要在学科建设、学术

---

① 马骁、李雪、孙晓东：《新文科建设：瓶颈问题与破解之策》，载《中国大学教学》2021 年第 1 期。

② 周毅、李卓卓：《新文科建设的理路与设计》，载《中国大学教学》2019 年第 6 期。

③ 段禹、崔延强：《新文科建设的理论内涵与实践路向》，载《云南师范大学学报（哲学社会科学版）》2020 年第 2 期。

④ 吴岩：《“守城”到“攻城”：新文科建设的时代转向》，载《探索与争鸣》2020 年第 1 期。

研究领域甚至招生名额方面予以大力支持。[①]熊澄宇认为，新文科建设应当处理好学科融合和学科评价两方面的问题。[②]唐衍军、蒋翠珍指出，跨界融合理念下新文科人才培养的路径主要包括：①思想道德教育与专业教育相融合；②校内外导师“双师”队伍相融合；③通识课程、人文课程与专业课程相融合；④数字技术课程融入专业课程教学；⑤实践教学环节与工作过程相融合；⑥行业文化与校园文化建设相融合。[③]严峰在构建话语体系的背景下讨论了新文科建设的几个路径：①创新理论基础；②对外交流；③教材建设；④期刊建设。[④]宁琦指出，人才培养是新文科建设的核心任务之一，要完成这一任务必须做到如下几点：一要引入新的教育理念；二要有组织、分层次开展卓越拔尖文科人才培养；三要有计划、多渠道加强师资队伍能力建设。[⑤]安丰存、王铭玉认为，新文科建设可以从以下几个途径展开：①大类招生、大类培养；②学科交叉、跨类培养；③主辅结合、混合培养；④学科重组、融合培养；⑤中外结合、特色培养。[⑥]陈跃红指出，新文科建设的重心有三个：第一，为全校学生提供符合创新人才培养的、全覆盖的

① 李宏图：《新文科建设需要重拾人文教育的最初内涵》，载《复旦教育论坛》2021年第3期。

② 熊澄宇：《关于新文科建设及学科融合的相关思考》，载《上海交通大学学报（哲学社会科学版）》2021年第2期。

③ 唐衍军、蒋翠珍：《跨界融合：新时代新文科人才培养的新进路》，载《当代教育科学》2020年第2期。

④ 严峰：《新文科建设应着力建构中国话语体系》，载《复旦教育论坛》2021年第3期。

⑤ 宁琦：《社会需求与新文科建设的核心任务》，载《上海交通大学学报（哲学社会科学版）》2020年第2期。

⑥ 安丰存、王铭玉：《新文科建设的本质、地位及体系》，载《学术交流》2019年第11期。

一流通识教育；第二，根据学校的理工特色和智能时代的新环境，将文科学术研究定位在具有文理工交叉融合特色的科技人文研究；第三，关于新文科，可能要从更长远的意义上去考量它的未来。[①]徐显明认为，新文科建设中的卓越法治人才培养要从生源构成、培养目标、培养体系、师资队伍、培养模式五个方面着手。[②]

以上是我们对新文科的第三个话题——如何建设新文科的各种观点的简单梳理。从整理情况能够看出，关于如何建设新文科的观点存在着几个特点，有些特点和前两个话题的特点几乎是一样的。首先，学者们的研究有不同的切入点，不同的切入点既代表着学者们观察角度的不同，又代表着研究处于宏观、中观或微观不同的层次。宏观层面的研究，还是没有脱离政策范畴，还是为国家政策做注释。中观的视角回归到文科以及高等教育的笼统和整体层面，视野稍微收回来一些，不过仍然在外围打转，不能落地，但是对于丰富整个学术体系和提供比较完整的信息来说是不可或缺的。微观的视角是本书比较提倡的，即能够将国家提出的新文科建设需求拉回教育角度，使用教育学尤其是高等教育学的相关术语来解读新文科以及探索新文科建设的思路。虽然在这一点上持微观视角的学者值得肯定，但并不是说在这一点没有提升的空间，这正是本书接下来要讨论的内容。其次，在第三个话题上，学者们的观点依然是复合多元的，虽然我们能大致将学者们的观点区分成宏观、中观、微观，但实际上很多学者的观点是

---

① 陈跃红：《新文科：智能时代的人文处境与历史机遇》，载《探索与争鸣》2020年第1期。

② 徐显明：《新文科建设与卓越法治人才培养》，载《中国高等教育》2021年第1期。

既包含宏观视角又包含中观和微观视角，或者是其中两个视角的组合。也就是说，在一个学者构建的复杂的建设路径和体系中，他的观点会横跨表 1-1 中的 A、D、C 三组关键词。即便有的学者将建设路径限制在某个具体组目中，比如 A 组或者 C 组，但是这两个组目中的信息和词汇仍然存在跨度很宽、范围很广的特点，使得学者们的观点出现了 A1、A2、A3 或 C1、C2、C3 等不同形式的组合。如何看待这种在 A、D、C 组之间形成的多元复合观点以及在 A、C、D 组内部形成的多元复合观点？本书认为，这依旧是由于新文科的研究尚处于起步阶段，学者们对新文科缺乏体系性的认识和理解，在讨论新文科是什么、为什么建设新文科和如何建设新文科的时候并不能准确地认识到自己使用的词汇、观察的视角、建设的角度之间存在怎样的关联，是否有逻辑混乱等问题，混淆了新文科和新文科外围的一些范畴，或者混淆了新文科内部不同领域（如教学、科研）的范畴，在教学内部不同的概念（如人才培养、课程建设、专业、学科以及教材、期刊等）之间反复切换，在学术研究（科研）内部不同的概念（如问题意识、研究方法、学科平台、学术体系、话语权、哲学社会科学家等）中来回跳跃。再次，在既有研究中并不是所有的研究都能让人满意，尤其是没能将研究视角落到教育范畴的那些相对宏观、又大又空的口号式解读。正如本书在序言中指出的，国家提出需求，高等教育领域要负责对国家（或者教育部）的需求进行专业的解读，即新文科建设落到高等教育的范畴中是一个什么问题？笔者更欣赏那些将新文科建设解读成人才培养、教材建设、课程建设的观点，虽然这些研究存在着不足之处，但毕竟守住了教育学人的本分，而不是在外围打转。这也是笔者为什么在本章一开始就整理了一份新文科知识地图（见表 1-1），用来对新文科、新文科外围的一些概念进行粗略的整理，好让读者对纷繁复杂、不同学者的观点有一个整体的分类和区分。再次强调，新文科的界定、新文科的建设路径只能从高等教育范畴寻找答案，不能在外围要素中获得具体指引，这并不是说背景、外围的信息和概念不重要，只是强调我们不能把女二号放在女一号的位置上，否则就乱了。最后，笔者秉持的观点之一就是高等教育是一个复杂的结构体，这还仅是从静态的角度来看；如果从动态的角度来看，它的内部运行机制是相当复杂的。在这个结构体以及结构体的动态运行中，高等教育的每个环节以及每个环节的参与者的角色是不同的，承担的建设任务也不同。不对建设主体进行区分，笼统谈新文科建设的路径，显然是没有针对性的，同时也是无法落地的。

（二）实践研究

关于新文科的实践研究极其繁多，因为新文科本身就是一个复杂的事物，加之新文科涉及众多学科、专业以及人才培养方面的细节，因此从任何一个角度切入都可以展开研究。关于新文科的实践研究可以大致分成三个类别：学科建设、专业人才培养以及其他。其中，学科建设、专业人才培养是重头戏，80%以上的实践研究是围绕这两个话题展开的，其他则包括通识课程、实验课程、图书馆、师资建设、平台搭建以及书院制等话题。

1. 区分概念

还是像理论研究部分一样，在梳理实践研究文献之前先区分一下本部分所涉及的核心概念——学科、专业和人才培养。很多研究者在使用这些词语时没有考虑读者是不是了解这些概念，或者作者也没有把这些概念弄得很清楚。根据笔者多年从事教师发展工作的经验，很多教师是弄不清这些概念的，更有一线教师不清楚教案、大纲、教学设计、人才培养方案、课程设置、课程体系、教学理念等一系列相互交织又特别复杂的概念之间的关系。在这种情况下，想要了解国家相关政策，如新文科、课程思政更是难上加难。加之教育学的概念也是一个庞杂的体系，一线教师想要完全弄清楚这些概念以及它们之间的关系也就存在很大障碍。①所以，在正式梳理实践研究文献前，要对本部分涉及的核心概念进行区分，将它们的内涵和外延揭示出来，以帮助读者理解。

1）学科与专业

关于学科与专业的区别，之前略有提及，这里再强化介绍一下。学科和专业的概念经常被混淆，有些人把专业等同于二级学科或子学科，这种观点是不正确的。学科与专业的区别在于学科是针对知识体系而言的，而专业是针对社会分工而言的。一个专业可能要求多学科的综合（如土木工程专业可能涉及工程力学、岩石力学、地质学、混凝土结构、计算机等学科），而一个学科可在不同专业领域中应用（如流体力学学科可能用于机械、土木、建筑、航空航天等专业）。

学科是相对独立的知识体系，是围绕知识构建起来的。美国学者伯顿·克拉克在《高等教育新论》一书中提出，学科有两种

① 如很多一线教师经常分不清教学模式、教学过程、教学范式、教学策略、教学方法等相关概念。

含义：一是作为知识的“学科”，二是围绕这些“学科”建立起来的组织。[①]从创造知识和科学研究的角度来看，学科是一种学术上的分类，指一定科学领域或一门科学的分支，是相对独立的知识体系。对于大学里承担教学和科研职责的人员而言，学科就是学术的组织，即从事科学与研究的机构。实践中，学科的概念主要是从科研角度来理解的，主要被理解成与科研有关的活动。需要关注到的一点是，现代社会里大学承担着三大职能：人才培养、科学研究、社会服务，而学科是大学有效完成这些职能的载体。也就是说，虽然学科从狭义上来理解是一个科研概念，但是它同时为人才培养、社会服务提供支撑。因此，学科是一个与高等教育中其他相关词语有着千丝万缕联系的概念。这部分在需要的时候会适当展开。

学科用于学术分类时，是指一定科学领域或一门科学的研究分支，主要依据学科的派生来源、研究对象、研究特征、研究方法、研究目的和目标等进行分类。学科用于教学科目时，是指依据一定的教学理论组织起来的知识体系。学科还特指高校教学、科研等功能单位，是对教师教学、科研业务隶属范围的界定。学科划分遵循知识体系的逻辑，学科发展的核心是知识的发现和创新。学科是相对稳定发展的知识体系，即使在一些学科分化与演变中形成新的学科、交叉学科或综合性学科，也都有相对稳定的研究领域。

广义的专业是指某种职业不同于其他职业的一些特定的劳动

---

① [美]伯顿·克拉克：《高等教育新论　多学科的研究》，王承绪等译，浙江教育出版社 2001 年版。

范围，是指特定的社会职业。高等学校中谈及的专业，是指高等学校根据社会分工和经济社会发展，以及学科的发展对人才的要求而划分的学科门类。不同专业具有不同的培养目标和规格，以及不同的教学计划和课程体系。专业是根据社会对不同领域和岗位的人才需要来设置的，处于学科体系与社会职业需求的交叉点。专业主要由专业培养目标、课程体系和专业中的人构成。专业设置和发展的目标是满足社会对不同层次人才的需求。学科和专业是密切相关的，学科与专业并存是高校特有的一种现象，两者相互依存、相互促进。专业是学科人才培养的基地，学科是专业持续发展的基础。

简单总结一下，学科是相对独立的知识体系，是围绕知识构建起来的。专业是根据社会对不同领域和岗位的人才需要来设置的，但是专业必须依托学科建设，处于学科体系与社会职业需求的交叉点。也就是说，学科要为专业建设提供支撑。学科为专业建设提供支撑的方式就是依托学科的知识体系形成不同的课程，用课程培养专业人才。

2）学科建设和专业人才培养

我们先搞清楚一句话：专业是人才培养的载体，课程是人才培养的单元，课程又来源于学科知识。所以，人才培养离不开专业，专业是人才培养的载体，专业能够培养人才又依赖于课程，课程又来源于学科知识。这样我们就弄清楚了学科、专业、人才培养之间的关系。但是，本部分要说的不止这些。

实践中，当我们谈及学科的时候多与学科建设有关，学科建设是与科研相关的，简单解释就是学校的某个学科要怎样定位、怎样发展、朝什么方向努力、如何建构的问题。比如，笔者是吉林大学法学院（一级学科）之下的国际法学科（二级学科）的研究人员，我们召开学科建设研讨会的时候通常会讨论我们的国际法学科怎么建设，与其他学校国际法学科的定位有什么不同，基于目前国际法学科研究人员的数量、研究方向，我们应该怎么拧成一股绳朝着一个或者几个方向发力、怎样发展，以及怎样在国内相同学科中形成竞争力和独特的优势。这是学科建设的主要内容。但是不论学科建设表面上被表述成什么（如定位、发展、方向），实际上它都与知识生产有关系，最终要落到每位研究人员的日常科研也就是如何进行知识生产上。还有一个问题要注意，学科建设也涉及人才培养问题，因为学科建设在很多学校被放在研究生院，培养后续的科研人员即硕士研究生、博士研究生是学科建设的重要内容。我们之前谈及的专业主要是针对本科生人才培养。这里如果有不明白的，可以参看《普通高等学校本科专业目录 2022》《中华人民共和国学科分类与代码国家标准》《学位授予和人才培养学科目录设置与管理办法》《授予博士、硕士学位和培养研究生的学科、专业目录》等相关文件。总结一句话，学科建设是一个科研概念，与知识生产有关系，但是也涉及研究生人才培养。学科建设通常被高校放在研究生院。

狭义的专业人才培养（或者常用意义上的专业人才培养）指的是本科生人才培养，由教务处来完成。这里容易造成混淆，原因在于人才培养既包括本科生人才培养，也包括研究生人才培养，历史上研究生培养一直滞后于本科生培养，一提及人才培养，人们就认为是指某专业的（特指本科）人才培养，其实不然，这里请读者注意区分一下。我们必须面对的是，学科建设中的研究生人才培养是被放在研究生院的，是学科内部的。而专业人才培养是专业内部的，是针对本科生的，被放在了教务处，专业人才需要学科的知识作支撑。这就是目前高等教育内部关于学科建设以及专业人才培养的状况。所以，外行人或者对这些管理上的职能划分（有时候甚至是割裂）不了解的一线教师其实很难弄清楚它们之间的关系。

我们用图 1-1 来解释学科、专业与人才培养之间复杂而相互嵌套的关系。人才培养其实是一个通常意义上的广义概念，包括研究生人才培养和本科生人才培养。研究生人才培养是学科建设的一部分，因为它与知识生产有关，同时由研究生院来负责。本科生人才培养是狭义的人才培养（是默认的、使用最频繁的人才培养概念），它依托专业而设，隶属教务处，但是专业是依托学科知识建设的，没有学科知识就没有课程和教材，也就无法进行专业人才培养。

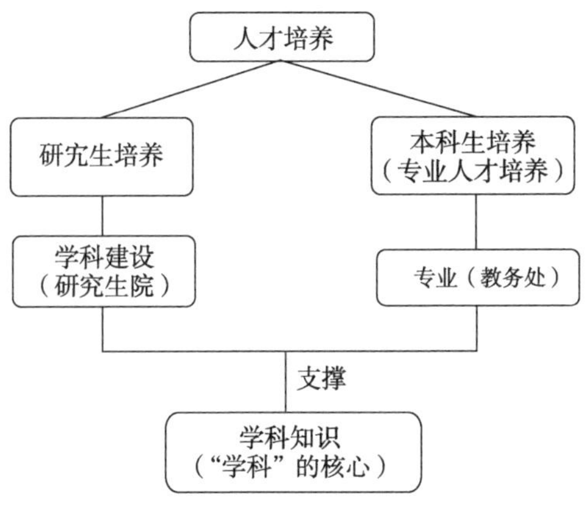

图 1-1　学科、专业与人才培养之间的关系

还有一个需要注意的问题是，实践中，一些人会将我们在上文提及的一级学科下设的二级学科称为专业，这个专业也与我们上文提及的本科专业不一样，这也加深了人们对学科和专业的误解。比如，笔者所在的法学学科，笔者经常说自己的专业是国际法，招收国际法专业的研究生，但是这里的专业国际法是指二级学科，依然是从学科角度出发的。而通常意义上的专业其实泛指本科生的专业。也就是说，二级学科既可以被称为学科又可以被称为专业（尤其在研究生招生方面），但是请明确区分此“专业”非彼“专业”。所以，教育学的概念有时候很复杂，实践中也会被不加区分地使用。

比如，图 1-2 中法学作为一个学科类别，下设六个一级学科，包括法学、政治学、社会学、民族学、公安学和马克思主义理论。笔者所在的法学院其实就是法学的一级学科（作为学科类别“法学”下面的一级学科“法学”），一级学科下面设立了十个二级学科，包括法理学、宪法与行政法学、国际法学、民法学、商法学、环境法学、经济法学、军事法学、诉讼法学、法制史学。从学科建设的角度来看，笔者处于一级学科法学下的二级学科国际法学，从事国际法学研究；从学科建设的人才培养也就是研究生招生角度，笔者招收的是法学学科中的二级学科国际法的硕士研究生和博士研究生。同时，笔者也会对外宣称自己是吉林大学国际法专业（这里的专业是二级学科，是从学科角度阐释的）的学者；笔者的研究生也会宣称自己是国际法专业（这里的专业依然是二级学科，也是从学科角度阐释的）的硕士或者博士。以上是从学科角度来看的。换一个角度，从本科生教学角度来看，法学专业实

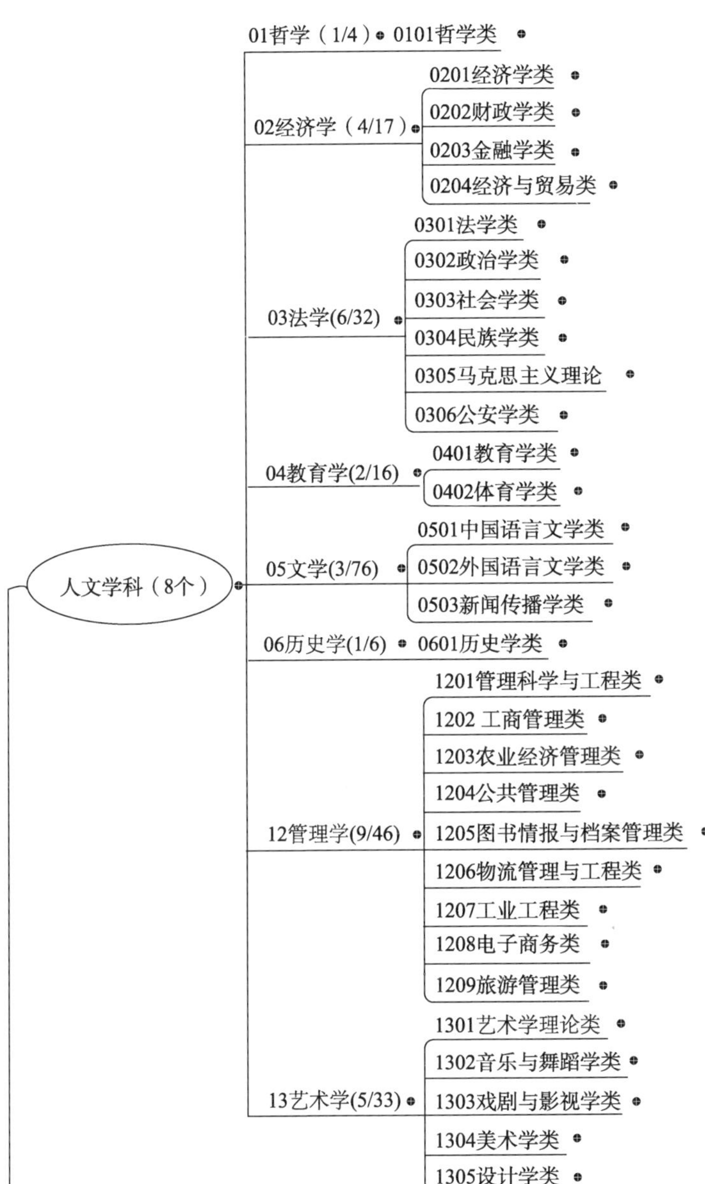
人文学科（8个）
01哲学（1/4）
0101哲学类
02经济学（4/17）
0201经济学类
0202财政学类
0203金融学类
0204经济与贸易类
03法学(6/32)
0301法学类
0302政治学类
0303社会学类
0304民族学类
0305马克思主义理论
0306公安学类
04教育学(2/16)
0401教育学类
0402体育学类
05文学(3/76)
0501中国语言文学类
0502外国语言文学类
0503新闻传播学类
06历史学(1/6)
0601历史学类
12管理学(9/46)
1201管理科学与工程类
1202 工商管理类
1203农业经济管理类
1204公共管理类
1205图书情报与档案管理类
1206物流管理与工程类
1207工业工程类
1208电子商务类
1209旅游管理类
13艺术学(5/33)
1301艺术学理论类
1302音乐与舞蹈学类
1303戏剧与影视学类
1304美术学类
1305设计学类

图 1-2　学科分类表

行的是大类招生，即本科生只有一个专业——法学。[①]每年吉林大学法学院大约招收 300 名本科生，这些本科生都对应一个专业——法学。吉林大学法学院为社会培养法学专业人才，这种培养是建立在吉林大学法学学科知识体系之上的，即上文所说的学科知识。学科知识形成不同的课程、教材，然后形成课程体系、培养方案（主要是课程内容和体系），最终促成法学专业人才培养。如果读者朋友们还是在理解上有困难，那么我们只需要掌握一条简单的规则：学科与科研有关，人才培养与教学（本科）有关；本科人才培养多与专业有关，属于传统意义上的教学，由教务处管理。但是学科（科研）也包含研究生教学和研究生人才培养，这就与教学（本科人才培养）有了交叉。

3）人才培养模式

其实当我们提及人才培养的时候多数是指高等教育的人才培养模式，它有着明确的内涵和要素。也就是说，当我们看到有的学者在文献中提及人才培养或者人才培养模式的时候，他必须依据人才培养或者人才培养模式的内涵和要素展开研究，脱离了人才培养的内涵和要素谈人才培养都是非专业的体现。

人才培养模式是高等教育领域的基本问题，有人才培养就有人才培养模式。但我国高校、学界及教育行政部门提出并讨论人才培养模式是近二十年特别是近几年的事。“人才培养模式”这一概念最早见于文育林 1983 年的文章《改革人才培养模式，按学科设置专业》，其内容是关于如何改革高等工程教育的人才培养

① 法学也有其他专业，但是笔者所在的学院没有开设，如知识产权专业、监狱学专业。

模式。[①]之后也有一些高校和实践工作者讨论了医学及经济学等各类人才培养模式及其改革，但都未明晰何为“人才培养模式”，对其内涵的把握较为模糊。出于高等教育实践的需要，理论工作者也开始关注这一问题，并试图界定其内涵。刘明浚于 1993 年在《大学教育环境论要》中首次对这一概念做出明确界定，提出“人才培养模式”是指“在一定办学条件下，为实现一定的教育目标而选择或构思的教育教学样式”。[②]教育行政部门首次对“人才培养模式”的内涵做出直接表述，是在 1998 年教育部下发的文件《关于深化教学改革，培养适应 21 世纪需要的高质量人才的意见》中，指出“人才培养模式是学校为学生构建的知识、能力、素质结构，以及实现这种结构的方式，它从根本上规定了人才特征并集中地体现了教育思想和教育观念”。

20 世纪 90 年代以来，随着人们对人才培养模式关注的增强，相关研究迅速增多，形成了以下几种较为典型的界定：人才培养模式是人才的培养目标、培养规格和基本培养方式；人才培养模式是学校为学生构建的知识、能力和素质结构，以及实现这种结构的方式；人才培养模式是指在一定的教育思想和教育理论指导下，为实现培养目标（含培养规格）而采取的培养过程的某种标准构造样式和运行方式；人才培养模式是教育思想、教育观念、课程体系、教学方式、教学手段、教学资源、教学管理体制、教学环境等方面按一定规律有机结合的一种整体教学活动，是根据

---

① 文育林：《改革人才培养模式，按学科设置专业》，载《高等教育研究》1983 年第 2 期。

② 刘明浚：《大学教育环境论要》，航空工业出版社 1993 年版。

一定的教育理论、教育思想形成的教育本质的反映；等等。这些观点有一些相同之处，即基本上都认为人才培养模式是指在教育思想、教育理论指导下的一种人才培养方式。但以上观点也存在着分歧：在培养模式的指向上，存在强调培养目标还是强调素质结构的差异；在培养模式的属性上，有些学者认为应该是一种静态的“方式”，而有的学者认为是一种动态的“过程”，更多的学者认为是静态与动态的结合；在人才培养模式的外延上，少数学者认为包括整个教育管理活动，一些学者则把人才培养模式限定在“教学活动”中，而更多的学者持中间立场。

以上是对人才培养模式这个概念的一些简要介绍，如果读者看不懂或者不愿意看也无妨，接下来本书还会继续总结一个简化版本。在这里介绍这些内容主要是想让大家认识到，教育学是一门独立的学科，其内部有着复杂的概念和知识体系。不仅在人才培养模式问题上有复杂的概念、不同的争论，其他教育学概念也是如此。我们对研究中出现的每一个专业的教育学术语和词语都要有清晰的认识和专业的解读。但这对一线教师而言是非常困难的一件事，因为高等院校的一线教师并非师范专业出身，他们是像笔者一样出身于法学、医学等专业，并不了解教育学的整体结构和复杂程度。因此，他们总是在经验、感性层面上使用一些专业词汇，不够精准，而这也影响了研究的专业性。

总体而言，普通的一线教师不必深究人才培养模式的分歧，只要记住人才培养模式是指在一定的现代教育理论、教育思想的指导下，按照特定的培养目标和人才规格，以相对稳定的教学内容和课程体系、管理制度和评估方式，实施人才教育的过程的总和。人才培养模式具体包含四层含义：

（1）培养目标和规格；

（2）为实现一定的培养目标和规格的整个教育过程；

（3）为实现这一过程的一整套管理和评估制度；

（4）与之相匹配的科学的教学方式、方法和手段。

如果以简化的公式表示，即“目标+过程与方式”（“教学内容和课程+管理和评估制度+教学方式和方法”）。此外，还有一些保障措施和资源平台建设，前者如师资队伍，后者如各种教学资源库和平台。

所以，当提及课程的时候，我们要知道这是人才培养模式的一部分；当提及师资的时候，我们要知道这是保障环节的一部分；当提及教学改革的时候，我们需要明确知道这是过程和方法的一部分。

至此我们已将新文科关于实践研究部分所涉及的专业术语澄清完毕。之所以要进行澄清和区分，是因为实践中有些术语是混用的，如二级学科的专业和本科的专业；有些术语是模糊使用的，如学科、专业与人才培养等。这导致很多人对学科和专业，学科建设和人才培养，科学研究与学科建设，本科生培养与研究生培养，科研队伍和师资队伍等是混用或者是分不清楚的。这种理解上的困难也可能源于国内外对学科和专业设置的不同。在美国，只有学科，在学科之下设置课程，学生入学之后没有专业，先选课程，即文理学院的通识课程，通识课程学完之后可能再开展学科内部的学习。在国内，先有学科，在学科之下设置专业，在专业之下还要设置课程。这是不同的操作方法，也再次说明教育学的理论和实践的复杂性，我们不过多展开了。总之，我们强调这些概念是想提示读者和从事新文科研究的研究者，只有弄清楚这些概念的内涵和外延以及背后的理论，当然还有这些概念在实际的高等教育结构中是如何被操作和运用的，才能做好新文科的研究。不太乐观的是，在笔者翻阅的大部分关于新文科的文献中，这些概念都没有得到正确的理解和应用。在区分这些概念的基础上，我们来观察一下实践研究部分是怎样开展的、进展到什么程度。

2. 实践研究涉及的若干话题

新文科的实践研究覆盖面很广。

首先，我们会看到有一大类话题与学科有关，学者们的表述略有不同，但总体上是从学科角度思考新文科建设。如张文彦等的《新文科背景下推进出版学科建设的学术思考》，马费成等的《新文科背景下我国图书情报学科的发展前景》，胡开宝的《新文科视域下外语学科的建设与发展——理念与路径》，安丰存等的《新文科视阈下的大外语观及学科建设内涵》，刘建军的《“新文科”还是“新学科”？——兼论新文科视域下的外国文学教学改革》，马世年的《新文科视野下中文学科的重构与革新》，江锦年等的《新文科背景下新闻传播学的跨学科研究》，周计武的《新文科的使命与艺术学理论的跨学科定位》，宋继伟等的《新文科建设背景下人文社会科学科研转型提升之路径探索》，董文强等的《新文科背景下文化遗产学科建设模式初探——以文物科学与技术为例》，王建红等的《论马克思主义理论学科的新文科建设属性》，邹新月等的《新文科视域下数字经济学学科的建设逻辑与实践》，齐姗的《新文科背景下教育学学科发展路向审思》，王关义的《新文科背景下构建中国特色出版学科体系的思考》，安兵等的《新文科背景下法学交叉学科建设研究》，于海阔的《新文科背景下区域国别学的学科发展若干问题》，刘艳红的《从学科交叉到交叉学科：法学教育的新文科发展之路》……总之，这类探讨学科建设的文献覆盖面极为广泛，不仅覆盖了学科门类，还渗透了一级学科和二级学科，同时在横向上探讨了交叉学科、超学科以及融学科等问题。本书此处仅做示例性展示，若想了解详情，读者可以自行检索或者参见书后的参考文献。

其次，还有一类文献集中在专业建设方面，这类文献数量较多，如郭英剑的《新文科与外语专业建设》，周杰等的《地方院校新文科专业建设的掣肘及路径》，郑展鹏等的《新文科背景下经济学类一流专业建设面临的困境及实践》，田里等的《新文科背景下旅游本科专业课程体系建设研究》，赵忠秀等的《推动构建人类命运共同体的国际经济发展合作专业建设探究与实践》，袁峰的《文科视域下应用型高校物流管理专业实践教学质量提升路径研究》，孙有中的《创新教材体系，推进外语类专业新文科建设》，李春梅的《新文科战略背景下思想政治教育专业建设的探索与实践》，孟庆楠等的《新文科背景下国家级一流英语本科专业建设的探索与实践——以大连海事大学海事特色复合型外语人才培养模式为例》，刘娜等的《新文科背景下汉语言文学专业实践教学体系构建策略》，黄琼英的《新文科建设背景下地方本科院校外语专业发展对策研究》，张桂蓉等的《新文科视角下应急管理专业建设的问题与进路》，李凡的《新文科背景下高校英语专业教学质量监控提升路径研究》，荆浩等的《面向新文科的地方院校经管类专业融合发展模式探索》，梁玉等的《新文科背景下理工科院校英语专业发展路径研究》，韩永青的《新文科背景下地方高校广电传媒类专业建设路径探析》……以上仅是新文科实践研究中专业建设情况的简单列举，可以看出专业建设是一个非常广泛的话题，内容涵盖教学体系、课程体系、师资建设、实践课程、理论课程、中央高校、地方高校、教学质量，同时也涉及不同专业的建设探索。

最后，还有一类文献集中在人才培养这一关键词上，这类文献数量颇多，但必须指出的是，无论是学科建设、专业建设还是本处探讨的人才培养都是互相交叉和联系的。如前所述，人才培养的基本载体是专业，基本单元是课程，在中国，专业是依托学科建设的，学科知识是课程体系的主要支撑，所以，这三个概念有时候是交织在一起的。我们尽量从学者们不同的侧重点出发将这些文献做一个简单的分类，帮助读者了解学者们开展新文科研究的不同切入点。有关研究人才培养的文献是最多的，覆盖面也很广，不仅是因为不同专业都涉及人才培养，而专业又有大量的分类，还因为人才培养这个话题是一个宏大的话题，内涵非常广泛，涉及培养目标、规格、过程、课程、内容、评价、保障、资源平台建设等模块。在此我们仍然列举学者们的部分研究，稍后再对研究进行点评。关于人才培养的研究有金永兵的《新文科与创意写作人才培养》，孙向晨的《浅谈以“哲学+”为核心的新文科人才培养》，吴宝锁等的《多学科协同的“新文科”卓越人才培养路径》，唐衍军等的《跨界融合：新时代新文科人才培养的新进路》，徐显明的《新文科建设与卓越法治人才培养》，周茂君、何江移的《新文科背景下广告学专业核心课程设置与人才培养——基于国内 48 所院校本科培养方案的内容分析》，曹瑞斕等的《新文科背景下“双师型”教师队伍建设赋能商务英语人才培养》，袁源洁的《新文科背景下高职院校传媒人才培养模式创新》，姚玲珍等的《新文科视域下财经类人才培养模式改革探索——基于上海财经大学国际组织后备人才培养的实践》，吴胤君的《数字经济时代视频人才培养策略研究——以西安欧亚学院广播电视编导专业为例》，罗立升等的《新文科建设背景下管理类应用型本科人才培养机制路径研究》，王晖等的《新文科旅游管理专业人才培养方案改革研究——以长沙学院为例》，柳林的《新文科建设视域下公安院校侦查人才培养模式研究》，朱雅妮等的《新文科背景下数据法学人才培养新思路》，刘和平等的《新文科背景下融合型语言服务人才培养模式》，宋智敏等的《新文科视域下卓越法治人才培养模式的四维创新》，吕沙等的《新文科背景下“交叉融合”财会人才培养探索》，莫日根等的《新文科背景下内蒙古自治区环境设计创新人才培养模式研究》，白芳的《新文科背景下艺术设计与智能科技的融合——地方行业特色型艺术设计人才培养的探索与实践》，尚煜等的《数字化转型背景下人才培养模式研究——基于能源经济专业视角》，黄伟珍的《新文科背景下翻译硕士人才培养的探索与实践——以国内某“双一流”高校为例》，郝俊杰等的《论元宇宙视域下新文科公共管理“四融合”人才培养》，王嘉等的《新文科视野下地方本科院校新闻学人才培养的路径》，谷莉莎的《新文科理念与地方高校外语专业应用型人才培养路径创新》，苏燕羽的

《新文科背景下经管类专业应用型人才培养研究》，任芸莹的《高校新闻传播专业人才培养路径探究》，陈璇等的《“新文科”理念下跨学科复合应用型司法社工人才培养模式的构建》……如果继续列举下去，这份清单可能包含几百篇文章。从列举的人才培养方面的文献可以看出，学者们讨论的话题十分广泛，有从地方高校和“双一流”高校角度切入的，有从不同专业切入的，有从人才培养的不同模块如实践课、师资队伍切入的，有从人才的具体类型如应用型、复合型切入的。

3. 对实践研究的总体评价

1）没能形成学术对话与互动

如果说理论研究还能总结出三个比较成型的话题，并对话题展开相对深入的探讨，学者之间形成了某种程度的在新文科内涵、建设路径等方面的对话和互动，那么实践研究就是极为零散的，目前没有针对某一具体的话题形成学术对话与互动。原因主要有以下几点。首先，实践研究的话题涉及学科、专业，这两个概念本身就是非常复杂的事物。学科有近百个，专业的数量更是超过700 个，相应地，围绕这些学科、专业展开探讨的文献量可谓巨大。其次，学科建设、专业建设、人才培养都是非常宏大的教育学话题，它们的内涵极为丰富。从人才培养来看，其包含目标、规格、课程（体系）、内容、过程、方法、师资（属于保障）、资源建设、评价等多个模块，而课程建设、教学过程和方法又是内涵丰富、可以继续展开的教育学模块。因此，从这三个话题切入展开新文科的讨论可谓非常丰富、数量可观。最后，中国的高校种类和数量都很庞大。从种类来看，有中央高校和地方高校、普通高校和高职院校的区别；从数量来看，有 3013 所高等院校，如果学者从自己所在高校、所处学科或者专业谈新文科建设的实践，那么这部分文献的数量是巨大的。总结一下，由于上述三方面的原因，新文科的实践研究跨度很广、范围很宽。目前中国关于新文科的 3000 多篇文献（包含理论研究和实践研究）[①]其实是没有形成规模效应的，换言之，目前中国所有关于新文科建设的研究（尤其是实践研究部分）相对于新文科广泛而复杂的内涵而言只是散布的、星星点点的研究，根本无法在某一专门的领域，或者围绕专门的话题形成规模性研究并在这个规模范围内展开学术交流和讨论。这就有点像在中国 960 万平方公里广袤的大地上散落几千颗蒲公英种子，还有很多空白领域没有覆盖到，即便是覆盖到的区域也由于数量太少、密度不够而无法展开讨论和互动。

2）尚处于自由探索阶段

这一点也是可以理解的，从上文关于新文科理论研究的分析来看，国内关于新文科的研究有很多基本性的问题没有突破，比如新文科的内涵到底是什么。把新文科落实到高等教育领域进行讨论仍存在很大困难，很多学者还在政策等外围部分去观察新文科。这就导致实践探索无法从理论研究中汲取太多的养分，实践研究也就没有新文科理论研究作支撑，只能摸着石头过河。我们观察到，很多学者在开展新文科实践研究的时候，在文章开篇都要谈一下对新文科的理解，这也说明理论界对新文科这一新生事物的内涵和外延未达成共识。在这种情况下，实践研究只能慢慢

① 这 3000 多篇文献是在中国知网上以“新文科”为关键词检索出来的数据，且该数据的最后检索时间为 2023 年 1 月。

摸索、不断总结经验。待经验达到一定程度之后，相应的研究就会慢慢透过现象到本质，从经验中总结出规律。这是事物发展的规律，新文科也不例外。总之，目前关于新文科的实践研究呈现出的是初期发展的典型样貌。笔者采取罗列和列举的方式来呈现研究现状，实在是研究太分散，也过于经验化。

3）教育学专业性体现度较低

这个问题其实在理论研究部分已经提及并论述过，但是在实践研究中依旧是一个突出问题，所以再简单总结一下。本书从序言起就一直强调，专业的问题需要用专业的知识来解决。新文科建设是国家提出的一个战略、构想或者要求，如果落在高等教育领域，必须被识别成一个教育学的问题。这是从事高等教育的人必须具备的专业素养，如果不能将新文科建设识别、转化成相应的教育问题，如人才培养、课程体系、专业建设、学科交叉等，就说明从事新文科研究的人没有专业思维——教育学专业思维。

从目前新文科研究的现状来看，一部分研究没有落到教育学的范畴里，始终跟着中央的文件打转，使用的术语、表达都是政策性的，这是一个令人遗憾的情况。但令人欣慰的是，还有一部分学者能够将新文科的研究拉回到教育学的范畴（尤其是高等教育范畴），我们必须承认，这部分研究有一定的专业性。但教育学又是一门非常复杂的学科，从事高等教育[①]的一线教师十分特殊，他们并不是师范出身，而是各个学科出身，如笔者是法学出身，

① 小学、中学教师的招聘还能基本保证教师来源于师范学院的师范类专业，大学这种专才培养模式致使各学科的教师都不是师范出身，而是出身于相应学科。

并不具备完整、体系、专业的高等教育理论基础和知识体系。[①]如果没有后期对教育学的深入学习，一线教师是不具备解决专业的教育学问题（如新文科建设）的能力和基本素养的。

那些能够意识到新文科建设主要是一个教育学问题，需要拉回到教育学视野来观察和考虑的学者在研究意识上是非常正确的。但是，又有多少学者能准确且相对完备地了解教育学的结构和体系呢？正如笔者在上文区分了学科、专业、学科建设、专业建设、人才培养等相应的术语在理论上的内涵以及在实践中的操作，新文科的研究要求研究者是真正了解高等教育及其内部构造、规律的，而不是简单使用几个教育学术语、名词，不遵循其内部的逻辑就展开论证。

从目前的研究状况来看，即便有一些研究能够落到教育学领域，用了一些教育学术语，但是这些术语的使用是杂糅式的，科学研究中混杂着教学研究，学科建设中混杂着专业建设，课程建设中混杂着专业建设，人才培养中不同逻辑层次的内容被并列，或者同一逻辑层次的要素被割裂……这些都是专业性不够的体现。本部分，笔者只是列举相应的研究，并没有对这些研究中“如何建设新文科”的具体观点展开分析。一方面是由于新文科的实践研究没能形成学术对话与互动，这就意味着观点很分散，客观上总结困难。另一方面，即便我们深入细致地去分析这些有关实践研究的文章，也会发现它们的建设思路或者结论与理论研究部分“如何建设新文科”的观点并无二致，都是比较宏观、缺乏操

① 新任教师岗前培训涉及的教育学理论对从事教育学研究是不够的，新任教师需要持续学习。

作性的，所以这里不再重复。

二、关于新文科研究的几点看法

尽管在理论研究和实践研究中已经提及新文科研究存在的问题，但我们还是选择在此处做一个总结，将分散在之前各部分中的评论再凝练一下，一方面是对上述文字的总体回顾，另一方面也回应了本书写作的初衷——解决新文科研究中存在的两个问题。

（一）新文科的研究是一个复杂的问题

从上文对新文科理论研究和实践研究的情况介绍来看，新文科的研究是一个复杂的问题。新文科的研究处于刚刚起步的阶段，很多研究没有达成共识也没有成型的体系。为了帮助读者了解新文科这一复杂的事物，笔者在介绍理论研究部分时先勾勒了一幅全景图，即表 1-1，让读者能够看到新文科研究的全貌，然后在这幅知识地图的指引下观察新文科理论研究的样态。结果显示，表 1-1 总结的新文科常用关键词不仅被分为四大类，而且数量上多达上百个。学者们的研究相对于表 1-1 呈现的整体面貌是偏向个别的、局部的。理论方面的研究能被我们观察到的有三个主要话题，只不过学者们对这些话题的讨论是个别且分散的，不仅未达成共识，连聚焦到一个共同的点上都很困难。笔者从事写作和教学研究多年，也是首次在做文献综述的时候制作表 1-1 这样的知识地图，实在是因为现有研究缺乏这样的整体图景，我们并不能准确了解、定位每位学者探讨的关键词到底是什么、处于什么位置、与其他学者探讨的关键词之间的关系是怎样的。

相对于理论研究，实践研究更是杂乱。虽然我们能够大致将实践研究分成学科、专业和人才培养这几大类[①]，但是由于学科设置多达上百个，专业设置更是达700多个，每个学科、专业都研究一遍就会产生可观的文献。此外，学科、专业和人才培养这几个概念也有着广泛而丰富的内涵。以人才培养为例，包含培养目标，培养规格，内容和课程，过程和方法，评价和管理，保障和支撑，平台和资源等诸多方面。目前学者们的实践研究都是从某高校或者某专业入手结合学科、专业或者人才培养的某个模块来进行的，可想而知，这会产生多少研究组合。事实上，中国知网收录的关于新文科的实践研究文章有2000多篇[②]，这样的文章数量也显示出目前我国关于新文科的实践研究相对新文科广阔的研究范畴还是少的。这一方面表现出新文科是一个复杂的事物，它的研究范围很广泛；另一方面也说明新文科的研究处于一个刚起步的状态，是一个新生事物，还不成熟。

总之，新文科内部构造非常复杂，覆盖面广泛，目前学者们的个别性研究并没有呈现新文科的全景，每一位研究者的研究都是沧海一粟。本书尽量将目前的研究全景呈现出来，以便读者能够在整体图景下观察每位学者开展的新文科局部研究，也能了解

① 其实还有一些文章无法归入这些类别中，比如单纯研究课程（包括通识、专业课以及实验课等）、教学法、线上线下混合式教学的文章关注点比较小，逻辑上无法上升到我们所分的学科、专业和人才培养这几大类的层面，这些文章可以放在人才培养、专业建设等的下位层次去讨论，所以，很难归类。还有一些介绍书院制、联合培养、大类招生、师资队伍等的文章，也是如此。

② 这些文献中发表于核心期刊的较少，多数刊发在一些知名度并不高的期刊上，这也从侧面反映了这部分研究的质量不是那么高。

新文科研究的现状。笔者认为，目前新文科研究的数量[①]对于广泛的新文科话题来说仍然是非常少的，尚未对某些关键性问题达成共识，也无法围绕一些关键性问题进行有质量的学术交流。整体而言，新文科研究处于自由探索阶段。

（二）新文科研究是一个专业问题

这是本书反复强调的关键性问题，也是本书的核心观点。在日常生活中，我们对于解决问有着非常清晰的思路。如果牙疼，我们一定会到口腔医院寻找口腔医生的帮助，让专业的牙医来解决我们的牙疼困扰。如果装修房子，我们也一定会寻找专业的施工人员来帮忙，而不是找别的什么人来指手画脚。如果遭遇诉讼，我们一定会寻求律师的帮助，不会听从别人的“忽悠”。这种处理问题的思路是专业的人做专业的事。回到新文科建设这个问题上，这是教育部向高等教育界提出的一个问题，我们必须用自己的专业把这个问题解决了。新文科包含文科的各个专业，这个没问题，但是所有从事高等教育的人员还需要具备另一项专业素养——教育学，即我们这些在高等教育领域工作的人，要想解决新文科建设问题，就必须以专业的教育学理论为指导，否则就是不专业。[②]从目前绝大多数新文科文献呈现出来的情况来看，很多作者缺乏教育学知识，或者没有经过严格的教育学训练。由于高等教育的特殊性，高校教师并非出身师范而是出身各自的专业，仅在入职

① 截至 2023 年 1 月，中国知网全网检索文献大约有 3000 篇。

② 各个学科，如法学、哲学、经济学等领域的一线教师都需要在教育学原理的指导下在本学科领域从事新文科建设研究。

前接受过某些教育学理论的简单培训，所以，所有从事新文科建设的研究人员都要明白一点，我们需要教育学理论，如果没有，就需要先学习再思考新文科的建设问题。[①]

中国的高等教育问题需要在教育学理论指导下予以解决，然而中国高等教育面对的现实是从事高等教育研究的人不懂具体学科，从事具体学科教学和研究的人不懂高等教育学，因此出现了巨大的空白——缺少既懂学科又懂高等教育理论的研究者（教师）。但这并不是说，从事各个具体学科教学和研究的一线教师要像高等教育专业出身的人士那样具备非常完备、丰富的高等教育理论知识体系，我们只需要掌握跟我们日常教学和科研紧密相关的教育学知识即可，以免我们在从事某些教育问题研究时（如新文科建设）搞不清楚状况。同时，在研究中还要谨记一点，那就是遇到不懂的教育学知识赶紧补充和学习，而不是似是而非、似懂非懂按照自己的想象理解这些教育学概念，这样是不行的，既不符合研究精神和要求，本身也是不规范的，更不要说通过这种不规范的研究得出什么可靠的、有质量的结果。

回到新文科既有研究上来，很遗憾，一大部分学者还在教育学的外围打转，根本没有将新文科建设拉回到教育学范畴。他们要么跟随国家的政策亦步亦趋，重复着、复述着，要么站在时代、国家、民族、社会、信息技术以及科技革命的角度呼喊着，但是这些对于问题的解决没有任何帮助。真正能够解决问题的一定是

---

① 事实上，笔者 2021 年从事课程思政教学研究的时候曾指出这个问题，课程思政是一个教育学问题，必须用教育学原理来解决。广大一线教师必须用教育学指导自己的日常教学，最终实现传递知识的同时帮助学生树立正确的观念。

那些把新文科建设问题识别成教育问题的学者。有一些学者能够从教育学的某些角度观察新文科建设，这是一个非常好的也是正确的思路。但是这部分学者的研究较少，同时也存在一些问题。一是这部分学者中有专门从事高等教育学研究的人员，他们的看法很专业，观点也正确。但是由于从事高等教育学研究的人不了解学科，因此具体学科的教师无法与之产生共鸣。二是这部分学者中大部分是不具备高等教育学背景的研究人员，尽管他们使用一些教育学术语来解释问题，但是从字里行间很容易发现他们在教育学理论方面的不足，存在概念混淆、杂糅、逻辑错乱、要素缺失等问题。而且，由于教育学功底不够厚实，这部分学者的研究仅停留在教育学术语的使用上，并未落到操作层面。

所以，笔者在这部分的观点总结起来就是新文科建设作为一个教育学问题还没有被一部分学者认识到，即便有部分学者认识到了，也由于各种各样的原因没有落实到可以操作的层面，这使得新文科建设目前还是一个没有被解决的教育问题。同时，结合上一个问题我们意识到，新文科建设问题不是某一个人、某几个人或者某一类群体（如一线教师、管理人员）单打独斗就能解决的，它一定是处于高等教育环节中每一个与文科建设相关的群体群策群力、共同努力研究的结果。其中基本的主体是一线教师，我们必须将一线教师建设新文科的热情调动起来、认识提升上来、能力培养上来才行。

（三）新文科研究必须区分不同主体、不同模块，不能笼统谈建设思路

说到这里，本书要做的事情也就浮出水面了，在勾勒了新文

科建设的复杂性之后，又强调了新文科建设作为一个教育学问题还没有得到解决，本书关注的第三个问题就是新文科建设要区分不同的主体。一线教师是新文科建设的基本主体，也是最重要、数量最多的主体，必须从一线教师角度阐明新文科建设的原理和方法，这样才能真正将新文科建设落到实处，落到实际的操作人身上。

诚如本书在上文所指出的，高等教育领域是一个复杂的结构体，有不同的人、不同的运行模块，不同的人处于不同的模块和结构中。目前关于新文科的研究还有一个令人担心的问题——不区分主体，笼统谈新文科的建设，这根本就是行不通的。还是老生常谈的问题，高等教育界，上到某个大学、校长，中到教务处处长、各学院院长，下到一线教师有一个非常明确的纵向梯队，在这个纵向梯队中，处在每一个环节上的人承担的建设新文科的角色、任务和发挥的功能是不一样的，有些事需要校长去做，有些事需要教务处处长去做，有些事需要学院（院长或者主管副院长）去做，有些事需要一线教师去做，不能笼统地将这些人捏到一起谈学科建设、专业设置、课程体系、人才培养。一线教师能够为人才培养贡献的就是自己手中的一门课以及这门课怎么建设，教学过程怎么不断优化。一线教师的职责范围上升不到课程体系、专业、人才培养等偏中观和宏观的层面。师资队伍建设是领导考虑的事情，一线教师参与不上也没能力参与，一线教师对人事问题没有太多发言权。

从横向来看，本科生人才培养有一线教师（教学人员），还有管理人员（教学秘书、教务处及各部门人员）；科学研究有一线科研人员（也是教师），还有管理人员（科研秘书、社科处及各部门人员）；研究生人才培养有一线导师（也是教师），还有管理人员（研究生秘书、研究生院及各部门人员），他们都是新文科建设的主体。但是，这些主体的职责、功能和任务是不同的，所以不能笼统谈新文科建设的思路，需要区分主体，有针对性地谈，这样才能将新文科建设落到实处。

高等教育有三项基本职能——科学研究、人才培养和服务社会，不论哪一项职能最终都要落到核心主体——一线教师身上。一方面，一线教师是从事科学研究的基本主体，也是人才培养的具体落实主体，高等教育的具体工作需要最终落实到一线教师身上，一线教师是高等教育的基本主体。另一方面，围绕一线教师的基本科研工作和教学工作有一些支撑和服务部门，如科研管理部门、教学管理部门等，但要明白这些部门是为一线教师的工作提供支撑和服务的，高等教育的核心工作是由一线教师来完成的。虽然一些方向性、部署性和宏观性的工作是由学院领导，甚至是学校领导来完成的，但是具体执行人是一线教师，新文科建设也不例外。如果一线教师没有充分参与新文科建设以及不具备参与新文科建设的能力，那么新文科建设始终不能落地，不论教育部、高校以及校长领导们怎么督促、部署。

目前新文科研究不仅不区分主体，还缺乏一线教师的声音和观察视角。第一，从我们搜集的文献来看，多数为有一定职务的领导撰写。在高等教育中，领导关注的事物一般偏宏观，如人才培养、教育理念、学科建设、课程体系，而一线教师关注的事物多是微观的，就是自己的研究课题怎么做以及手中的课怎么上好这两个具体的问题。所以，目前绝大部分新文科研究文献对一线教师而言是缺乏针对性、指导性的，但也不是完全没有作用，对于了解国家政策和顶层设计还是有一些帮助的，但是对于具体操作没有太多帮助。第二，从目前文献所使用的教育术语来看，多属于教育学中比较宏观的表达，一般一线教师不关注这些。比如，师资队伍建设，一线教师是个体，不需要从师资整体角度考虑问题，这是领导考虑的问题。如果一线教师撰写的新文科文章涉及师资队伍建设，他其实是干了领导的活，我们也怀疑他能不能谈明白，因为一名普通的一线教师在日常不会从事一些与师资队伍建设有关的工作。再如，人才培养这个词对于一线教师来讲也偏大，一线教师对人才培养的贡献只能通过自己手中的这门课程来实现，所以一线教师只要上好课就是为人才培养做贡献了，但是我们不能使用这么大的词汇来描述和约束一线教师，还需要具体到一线教师的日常工作中。学科建设也是如此，学科建设是领导考虑的事情，在领导的统筹下，一线教师其实只能通过自己独特的研究方向为整体学科建设做贡献，所以针对一线教师，我们并不使用学科建设这么大的字眼。

总而言之，高等教育的主要职能有科学研究、人才培养和服务社会，落实到一线教师这个层面就是做好手中的研究，为科学研究（本学科建设）服务；上好手中的这门课，为人才培养做贡献。所以，我们对新文科的研究不仅要拉回到教育学范畴，还要进一步拉到一线教师这个层面上来，如果只是在教育学的宏观层面下不来，那么新文科的研究依旧无法落地。

综上，本书认为，一线教师是高等教育中基本、基层、核心的主体，任何教育问题最终都要落实到一线教师身上，缺乏这个基本、基层和核心的主体，同时也是庞大的主体，任何教育问题都是没办法落实和开展的。教育环节中的其他主体都是为一线教师及其基本的科研和教学活动提供服务和支撑的，从事新文科建设要先将这些问题区分清楚。鉴于目前的新文科研究没有落到教育学的范畴，也没有关注到一线教师这个重要的主体，本书试图解决这两方面的问题，以期为新文科建设贡献绵薄之力。

三、新文科建设的本质

（一）高等教育的职能和复杂结构

上文指出，新文科建设若想落到实处，需要将研究视角拉到具体的微观教育学层面，同时也要关注基层的、最重要的建设主体——一线教师。我们先在一线教师、高等教育和新文科建设之间建立联系，明确一线教师在高等教育中的基本工作、职能和定位，找到新文科对高校一线教师的具体要求并将其贯彻到一线教师日常的、关乎高等教育的工作中，最终实现新文科建设的落地。

高等教育有三项基本职能——科学研究、人才培养和服务社会，其中科学研究和人才培养是基本职能，通过这两项职能实现高等教育的第三项职能——服务社会。因此，高等教育的这三项职能不处于一个逻辑层面，基本和核心职能是科学研究、人才培养，只有实现了这两项职能才能服务社会。表 1-3 说明了高等教育的基本职能落实到一线教师身上的任务形式和具体表现，以及在新文科建设背景下，一线教师如何开展工作。只有挖掘到这一层，才有可能将新文科建设落到实处。

表 1-3　高等教育与一线教师关系梳理

不同层面（主体）	主要职能	
高校（宏观）	科学研究	人才培养
管理层（中观）	学科、学科建设、学科定位与发展、科研管理、研究生培养、平台建设、学术组织、学术交流、问题意识、研究方法、科学精神、话语体系、思想体系、理论体系、学术自主、理论自信、项目申报、论文撰写、产研结合、服务社会	专业设置、专业结构、课程体系、培养方案、师资队伍、教学改革、教学管理、招生、就业、评价、资源建设、课程、教学过程、方法、服务社会
一线教师（微观）	某一学科（二级、三级）研究方向	某一门课怎么上好
	提出问题、分析问题、解决问题	课程建设和教学改革
	知识生产	知识传授

从表 1-3 来看，高等教育的主要职能是科学研究和人才培养，但是科学研究和人才培养都是比较宏观的表述，为了具体落实这两项职能还会有相应的支撑部门和相关术语。与科学研究相关的教育学术语有学科、学科建设、学科定位与发展、科研管理、研究生培养、平台建设、学术组织、学术交流、问题意识、研究方法、科学精神、话语体系、思想体系、理论体系、学术自主、理论自信、项目申报、论文撰写、产研结合、服务社会等；与人才培养有关的教育学术语有专业设置、课程体系、师资队伍、教学改革、教学管理、招生、就业、评价、资源建设、课程、教学过程、方法、服务社会等。所以，一旦我们提及某个具体的术语，我们要知道它处于科学研究、人才培养的哪个范畴，以及何种层次。

（二）一线教师的职责及其本质

高等教育的两项具体职能需要落实到每一位一线教师身上，即每一位一线教师都承担着具体的科学研究任务和教学任务。但是与站在宏观的高等教育角度观察科学研究、人才培养不同，每一位一线教师身上的任务是具体而明确的。简而言之，一线教师的科学研究就是自己所在的二级或三级学科下的某个研究方向，通过对这个研究方向的不断研究——发现问题、分析问题、解决问题，进而从事知识生产。一线教师的教学就是自己手中的那门课，即如何建设好这门课程并且如何上好这门课程，从而完成知识的传授。其实，一线教师的具体工作就是要落实到知识这个层面，科学研究的本质从微观的角度来观察就是知识生产，教学的本质从微观的角度来观察就是知识传授。一线教师在高等教育范畴内的一项本职工作就是在自己的研究领域从事知识生产，这种知识生产活动以论文发表、著作撰写为载体，同时依托横向和纵向的科研项目，形成该教师的代表性成果，该成果成为该教师所在学科建设成果的一部分，进而为其所在学校的科学研究工作做出贡献。一线教师在高等教育范畴内的另一项本职工作就是把自己负责的具体课程建设好，确定课程内容，即该门课程的知识体系和知识构成，并通过教学活动（理论课、实践课）将这门课程所承载的知识传递给学生。所以，一线教师的本职工作离不开一个核心词汇——知识。科学研究是生产知识，人才培养（教学）是传授知识。

一线教师从事的知识生产（科学研究）和知识传授（教学活动）是联系在一起的。原则上教师在教学中讲授的课程是自己从事科学研究的领域。以笔者为例，笔者的研究领域是国际私法（法学三级学科），笔者在教学中承担的课程是国际私法学，培养的研究生是国际法专业，国际私法方向。所以，教师从事知识生产的领域和其承担的课程是重合的[①]。以上是从一线教师这一微观的层面来观察，如果我们将视野拉到高等教育内部的中观层面，你会发现这时候涉及的关键词就会涵盖科学研究方面的学科、学科建设，教学方面的专业、专业建设、课程体系、专业设置以及人才培养方案等内容。同样，学科知识是专业和课程体系的载体，没有学科知识，专业、课程体系都无法落实，学科建设要为专业建设、人才培养提供支撑，这是科学研究和人才培养在中观层面的表现。如果我们将观察视角拉升到高等教育的宏观层面，那就回到了高等教育的两项基本职能——科学研究和人才培养。通过这样“自上而下”又“自下而上”的解读和描述，相信大家能够意识到，高等教育内部是有层次的，每个层次做的工作都与高等教育的两项基本职能——科学研究和人才培养有关，只不过这是宏观层面的。当你从中观层面观察的时候，学科、专业、课程体系、培养目标等一些术语就会出现。当你从微观层面（即一线教师的层面）观察的时候，研究领域、研究方向、课程、课程教学等一些微观术语就会出现，这些微观术语有一个共同的内核——知识。

---

① 这里还必须指出一种现象，理论上应该是重合的，但是一些学校师资力量不够，迫使很多教师承担了很多其研究领域之外的课程，出现了教学和科研不能对应的情况。这种情况不理想，但对于某些学校而言没办法。在“双一流”高校这种情况比较少见，基本上每位一线教师的科研方向和教学任务是匹配的。这对于人才培养、教师专业性和教学质量都是有好处的。

科学研究就是生产知识，人才培养（教学活动）就是传授知识，如图 1-3 所示。

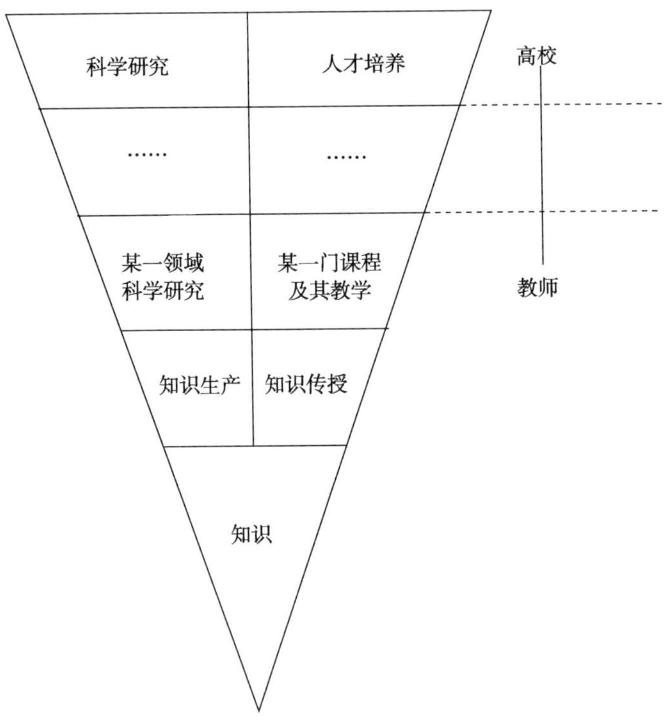

图 1-3　科学研究和人才培养的微观本质

任何高等教育问题都脱离不了笔者上述对于高等教育内部逻辑层次以及高等教育两项基本职能的描述，任何高等教育问题最终都要落实到微观的一线教师身上，如果不能准确描述一线教师在高等教育内部的逻辑层次、职能定位和工作本质，那么什么教育问题都解决不了，都落不到实处。新文科建设是如此，之前教育部推动的课程思政建设也是如此。在这种认识的基础上，我们再来观察新文科建设这个教育学问题对高等教育和一线教师都有什么具体要求，如表 1-4 所示。

表 1-4　新文科与高等教育

高等教育		
不同层面（主体）	主要职能	
高校（宏观）	新文科科学研究	新文科人才培养
管理层（中观）	新文科背景下： 学科、学科建设、学科定位与发展、科研管理、研究生培养、平台建设、学术组织、学术交流、问题意识、研究方法、科学精神、话语体系、思想体系、理论体系、学术自主、理论自信、项目申报、论文撰写、产研结合、服务社会	新文科背景下： 专业设置、专业结构、课程体系、培养方案、师资队伍、教学改革、教学管理、招生、就业、评价、资源建设、课程、教学过程、方法、服务社会
一线教师（微观）	新文科背景下： 某一领域的科学研究	新文科背景下： 某一门课怎么上好
	新文科背景下： ①提出问题；②分析问题；③解决问题	新文科背景下： ①课程建设；②教学改革
	新文科背景下如何从事知识生产	新文科背景下如何从事知识传授

之前在文献综述部分已经提及既有新文科文献对于什么是新文科、新在哪里以及如何建设新文科的观点，这些观点绝大部分将注意力放在“新”上，而不去探讨什么是“文科”。文科一是指学科，即文科学科，是指将文科的知识进行分类而形成的不同学科；二是指专业，涉及文科人才培养，是指培养具有文科知识的人才。落实到高等教育领域，与高等教育的两大职能相对应，即文科的科学研究和文科的人才培养。所以，对于新文科的研究，

我们先要落到高等教育的两大宏观职能上，即新文科建设的两个问题，一个是科研问题，一个是人才培养问题。切记，这是宏观层面的表述，我们还需要继续向中观层面和微观层面推进。在展开中观层面和微观层面的论述之前，我们需要在宏观上强调一下新文科建设的两个问题——科研问题和人才培养问题之间的关系。新文科首先是一个科研问题，其次才是人才培养问题。为什么？因为科研便是知识生产，而人才培养是建立在知识基础上的，没有科研生产的知识，谈不上人才培养。所以，在高等教育领域都是学科设置是第一位的，然后在学科基础上设置专业，再形成课程体系，最后才能从事人才培养。所以，希望读者能够认识到排在新文科建设第一位的是科研问题，也就是学科问题；排在第二位的才是人才培养问题，也就是教学问题，如表 1-5 所示。

表 1-5　新文科建设问题排序

序号	新文科建设问题
1	科研问题—学科问题—知识生产
2	人才培养问题—教学问题—知识传授

我们继续推进到中观层面，如果说新文科建设进入高等教育领域的宏观层面是新文科科学研究和新文科人才培养问题，那么在中观层面就是新文科的学科建设和新文科的教学相关事宜。这时候中观层面的教育学术语就喷涌而出，学科建设、学科定位、研究方法、问题意识、社会需求、话语体系、理论自信、哲学社会科学家等科研领域的词汇，以及专业设置、课程体系、人才培养目标、评价体系等教学领域的词汇就会出现在讨论的范围中。但这依旧不是本书要停留的层面，请读者继续跟随笔者来到微观

层面——一线教师的层面。上文提及，与高等教育宏观上的两大职能——科学研究和人才培养相对应，每一位一线教师的工作就是在自己的研究领域从事知识生产，在自己的研究领域支撑的课程教学中传授知识。新文科建设也不例外，来到了一线教师这一微观层面，新文科建设问题就转化成一线教师如何在新文科的背景和要求下从事知识生产和知识传授，前者关乎新文科的科学研究，后者关乎新文科的人才培养，即新文科建设要想落到实处，就必须来到一线教师这个微观层面，就必须将高等教育的两大职能落实到微观的、本质的知识层面来解读。没有落到这一层面的新文科建设研究，对于一线教师是没有指导意义的，也无法使新文科建设具有操作性。

反观我们现在的新文科建设，让我们再将视线拉回到前文的文献综述部分，翻看表 1-1 那些理论研究涉及的四类关键词，再回顾图 1-1 实践研究部分涉及的学科、专业与人才培养这三个中观、宏观层面的关键词，你会发现，既有的新文科研究要么没有被拉回到高等教育范畴，要么停留在高等教育的宏观、中观层面，没有落实到微观的主体——一线教师身上，也没有锁定微观的内容——知识生产和知识传递模块，这也是新文科建设始终无法具有操作性的根本原因。而本书要做的工作就是将新文科建设拉到微观的主体和锁定在微观的内容上，最终将其落实。

综上，本书的第一章写到这里就可以结束了，让我们再来做一个小结，使我们的思路更加顺畅和明确。在这一章里，笔者首先介绍了新文科建设的情况，即文献综述，分为理论研究部分和实践研究部分。其次，笔者分享了自己关于新文科研究的几点看法，也就是新文科建设目前存在的问题。这些问题主要包括：我们需要在充分揭示新文科建设复杂性的基础上认识到目前的研究其实是杯水车薪、沧海一粟，不但在数量上不够，而且在质量上没能体现专业性，至于专业性的表现——没能拉到教育学范畴讨论新文科建设已经反复提及，在此就不再赘述了。此外，新文科研究还缺乏一线教师的观察视角，而在高等教育领域内，不论什么教育问题，最后的落实者、实施者都是一线教师，没有从一线教师的角度对新文科的建设和落实展开观察是一个致命伤，也是一个不可回避的问题。这也是本书聚焦的两个问题，即将新文科建设落实到教育学领域和从一线教师的视角切入研究新文科。最后，笔者阐述了自己对新文科本质的观察。新文科建设要想落到实处，必须依据高等教育原理并且尊重高等教育内部的逻辑结构和组织构成。任何一个教育问题（包括新文科建设）落实到高等教育体系中都要有两项基本职能——科学研究和人才培养。但是随着我们对高等教育内部宏观、中观和微观层面的拆解，你会发现科学研究和人才培养这两个庞大的议题落实到基层的建设主体——一线教师层面其实就是某一领域的科学研究和某一门课程及教学，再细致一点就是某一领域的知识生产和某一门课程的知识传授。因此可以得出一个本质性的结论：新文科建设在一线教师层面其实是与知识这个最小的教育学术语（单位）有关的。一线教师如何建设新文科？其实可以分解成两个问题，即一线教师如何在新文科的背景和要求下从事知识生产和知识传授。

在接下来的两章，笔者会分别介绍一线教师参与新文科建设的两项主要工作：一线教师建设新文科之科研——如何在新文科要求下从事知识生产；一线教师建设新文科之教学——如何在新文科要求下从事知识传授。

一线教师建设新文科之科研

——如何在新文科要求下从事知识生产

一、新知识是怎样被生产出来的

新文科建设中的科研部分，说到底就是生产新知识，即目前的既有知识不能满足需要，尤其不能满足中国社会在新时代的需要，因此，需要生产新的知识，以及在新的知识基础上构建理论体系，在理论体系上形成中国的话语权、培养哲学社会科学家。首先我们需要知道新知识是怎样被生产出来的，以及遵循的是什么规律。由图 2-1 可知，新知识的产生是有底层逻辑的，先是既有知识满足不了社会需求，产生了矛盾和冲突；然后是专业人士敏感地识别出这个矛盾和冲突在本学科是一个什么专业问题；确定问题之后，利用分析手段进行分析和解决；解决问题就意味着

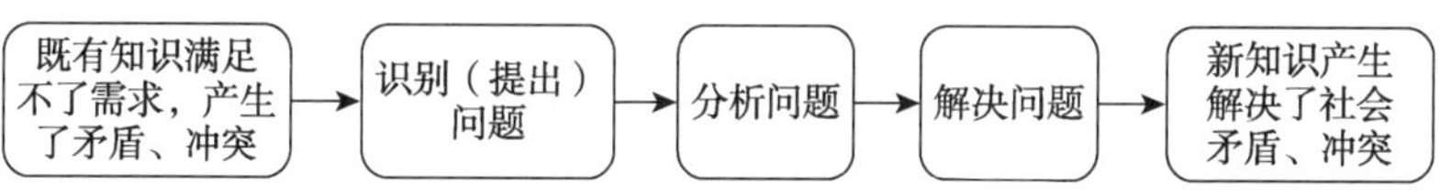

图 2-1　新知识产生的过程

新知识的产生，回到社会层面再利用新产生的知识解决社会矛盾和冲突。下面我们一步一步来解读这个过程。

（一）矛盾与冲突（既有知识不能满足需求）

如图 2-1 所示，新知识的产生有着固定的底层逻辑。通常当既有知识满足不了社会、时代、国家、国际等各个层面的需求时就会引起矛盾和冲突，给人们的生活、生产、社会秩序、国家治理等带来挑战，这种矛盾和冲突达到一定程度就会引起各方关注，这时候专业人士会凭借专业直觉察觉到这一社会矛盾和冲突，这是第一个步骤。矛盾与冲突是既有知识也就是人类目前的智慧不足导致的，它是新知识产生的导火索，所以我们通常会强调科学研究即知识生产要有问题意识，强调的也是这第一个步骤。但是，此时的问题（矛盾和冲突）还是现象级别的，没有上升到专业（本质）级别。

（二）识别问题（提出问题）

1. 什么是识别问题

第二个步骤就是这一矛盾和冲突被专业人士和团体关注到，并将这一现象级别的矛盾冲突升级为专业问题。也就是说，普通意义上，社会大众感受到的矛盾和冲突其实是现象级别的，专业人士也就是真正能为这一矛盾和冲突带来解决方案的人要将这一现象级别的问题上升为本质级别的问题，也就是透过现象看本质——这到底是一个什么问题？第二个步骤被称为提出问题，也被称为识别问题，即专业人士需要透过现象识别出这一矛盾和冲突的专业本质是什么。

举几个例子说明一下。比如，一些国家对我国某些企业的一系列制裁，这是一个现象级别的矛盾和冲突，落到专业人士的眼里会转化成专业问题。比如，落到工程师眼中，这个矛盾是一个“卡脖子”的技术问题，需要解决芯片等一系列先进技术的自主研发和生产；在从事国际贸易研究的专业人士眼中，这是一些国家利用自己的优势地位对中国企业的打压，违反了公平贸易原则；在研究国际关系的专业人士眼中，这是由于中国经济快速崛起对一些国家的霸权地位形成了挑战，这些国家开始对中国实施打压。同一个社会现象、社会矛盾与冲突，落在不同专业人士的眼中会被解读成不同的问题，这是专业使然。再举一例，病毒给人们的日常生活带来了挑战，这里面会有矛盾和冲突，但这依旧是现象级别的。疫苗专家对这个问题的识别是通过研发疫苗并给人们注射疫苗形成免疫，社会学家会思考如何在病毒被控制之前维护社会正常的生产生活秩序，医院的医生要思考病毒引发的日常接诊量增加问题以及治疗方案，类似笔者所处的教育部门要考虑病毒给日常教学和管理带来的挑战（比如要不要封校、控制人员进出等问题）。回到新文科研究上，教育部提出的新文科建设要求其实只反映了现实生活中既有的文科知识不能满足国家、社会和时代等方面的需求，这是一个现象级别的问题，是一个社会上存在的矛盾和冲突，这只是第一个步骤。具体落实到高等教育领域，我们需要把它识别成高等教育问题。由于新文科建设比较复杂，高等教育也是一个复杂的结构体，因此新文科建设会被识别成不同层面以及不同主体的问题。比如上文所述的，从一线教师角度观察，新文科建设是一线教师如何在自己的研究领域按照新文科的要求进行知识生产，以及如何在自己所承担的课程和教学领域按照新文科的要求进行知识传授这两个问题。但是如果我们上升到一线教师的上一级主管副院长的角度，就会发现问题发生了一定的改变，层级变高了。因为主管副院长所从事的工作不再局限于自身的科研和教学，还有其所在学院工作的全局，所以一线教师关注的研究领域的知识生产到了主管副院长这里就是学科建设问题；一线教师关注的课程建设问题到了主管副院长这里就是课程体系建设问题；一线教师对自身职业的定位和规划到了主管副院长这里就是师资队伍建设问题。本书只锁定了一线教师这个观察视角，识别问题的角度自然也与一线教师日常工作相匹配。通过以上事例想要说明的是，科学研究的第一步和第二步是将现象级别的问题即社会上出现的既有知识解决不了的新矛盾和新冲突识别成专业问题，这个步骤又叫作提出问题。

当矛盾和冲突（现象级别的问题）被上升和转化成专业（本质）级别的问题之后，这个问题就有了专业标签[①]，这是必须由专

① 这一点需要特别关注一下，新文科建设的目的之一就是突破专业限制，提倡跨专业、跨学科解决问题。这其实是针对目前社会问题的复杂性而言的，即目前的现象级别的问题都很复杂，不是单一学科能解决的，要么需要多学科协同作业将这个问题解决，要么就是一个学科的人需要具备多学科的知识结构才能够解决复杂的跨学科问题。但这并不是说要在人文社会科学领域培养“杂家”，人文社会科学领域依然要培养“专家”，只不过这个专家底层的知识结构中需要有其他学科的一些知识做基础，能够帮他识别跨学科问题，也能够让他更好地用多学科视角观察问题。这一点一定要注意，跨学科不是不要学科，跨专业也不是不要专业，而是强调一线教师的底层知识基础要厚实，这样才能更好地走专业道路，更好地发挥专业知识的作用。

业人士来完成的工作。这个步骤是极为重要的。爱因斯坦说过，提出一个问题比解决一个问题更重要。因为一旦问题被识别出来，我们就可以按照既有的解决问题的路径、方法、理论等将这个问题解决。难就难在我们并不知道这是一个什么问题。比如人类跟新冠病毒做斗争为什么这么困难，就是因为目前人类的知识储备并不能准确地识别出这到底是一个什么问题或者是一个怎样庞大的问题群，只能识别出这是一个冠状病毒，想要通过疫苗解决。但是发现这个冠状病毒变异厉害，又开始处理它的变异问题。随后发现该病毒的传染性非常强，又开始处理它的快速传染问题。从事疫苗研究的人按照常规灭活疫苗的思路去研制疫苗，发现变异厉害，很多疫苗生产出来之后对新的毒株效果不理想。新冠病毒引发的社会问题就更多了，甚至在不同的国家引发了跨文化、跨种族冲突。比如一些国家将关注点放在戴口罩上，最后导致口罩被抢购一空；还有一些国家将关注点放在手的消毒上，最后导致洗手液被抢购一空。再说一个大一点的话题，同样对待现实中的不公平，人之间的歧视问题，这个问题在有些国家一定会使人们奋起反抗，引发大规模的罢工、骚乱甚至暴动，但是在印度这个国家，还存在极为不公平的种姓制度，由于该国的宗教和文化等传统，很多被不公平对待的人会将希望寄托于来世，他们会用对来世美好生活的憧憬来忍耐今生“暂时性”的屈辱和不公平对待。这些都是将问题识别和定位在不同层面上导致的。

2. 错误识别问题

回到新文科建设上，由既有的个别文献能够看出，有些人将新文科建设识别成了政治任务，所以在这些学者的解决方案中使用的是跟国家一样的词汇。[①]有些人将新文科建设识别成了教育学问题，所以我们能够看到这些学者还是具有一定专业性的，至少没有忘记自己的本职工作和专业本分。至于能不能在教育领域将新文科建设这个问题妥善解决，还要看它被识别成教育的哪类问题，是宏观的、中观的还是微观的问题。从目前来看，将新文科建设识别成宏观、中观教育问题的研究居多，识别成微观教育问题的研究很少或者几乎没有。不能准确识别问题，就不能期待有正确的解决方案，即不可能有令人满意的“新”知识产生。所以，识别问题至关重要。很多人打着新文科建设的旗号，生产出很多所谓的“新”知识，其实都不是新知识。这也是为什么有时

---

① 其实，在课程思政建设中，这个问题表现得更为明显一些。很多教师不理解课程思政建设的重要性，将其识别成了政治任务，从而产生了抵触情绪。这个问题应该这么看，高等教育的问题是分层次的，这也是本书一直坚持的观点，党中央、国家是一个层次，高等教育是一个层次，在高等教育的内部校长、教务处等管理部门、学院以及一线教师又构成了丰富的层次。每个层次看待问题是不一样的，也不应该一样。从党中央、国家来看待教育，所有的问题都跟政治任务有关系，因为我们建设的是社会主义大学，我们的大学一定要为所在社会、国家服务，这在任何国家都是毋庸置疑的。但切记，这是站在国家这个最高层次来观察，不是个人视角。来到一线教师这个视角，课程思政就需要一线教师在专业知识传递的过程中帮助学生树立正确的观念。而且每个学科需要塑造的观念在《高等学校课程思政建设指导纲要》中列举得很清晰，理工科就是科学思维、科学方法、科学伦理、科技报国这几项，像笔者所在的法学学科就是德法兼修。根本没有所谓的“政治”及其话语，也没有被某些老师误解的政治任务和“洗脑”的问题出现。这些观念的培养都是人之为人应该具备的正确的观念，而不是被某些人臆想成的“洗脑”。但这也不能全怨一线教师，很多人或者学院在落实课程思政的时候就出现了跑偏和对政策理解不到位的问题，甚至还有一些人借助政策实现个人对名利的诉求，完全不顾课程思政的本质和科学性。

候公众会对专家存在质疑，甚至围绕某个问题建议专家不要发表意见了。[①]

某种意义上，本书的写作也是基于问题的识别，在纷繁复杂的新文科建设观点中，通过文献的梳理发现了两个基本问题，即新文科建设的研究没有被拉回教育领域，以及新文科建设缺乏一线教师这个大量、基本的群体观察视角。这是对问题的识别。进一步，通过解析高等教育内部的逻辑层次，指出在高等教育宏观层面上的两大职能——科学研究和人才培养落实到一线教师层面其实就是围绕自己的研究领域从事知识生产和围绕自己的课程从事知识传授。这是从一个从现象级别的问题上升到专业（本质）级别问题的过程，也是新知识产生的必要过程。至于本书识别的问题、提出的问题是否专业，留待本书出版后由读者和后续的研究者评判。

由上述内容可以看出，提出问题的重要性不言而喻，这是新知识产生的前提。这也是为什么我们一再强调科学研究要有问题

---

① 这个观点并不绝对，有时候专家的观点也可能存在不被公众理解的情况，专家的观点正确与否，公众的感受是一个判断的标准，但这个判断的标准并不是最权威、最可靠的。主要应由专业人士从专业的角度来判断专家的观点是否符合专业标准。我们判断“专家”的意见是否“专业”，一个比较简单且权威的标准是看他是否受过专业训练，看他是否具备专业知识。如果没有，基本上都是信口开河。这就是为什么对于时不时出现的民间科学家声称生产出了“永动机”打破了能量守恒定律，或者声称推翻了爱因斯坦的相对论，人们都是一笑了之。因为以现在的科学技术水平以及科学体系的复杂严密程度，不可能有民间的、没有受过任何专业训练的人能凭一己之力挑战学术顶级原理和定律。这种传闻只能一笑了之，要是相信了，就幼稚了。但是如果一个社会上真有人相信，而且是数量很大的群体都相信，那么这个社会的民众智识水平是令人担忧的，即俗称的是非不分，没有辨别能力。

意识、问题导向，或者换个说法——要有需求导向，因为现象级别的问题本身就是社会需求[①]没有得到满足的一种表现。这部分内容我们会在后文详述，这里我们还是回到常规的新知识是如何产生的这一主题上。

3. 没有问题意识

这部分有值得反思的地方，如果说我们在上文指出的是很多学者在识别问题上的错误（将教育问题识别成了政治任务），或者识别问题不准确（将教育的微观问题识别成了教育的宏观问题），那么这里要说的是，在高校里还有一群学者根本没有问题意识，也就是从事的研究是纯粹的“无用之学”。很多人在时下吹捧“无用之学”，用以表达对某些学术功利性的不满和讽刺。笔者无意加入这种争论，但是笔者要表达一下自己的观点。经常会有人说，无用之学可以涵养自己的学术情趣、滋养学术乐趣……我们先定义一下有用之学和无用之学，学术功利性以及学术的问题意识，以防我们出现无意义的争论和本书的读者对笔者观点的误读。笔者认为，学术可以是没有目的的，也可以是有目的的。没有目的的学术研究可以称为无用之学，也就是人们常说的纯粹为了涵养自己的调性。从这个意义上说其实也不能称其为无用之学，因为毕竟能为自己所用，能为自己所乐。有目的的学术研究不是为自己，可能是站在他人需求、社会需求和国家需求角度开

① 由于本书探讨的是新文科建设，使用的多为“社会需求”一词，自然科学领域中一些与社会需求无关的现象级别问题本书就不涉及了。请读者理解本书使用“社会需求”这一自带限制性表述与本书写作主旨——新文科建设相关。

展的学术研究，不是为了自己的学术爱好和乐趣，更多是为了完成学术研究所承载的功能——利他和社会使命感。这两者是不矛盾的，毕竟人的一生（学术人也是普通人）不可能时时刻刻都想着利他，想着自己身上的责任和使命，也需要考虑自己的个人需求，能够利用自己的所学娱乐自己、让自己开心也是一个重要方面。从这个意义上来说，有用之学和无用之学不是对立的，也区分不出哪个好、哪个不好，个人选择而已，即由个人决定自己学术研究中“有用”和“无用”的比例，达到平衡即可。但是我们必须意识到一点，无用之学的社会影响和社会功用不会太大，从社会问题和需求出发的有用之学（前提是能够正确开展研究，能够正确识别问题）能带来较大的社会效益，从而给个人带来诸如声誉、声望甚至是经济利益。[①]习近平总书记说过，一个人的理想只有和国家的前途、民族的命运相结合才有价值，科学研究也是如此！但是，是否结合以及结合多少确实是个人的选择，笔者也无意干涉和指手画脚，只是期待一线教师（此处应该是一线教师的另一个身份——一线科研工作者）能在充分认识有用之学和无用之学的基础上形成较为理性的、符合自身定位的个人判断。这就好比笔者在从事本职工作——教学研究之余，还愿意写点帖

---

① 以笔者为例，《批判性思维视域下课程思政的教与学》出版后，笔者跻身国内一线课程思政专家行列，每年讲座邀约不断；《批判性思维与写作》一书出版后，笔者又成为写作培训类的专家，同时也收获了丰厚的稿酬。这两本著作都是基于社会需求产生的研究性著作，带有学术有用性的标签。但是也不能完全将“有用”“无用”区分开，在这两本书的写作过程中，笔者获益匪浅，提升了自己的学术素养，涵养了学术情趣。

子、经营公众号，或者研究红酒产区、品类以及口感，这完全是不矛盾的。

接下来我们讨论一下学术功利性和学术的问题意识。凡是学术研究都强调问题意识，有用之学更是如此，研究者的研究必须能够解决问题，必须是由社会问题引发的研究才具有真正的学术价值，同时也具有了社会价值。学术研究的问题意识强调的是真正的学术研究都是建立在问题意识基础上的，没有问题意识就没有真正意义上的学术研究。学术功利性是指学术问题意识薄弱，或者几乎没有，学术研究不是为了解决问题、生产知识，而是为了个人的名利而不择手段。通常个人如果真正解决了一个棘手的社会问题，比如现在有科学家就解决了 3 纳米芯片的研发、设计和量产问题，即便这位科学家非常淡泊名利，也会名利双收。我们反对的是建立在虚假问题以及虚假科学研究基础上单纯追求名利的学术研究行为。学术和名利之间的关系一定是学术为先，名利在后。如果将名利放在前，学术放在后，那就变成了学术功利主义。在此，对以上两个问题做一下澄清，希望一线的研究者不要将这些概念混淆，我们不能做了很多无用之学，还期待自己有很多社会影响和声望，也不能再用自己的“无用之学”（缺乏问题和需求导向）申请国家社科基金这一类问题导向、需求导向特别明确的项目败北时抱怨项目的评审过程、评审结果对自己不公正。不能将别人通过真正的、有问题意识的科学研究获得的声望抨击为学术功利主义，更不能将缺乏问题意识的、追求功利的虚假学术研究吹捧成“有用之学”。

说了这么多，还是回到此处想要解决的问题本身——一部分一线科研工作者是没有问题意识的。新知识的产生是需要有问题意识的[①]，正像亚当·斯密为了解决当时英国第一次工业革命产生的大量剩余产品而提出了社会分工以及自由交换理论[②]；也如马基雅维利在《君主论》中提出的君主权势理论，该理论不仅为君主治理问题提供了解决方案，也为意大利长期分裂提供了统一的方案；卢梭的《社会契约论》从根本上解决了资产阶级统治广泛到来的背景下人和社会之间的关系问题，因此对法国大革命、美国独立战争产生了巨大的影响。学者的研究如果不能建立在真实的社会需求、问题意识基础上，那么其生产出来的知识和在知识基础上构成的理论是不名一文的。

4. 如何具有问题意识以及避免虚假问题意识

上文只是说明了科学研究也就是知识生产是由问题引发的，研究者也就是一线教师需要具有问题意识，确保自己的研究是在问题的导向下开展的。实际上如何寻找问题、锁定问题、确定问题、区分问题、识别问题是一件特别复杂的事情。对于研究者而言，缺乏问题意识的研究是一场灾难，说明其没有掌握科学研究的真谛，也没能通过研究生阶段的学习掌握真正的研究技能。对于社会来讲，也是一场灾难，因为研究者提供的所谓“新知识”并没有为社会做出贡献，即没有社会效用产出。对于高等教育而

① 人文社会科学和自然科学是不同的，自然科学有偶然的科学发现，人文社会科学领域的重大理论突破都是由问题引导的。自然科学领域偶尔发现的一个原理、一项技术，在当时是没有什么用的，过了几十年可能才发现其重要意义。

② 从这个角度看，亚当·斯密也是一位“新文科”（创造了新的文科学说，改变旧的文科理论）的典型代表，他所开创的学科构建了当今社会的全球贸易格局。

言，也是失败的，因为没有培养出真正具备研究技能、研究精神、研究方法和素养的人才。

对于什么是问题意识、问题从哪里来，在本书中无法详细展开，只能简单陈述。

1）如何具有问题意识

阅读到这里，可能有读者有疑问，笔者在本书的这个部分谈的都是一些基本的科研素养，即提出问题、分析问题和解决问题。这些素养可能是一些一线教师已经具备的，没必要在本书赘述。这种观点可能也没错，一些教师是具备这些基本的科研素养和能力的。但是依据笔者在教师教学发展中心工作多年的经验以及在全国各高校讲座培训的实际情况来看，许多教师和研究者不具备这些基本的科研素养，甚至不知道科学研究的底层规律。所以，考虑再三，笔者还是将这部分列为主要内容在本书中进行阐述。一方面，对于那些掌握科研技能的教师而言，能从底层规律上再次梳理科学研究的本质和过程，因为对于这些教师来说，他们掌握的科研技能多是师徒制下的经验传递，是一种本能和研究习惯的积累，并没有深入探索这一系列研究活动背后的规律。另一方面，对于那些没有掌握科研技能的教师而言，这种从本质规律上的梳理能够帮助他们认识科研的本质、掌握科研的方法、走上科研的正途。实际上，我国的高等教育是偏重知识传递的（这个问题将在第三部分详细论述，此处点到为止），很多教师具备完备的专业知识，但是缺乏用知识解决实际问题的能力，而科学研究是知识的应用和创新，即用知识解决实际问题和在解决实际问题中生产新知识。[①]也就是说，很多一线教师是缺乏科学研究能力的。从本书的角度来讲，就是缺乏生产新知识的能力，这部分需要培训，所以本书将新知识是如何被生产出来的列为主要内容。

回到我们要讨论的问题意识，也就是如何提出问题，本书尝试简要描述一下问题及其产生过程。

其一，我们需要界定什么是“问题”。汉语在理解什么是“问题”上是非常困难的，原因在于“问题”在我们的语言体系中被应用的场景非常多且复杂。比如，试卷上经常出现“请回答下列问题”；生活中经常出现“请解释一下这个问题”；工作中经常出现“请解决一下这个问题”；在双方争执的场合，我们会说他们争论的问题有或者没有价值；在协商谈判的场合，我们会说他们对某个问题没有达成共识。到底什么是科学研究的“问题”？我们只需要掌握一条原则，即科学研究的终极本质——知识生产。只要“问题”出现的场合涉及新知识的生产，能够给人类社会带来知识的增量，这个问题就是学术研究的问题。比如，2022 年诺贝尔经济学奖得主本·S. 伯南克（Ben S. Bernanke）、道格拉斯·W. 戴蒙德（Douglas W. Diamond）和菲利普·H. 戴布维格（Philip H.

---

① 对这个问题的描述是不是似曾相识？是的，我们经常会说现在的高等教育培养出来的学生只有知识，没有用知识解决问题的能力。但是这个问题的根源是他们的老师（给这些学生上课和传授知识的老师）也是如此，他们也是有着比较完备的知识，但是缺乏用知识解决问题，并且生产新知识（即创新）的能力。我们的教师之前也是学生，也是目前偏重知识传递的高等教育培养出来的“产品”，因此这个描述用来形容教师也是成立的。但不绝对，有一些教师有专业实践经历，比如他们到企业工作，参与专业实践，这部分教师的能力相对完善一些。这也是新文科为什么强调专业教师要有实践经历，否则连教师都不具备运用知识、创新知识的能力，怎么能奢望在教师指导下进行专业学习的学生具有这些能力呢？

Dybvig)，他们因“对银行和金融危机的研究”而获此殊荣。诺贝尔奖委员会称，今年（2022年）的经济学奖得主显著提高了我们对银行在经济中（尤其是在金融危机期间）所扮演角色的理解。他们研究中的一项重要发现是为什么避免银行倒闭至关重要。经济科学奖委员会主席托尔·埃林森（Tore Ellingsen）表示：“获奖者的见解提高了我们避免严重危机和昂贵救助的能力。”简单地说，在三位得主的研究成果（新知识）被生产出来之前，银行总是面临挤兑、倒闭等风险，进而引发金融危机。三位获奖者通过对历次金融危机和银行业的观察，提出了存款准备金这项制度，即银行需要将其揽储的存款中的一部分作为存款准备金交给中央银行，由中央银行保管，作为对这些商业银行的监管手段，保证银行能够正常良性运行，并在遭遇挤兑风险的时候出手施救。因此，经济科学奖委员会主席托尔·埃林森说三位经济学家提高了我们对银行在经济中（尤其是在金融危机期间）所扮演角色的理解，提高了我们避免严重危机和昂贵救助的能力。这里的“我们”指的是人类。对于人类社会而言，三位经济学家实现了知识的增量，提高了人类认识社会、改造社会的能力。这就是科学研究以及科学研究中的问题意识，只有涉及知识增量、新知识生产、提升人们对事物的认识，以及增加人们对风险的对抗能力的“问题”，才是本书所指的科学研究中的“问题”。如果你在试卷中遇到了一个问题，这个问题只是需要你回答一个定义题、简答题或者论述题，其考核的是既有知识及其应用，不涉及新知识的生产，只是考核作为学生的你是否知道和掌握了这个人类已经掌握的“知识”，那么这个“问题”就不是科学研究的“问题”。如果你在生活中遇到了这样的场景，有人请你解释某个问题，这个问题只是对方不知道，而你作为专业人士或者事件的亲历者知道并了解这个“问题”的具体信息，即双方的问题只是信息不对称，并不涉及新知识的产生，那么这个问题也不是科学研究的“问题”。如果在工作中，老板请你解决一个工作上的“问题”，只是因为这个问题属于你的业务范围，你解决起来比别人有优势，但不涉及新知识的产生，那么这个问题也不是本书所指的科学研究的“问题”。如果你处在一个和别人发生争执的场合，或者是协商谈判的场景，双方对某个“问题”没有达成共识，这个问题可能只是因为你们所站立场不同而不能达成一致，并不涉及新知识的产生，那么这个问题也不是我们所说的科学研究中的“问题”。所以，科学研究或者知识生产中的“问题”是指对问题的解答、回答、解决等增加了人类的知识总量，提升了人类的智慧和对风险的抵抗能力，能够帮助人类获得更好的生存质量。凡是不能引起人类知识总量增长的“问题”都不是本书所指的问题，也不是科学研究意义上的“问题”。

其二，问题是怎样产生的。这也是一个复杂的问题，本书只能简单描述一下。

第一，问题从对社会现象的观察中来，即问题都有一个社会根源。这里强调的是每个问题都有现象级别的问题，也就是上文所说的由于存量知识（既有知识）不够用，产生了社会矛盾和冲突。如果一名研究者[①]不能准确描述其学术研究直面的社会矛盾和

① 在科研这个层面，一线教师就是研究者、研究人员，所以笔者在这部分可能经常使用“研究者”这个概念代替一线教师。

冲突，那么通常这名学者的研究是令人怀疑的。笔者在指导一些高校申报国家社科基金时发现，一些研究者没有问题意识，其申报书就像说明文或教科书。[①]当笔者要求研究者将要解决的问题描述出来的时候，研究者通常会说自己从事的是理论研究，纯理论研究没有问题意识。这个说法是不成立的，纯理论研究不是凭空产生的，是与社会现实相连的，是要针对一定的现实生活中的矛盾与冲突的。只不过有时候理论层面过高，跟现实中的冲突和矛盾联系得不那么紧密，但不能说没有连接。无法反映现实、解决现实中的矛盾和冲突的理论是没有价值的。这只能说明这类研究者还没有参透研究的本质，对什么是问题缺乏深刻的理解，沉浸在自己的学术想象中，不具备感知真实社会的能力。这也是新文科建设要解决的问题。

同理，新文科建设也是一项研究，我们以新文科研究为例来解释一下问题意识是什么。国家为什么要提新文科建设？一定有社会根源，那就是既有的文科知识满足不了中国社会在此时此刻、国内国外、历史和现实、科技和信息等方面的需求，由此产生了社会矛盾和冲突。比如，中国已经是世界第二大经济体，但中国的话语权依然薄弱，中国在国际上的重要地位与相对弱的话语权形成了一对矛盾。再如，中国社会的发展具有独特性，中国的政治、经济制度具有中国特色，目前中国的文科知识、理论主要来源于西方，如西方经济学、西方法哲学等，这些外来的理论解决

---

① 科学研究的文字样态包含论证的议论文，而不是类似教科书的说明文。教科书是对知识和信息的说明，通常是既有知识的载体；而议论文是解决问题的文体，在解决问题的过程中产生新知识。

不了中国独特的问题，这就导致了另一对矛盾——中国社会发展的独特性与舶来的西方理论缺乏针对性之间的矛盾。再如，中国自洋务运动、近代高等教育建立以来对自然科学的推崇和对文科的忽视导致了中国社会经济、技术快速发展较快但是伦理、价值和文化的支撑相对薄弱的境况，这导致了自然科学和人文社会科学关系的失衡。这些都是新文科建设中的社会矛盾和冲突，也是国家提出新文科建设的社会根源。这些社会根源一般表现为现象级别的问题，这些现象级别的问题落到高等教育的参与者手中需要将其提炼、上升为教育学理论问题，这就是我们接下来要强调的内容。

第二，问题从透过现象看到本质的过程中提炼而来，即问题必须上升为专业的理论问题，停留在现象级别是没有意义的。想象一下，一位牙疼的患者，牙疼是现象级别的问题，他来到口腔医院的牙医面前，牙医面对这个现象级别的问题必须识别出这个牙疼是由什么专业问题引起的，经过检查，或者是龋齿，或者是牙龈萎缩，或者是……总之，必须将现象级别的问题上升为理论级别的问题，而且是专业的理论问题才行。专业人士和非专业人士在这一点上存在很大的差别，如果这位牙疼的患者跑到笔者这个出身法学、后又投身教育学研究的人面前，肯定是无法透过牙疼的现象看到它背后的疾病本质。这就是识别问题的过程，这个过程相当重要，一旦这个问题被定性，如上面那位牙痛的患者一旦被确诊为龋齿，那接下来这个问题就需要按照龋齿的医学理论来处理了，即对问题的定性决定问题是怎样被解决的。

我们还是以新文科研究为例来说明这一点。新文科建设需要从现象级别的问题上升为教育理论级别的问题，这也是笔者在序言、第一章反复强调的问题。高等教育的从业人员（无论是校长还是一线教师）不能站在高等教育之外探讨新文科建设问题，如果做不到，就是没有守住自己的专业和职业本分，别人也会怀疑其专业性不足以支撑新文科建设。识别问题是一个特别困难的环节，因为它需要研究者不仅了解和掌握学科知识体系，还必须知道这套学科知识体系在实践中是怎样运用的。通常大部分的研究者生活在象牙塔里，缺乏专业实践背景和经历，他们在运用自己的学科知识识别问题的时候显得尤为吃力。况且既存知识分为显性知识和隐性知识，写进教科书中的是显性知识，还有大量的隐性知识（也被称为经验）存在于社会实践中，不参与社会实践，根本就不知道这些隐性知识是什么以及怎么运用。举个简单的例子，笔者是法学院的教授，具有博士学位，学习和工作在全国排名靠前的法学院校，拥有一套完整的法学知识体系。笔者有过两年的律师职业生涯，虽然了解一些法律实务工作，但并不完整，从未处理过房地产行业的案件。笔者有一位从事律师职业的朋友[①]，这位朋友本科并不是学法律的，后来考上了法律硕士，同时通过了司法考试，目前是一位全职律师，处理过一些房地产案件。笔者和笔者的这位律师朋友居住在同一个小区，经常在晚饭后一起散步。有一天，笔者的这位朋友发现小区里有一栋楼的西侧从 1 层楼到 18 层楼都没有亮灯，她当时就跟笔者说这一侧可能是抵账

① 这位朋友就是笔者在律师执业时认识的，当时在一个律师事务所工作，后来机缘巧合买了同一个小区的房子。

房，开发商欠施工队钱，用房抵债。[①]说实话，要不是笔者这位律师朋友跟笔者说明了这个现象，笔者都没注意到这一栋楼西侧都没有亮灯。第二天，笔者与这位朋友又在晚饭后散步，再次走到这一栋楼面前，发现同前一天一样，西侧的1层楼到18层楼都没有亮灯。后来，有一次去物业缴费时，笔者侧面了解了这栋楼的信息，果然如朋友判断的那样，这一侧是抵账房。用这个例子想说明，即便笔者拥有比朋友更为深厚的法学显性知识，甚至也知道房地产相关法律法规，但是显然缺乏实践经验，很多隐性知识是没有掌握的。缺乏隐性知识，不了解显性知识在实践中如何运用，导致研究者将现象级别问题上升为理论级别问题的时候特别困难。这也是新文科建设强调专业教师要具备实践经历的原因。回到新文科研究上来，只有谙熟高等教育内部逻辑、深度参与高等教育实践的人才有可能准确识别出新文科建设在本质上到底是一个什么问题。

第三，问题从文献综述中来，也就是在掌握既有研究的基础上才能梳理出真正的问题。当我们把现象级别的问题上升为理论级别的问题来考虑时，还要了解在我们从事该项研究之前已经产生了哪些研究，即发表过哪些论文、出版过哪些专著。在阅读和整理这些既存研究成果的基础上形成文献综述，这样才能帮助我们了解这个专业问题在理论上的进展。

文献综述这件事比较复杂，不仅涉及文献检索，即研究者要遵循“四性”原则（全面性、权威性、及时性和针对性）收集研究所需的文献，还涉及比较复杂且多样的阅读整理行为（基础性

① 这个小区已经建成将近10年，笔者在这个小区居住了将近7年。

阅读、检视性阅读、批判性阅读以及主题性阅读）。[①]此外，研究者还要具备思维能力，尤其是逻辑能力下的分析论证和评论论证能力。文献综述就是分析论证和评论论证的产物。简单说，每一篇文献都要解决一个问题（这是议论文的基本要求），遵循提出问题、分析问题和解决问题的写作思路。从论证上来讲，每一篇文献的作者都提出了一个问题，并针对这个问题给出了论据充分的结论，如图 2-2 所示。

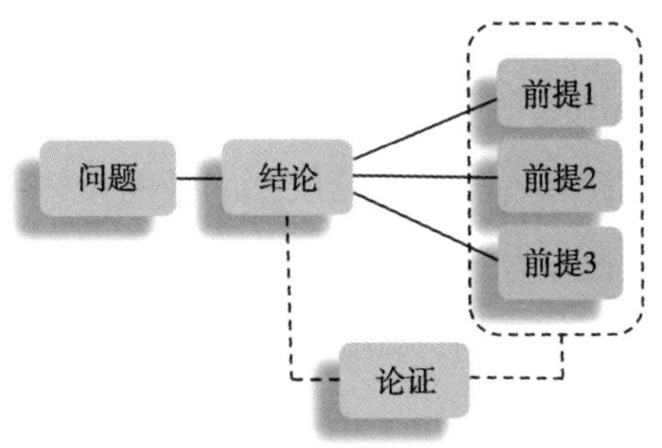

图 2-2　论证框架图

理论上，每一篇文献都要包含这样一个逻辑框架图，读者在阅读的时候需要将该篇文章的问题、结论和前提（也即论证）整理出来，这就是批判性阅读的思维导图。[②]当你对全部的文献进行批判性阅读之后，你手里会有很多类似图 2-2 的思维导图，你需要将这些思维导图整合成一个大的思维导图，如图 2-3 所示。

---

① 很多时候，我们的阅读是不过关的，阅读完一篇文章并不能准确把握文章的问题、结论以及得出结论的前提（包含未表达的前提）。

② 这个思维导图就是分析论证的过程，即将一篇文章的论证结构梳理出来。评论论证是在分析论证梳理出来的论证结构之上判断前提是否为真，前提能否推出结论。

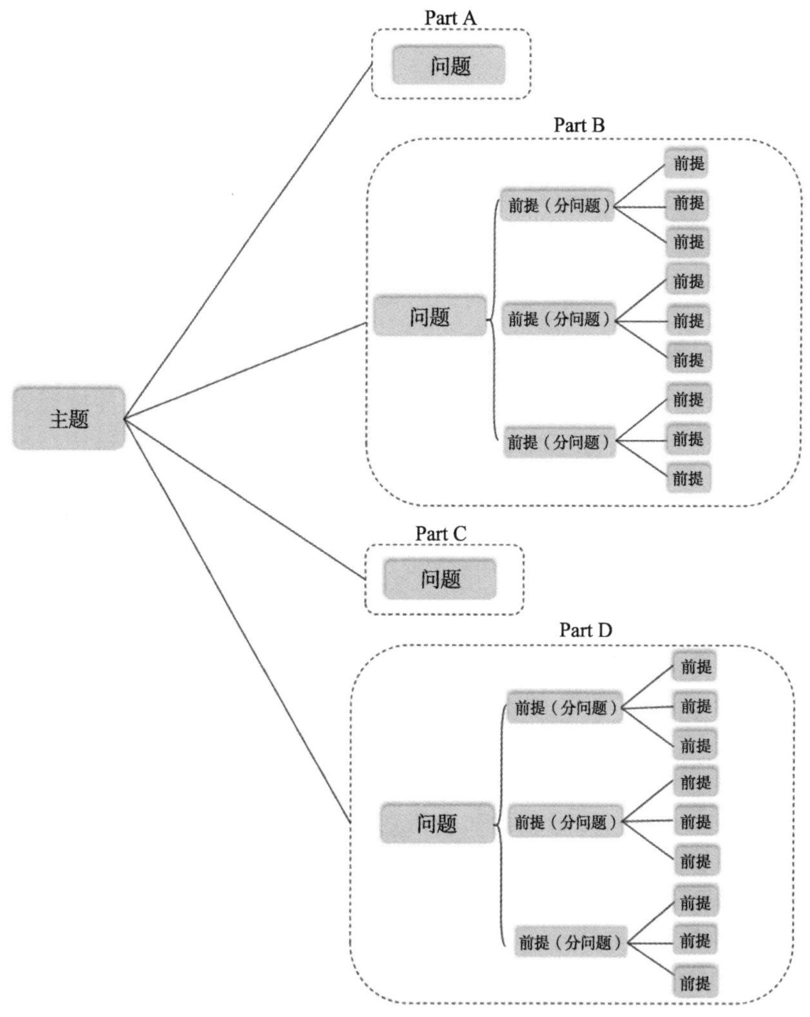

图 2-3　整合后的思维导图

这就是制作文献综述所需的全部思维导图整合成的一个整体思维导图。当你完成这样一个思维导图后，你就能清楚在这个领域学者们研究了哪些问题、哪些问题没有被研究、某些问题研究到什么程度、前提是否为真、前提和结论是什么关系（即前提能否推出结论）。在观察整体思维导图的基础上，你就可以进行文献综述了。

文献综述的本质就是揭示该领域的研究状况，但这种研究状况的揭示不是罗列式的，即甲学者说了些什么、乙学者又说了些什么，需要将这些研究的内部逻辑揭示出来。这种内部逻辑只能通过揭示每一篇文献的论证思路，并将其整合成整体的思维导图（如图 2-3）才能清晰明了。也只有这样，研究者才能整体把握这个领域研究的现状，从而精准定位自己要研究的问题是什么。

回到新文科建设这个话题上，笔者锁定的本书要解决的两个主要问题也是在文献综述的基础上才精准定位的。请读者跟随笔者简单回顾一下第一章文献综述部分，正是由于本书梳理了中国知网上关于新文科建设的上千篇文献，笔者才发现了新文科建设中的两个问题：①没有能够拉到教育学的微观层面来研究；②缺乏一线教师这个基本、庞大建设主体的研究视角。因此本书从书名到内容都直面一线教师如何建设新文科这个问题，只有这样，才能在专业领域精准定位问题。而这两个问题也是经过分析论证和评论论证得出来的，其中，学者们的研究未区分高等教育领域内不同的建设主体，笼统谈新文科建设。这里面存在一个前提假设，即不用区分不同的建设主体就能使新文科建设落地，这是错误的，这个前提不为真。我们必须区分不同的主体且关注基本、庞大、最重要的建设主体——一线教师，才能使新文科建设真正落地。此外，学者们的文章中频繁出现偏宏观、中观的教育学词汇，如学科、专业、课程体系、人才培养等，想在这些层面上探讨新文科建设，使其具有可操作性并落地。其实并不能，因为无论是学科、专业、课程体系，还是人才培养，其基本构成元素都是教师和教师手中的科研和教学活动。若想使新文科建设落到实处，观察视角必须落到一线教师所面对的高等教育的内容、职责和工作范围上，这是一个分析论证和评论论证的过程。这是很重要的，因为中国的教育其实不太能够顾及思维、逻辑、论证方面的能力培养，但是我们都知道科学研究是需要上述能力的，其中思维概念最广，它包含逻辑，逻辑包含论证，论证包含分析论证和评论论证，评论论证又建立在抽象、概括、分析、综合、比较、分类这些基本的思维工具上。[①]但是，这恰巧是老师和学生都没有接受过系统训练的弱项。因此，新文科建设中的通识课程建设模块，其实应当切实考虑将批判性思维纳入其中。

以上本书简要介绍了文献综述的过程，以及在文献综述中论证（包含分析论证、评论论证）、论证结构、思维导图的一些情况。研究者通过文献综述能够了解该领域的研究现状，进而通过关注没有研究的问题或者研究不完善的问题锁定自己要研究的问题。本书还通过对新文科建设问题的锁定来辅助说明这个过程，尽管篇幅有限，有些重要内容无法展开，但还是希望能帮助读者理解问题是怎样从文献综述中被精准地一步一步确定下来的。

此外，还有一个问题需要交代，也是值得每一位一线研究者

---

① 思维分为理性思维和非理性思维，理性思维即批判性思维，批判性思维又称非形式逻辑，与形式逻辑相对应，因此思维概念最广，批判性思维次之。批判性思维包含逻辑，逻辑最重要的部分是论证，论证能力中最为重要的是分析论证和评论论证。也就是布鲁姆所说的高级认知中的分析、评价能力。

思考的、与科研选题相关的问题。虽然我们可以通过文献综述发现问题，但不是每一个问题都值得研究，问题决定了我们研究成果的创新性，即社会效用的大小。根据研究成果的创新性，我们将研究分为开创性的研究和跟随性的研究。所谓开创性的研究，是指研究者所研究的问题（通过文献综述确定的问题）是一个没有结论的问题，或者是没有正确结论的问题，也就是一个开放性问题，目前的研究对于这个问题的解决没有什么实质性进展。这样的问题一旦被研究者锁定并形成正确的解决方案，那么创新性非常显著，社会效用也会非常高。比如，笔者之前研究的课程思政问题，融入问题一直没有得到解决，当笔者出版《批判性思维视域下课程思政的教与学》将融入的原理以及方法揭示出来，并结合具体的教学片段用教学设计展示出来之后，这个问题就得到了解决，因此产生了较为深远的社会影响。新文科也是如此，目前新文科建设的研究都不具有操作性，无法落地，本书一旦出版，有可能从本质上解决这个开放性问题，创新性也比较显著（只是可能，充满期待，还需要实践的检验）。还有一类研究的创新性没有那么大，属于跟随性研究，即对于某个问题其实已经有一定的结论，只是一些细节的问题没有突破，研究者在这个领域内选择问题其实是在前人研究的基础上继续研究。跟随性研究有创新性，但是创新性不大，而且这部分研究归根结底是给最早研究这个问题的研究者（即当这个问题还是开放性问题的时候介入研究并取得一定结论的研究者）锦上添花，是为别人做嫁衣。也就是说，在研究者从事的这个研究领域已经形成了比较权威且正确的头部研究者，这时候一线研究者再介入这项研究可能就是做修补性、证明性、跟随性以及细节性的工作。这样的研究创新性不大，社会效用也不会太高，或者说这样的研究对一线研究者的社会效用不会太高，有一部分社会效用被先前的头部研究者吸收了。所以，一线研究者在通过笔者介绍的三个阶段形成问题的时候要关注到这个问题后续产生的创新性问题。毕竟时间对于每个人都是公平的，要把有限的时间投入到创新性较大的问题中。除非你的研究能够颠覆前人的研究，从而确立你在这个领域的头部地位。

这并不是学术功利主义，毕竟学术是以创新性大小来评价的。同时，越是创新性大的研究，越能够帮助研究者获得成长。研究者要注意的是，我们不可能从一开始就从事创新性比较大的研究，需要经过一段积累，锁定正确的方向，不能在没落的领域中寻找问题，泰坦尼克号上的头等舱是不值得炫耀的。这一切都需要研究者花费一定的时间才能慢慢领悟和驾驭。再补充一下关于选题领域的确定原则，即研究者确定的问题整体应该呈现出什么状态。通常我们建议研究者确定研究领域的时候秉承“大、多、快、没”的四字方针，“大”是指受众大，“多”是指问题多，“快”是指增速快，“没”是指没“头部”。进一步解释就是研究者确定选题或者研究方向的时候要选择那些受众大，即读者多的领域，这样社会覆盖面比较广。以本人为例，笔者从事国际法研究，该领域其实受众很少，即便出版专著，销量可能最多几百册。但是现在从事教育学研究，每一本专著都是几万册的销量，因为该领域面对的受众多，是广大的一线教师和学生，这个数量相比国际法专业的学生而言要扩大一万倍不止。问题多，是指研究者选择的研究领域要有延展性，这个领域能够给你提供源源不断的问题意识，能让你持续研究下去。笔者在实践中经常遇到一些研究者最初确定的研究方向没有延展性，写着写着就没有话题了；或者这个研究领域处于没落期，写着写着领域就没有了。研究者要考虑自己研究生命的长度，选择一个能够支撑自己终身研究的领域和方向。增速快，是指这个领域的受众、问题以及关注度增长都很快，也就是说这个领域有前景，处于上升期而不是没落期。没头部，是指这个领域尚未形成标志性、垄断性成果，没有头部研究者或者头部梯队还有位置，这样的领域研究者一旦进入并有了阶段性研究成果，就很容易跻身头部梯队。

2）常见的虚假问题意识

介绍完问题的现实基础，以及怎样从现象级别问题上升为理论级别问题，再经过文献综述精准确定问题之后，我们介绍几种常见的虚假问题意识，这些都不是真正的问题意识。

第一，缺乏现实基础，纯粹理论建构。

在长期指导国家社科基金申报的过程中，笔者经常遇到一类选题，当你问研究者——你要解决的问题是什么，他要么告诉你这是纯理论问题没有问题意识，要么告诉你学者对这个问题存在分歧，这是他研究的出发点。前一种情况我们已经在上文分析过，是不成立的。我们把后一种情况在此处分析一下。有一次，笔者看到一份申报书，研究者说要研究的问题是股权并购问题。注意，股权并购并不是一个具体的问题，股权并购是一个专业术语[①]，经

① 从学术写作的角度来讲，股权并购是一个研究对象，问题则是研究对象存在的问题。这名研究者显然将研究对象当成了问题。这种情况在实践中大量存在。

济学和法学都在用，这并不能看出研究者要研究什么问题，研究者必须告诉我们股权并购存在什么问题。后来研究者想了一下告诉我，学者们对股权并购的认识存在分歧（有的主张 A 理论，有的主张 B 理论），这是他要解决的问题。严格意义上这也不是学术研究的问题，学术研究的问题是要有现实根源的。于是，笔者继续问这名研究者，学者的分歧（A、B 理论的分歧）是针对现实中的什么问题产生的呢？这个现实问题则是我们需要挖掘的“问题”的根源。问到这里，这名研究者停顿了一下，说我再回去思考思考。这是一个典型的例子，实践中类似这样的例子特别多。很多学者研究的起点并不是现实中的某个矛盾、冲突，而是学理上的某个争论，比如主观说和客观说。作为研究者，要意识到这不是真正的问题来源，真正的问题来源是研究者必须挖掘出主观说和客观说是为了解决现实中的哪个矛盾、冲突、问题产生的。不能脱离现实中的问题根源谈研究，否则即便构建起学术体系也是空中楼阁。

第二，停留在现象级别，没能上升到专业理论范畴。

这种情况是指研究者的研究停留在现象级别的问题上，没能上升到理论级别的问题，也就是没能把这个问题专业化。比如，我们正在研究的新文科建设问题，如果没能上升到教育学领域就是仍停留在现象级别上。再如，笔者在指导国家社科基金申报时见到过一份申请书，标题为《青少年犯罪社区矫正研究》。由这个标题是看不出问题是什么的，一旦你问研究者问题是什么，他会说青少年犯罪社区矫正。这又是一个把研究对象当成研究问题的情况。本书此处不着重说这个问题，我们从另一个问题切入。青少年犯罪社区矫正，看起来像专业性的表述，其实仍然停留在现象级别，因为这个名词——青少年犯罪社区矫正是一个涉及很多学科、很多内容的名词，如法律问题、管理问题、资金问题、管理人员问题、制度建设问题……涉及很多学科、很多方面。而研究者是法学出身，必须在青少年犯罪社区矫正这个广泛的话题中锁定一个法学的话题，即把这个现象级别的问题上升为法学理论问题。显然，这名研究者没有做到，甚至没有意识到这是一个现象级别的问题。实践中，这种情况比比皆是，研究者的文章标题、项目书标题都是一个超出本学科的多学科话题，这就说明研究的问题还没有从现象级别上升到理论级别。

第三，问题虽然在专业领域范畴，但是定位不精准。

上文我们谈及文献综述的作用是帮助我们精准定位我们要研究的问题在整个学术脉络中的位置，防止我们对问题抓取不准，避免已经研究过的问题又被我们当成新问题提出来，或者已经过时的问题又被我们当成热点拿出来。比如，很多年前笔者评议过一篇论文，硕士学位论文，讨论的是比特币的案件纠纷和处理问题。这个问题没有必要研究，因为我国是不承认这种虚拟货币的。再如，还有一篇文章讨论的是国际私法中“反致制度”的建构，这个问题在中国也没必要研究，因为中国当时新出台的法律已经明确表明对“反致制度”的态度——不承认。所以，多了解研究领域的状态才能准确定位问题，才能发现有价值的问题。

此外，在指导论文写作和项目申报的时候经常有很多研究者说自己研究的这个领域没有什么参考文献，或者参考文献特别少。这样的领域就要特别留神，有可能是一个坑。一个领域没有什么文献，也就是没有什么研究成果，要么这是一个特别新的领域，人们还没有认识到这个领域的价值，要么这就是方案都认为不值得研究的领域。实践中后一种情况居多，很多研究者锁定的研究领域根本就没有研究价值和意义，相关的文献特别少。即便是前者，人文社科的研究没有文献是很难展开的，你也要想想在没有文献和理论支撑的情况下，你的研究怎么进行。总之，一旦笔者听到研究者说，他的研究之所以薄弱或者很多东西没有捋清楚，是因为这个领域没什么参考文献就立马警觉，这种情况多半是走入了研究误区。

还有一种情况，很多学者把自己研究的“结果”当成“问题”，这也是没有问题意识的一种表现。但凡在看一篇论文或者一份申报书的时候，笔者都会先问一个问题——你要解决的问题是什么。这时候，有一类研究者就会告诉笔者他们要做的事情，即把自己要做的事情（研究及其结果）当成问题塞给笔者。比如，《×××制度的一体化研究》，研究者告诉笔者，他要解决的问题是一体化。这个研究中的“一体化”是作者的观点，也就是整个研究的结论，并不是问题。问题是这个结论也就是一体化要解决什么矛盾。实践中，经常有研究者过于强调自己的结论、研究的结果，而忽视其要解决的问题，这也是一种没有问题意识的表现，而且没有得比较彻底，分不清问题和结论。

综上，我们用比较长的篇幅将科学研究中的问题解释完毕。提出问题是非常重要的，一旦问题锁定错误，后续的研究和结论一定都是错的。因为问题从现象级别升到理论级别之后，就锁定了理论分析的路径，即分析问题要沿着确定好的理论路径展开。

举一个法学领域的例子来说明，一旦锁定了张三涉及的是故意杀人罪的问题，那么后续就得按照故意杀人罪的专门法律理论来分析。或者医学上的例子，一旦锁定我们的牙痛是由龋齿造成的，那么之后就得按照龋齿的理论来治疗。法律上会存在误判、冤假错案，医学上也会存在误诊、耽误治疗。这种对问题的误判可以发生在各种场合、各个层面。比如，在中国革命的历史上，王明的“左”倾冒险主义就是对问题的误判，后来毛泽东同志在遵义会议上纠正了这个错误，这也是为什么遵义会议对党、对中国革命都是具有重要意义的分水岭。再如，在欧洲历史上，德国的俾斯麦和威廉二世都面临德国如何发展以及怎样定位德国这个国家的发展策略的问题。铁血宰相俾斯麦从政经验丰富且对时局的判断非常精准，他清楚地认识到德国的地理位置决定了德国非常容易从东西方同时受到攻击，为了扩展德国的生存空间，同时避免德国来自东西两方压力的被动局面，俾斯麦提出了大陆政策，即拉拢英国、联合奥匈帝国，以及孤立和削弱法国并抑制俄国。该政策确定后，德国的主要活动不是海外而是欧洲大陆，其重点在于削弱和孤立法国，组织其他大国结盟。后来威廉二世上台，推翻了大陆政策，提出了世界政策，大力扩充海军，扩大殖民地。之后大家就知道了，这直接打破了欧洲的平衡，德国在全世界争夺资源，造成了英德矛盾，并导致第一次世界大战的爆发。俾斯麦和威廉二世对德国的社会基本矛盾识别不同，制定的策略也不同。这是典型的对问题识别不同造成不同结果的情况，再次说明问题的识别非常重要，甚至可以被认为是科学研究中最重要的一环。

（三）分析问题

提出问题后就涉及对问题的分析和解决。本来，本书应当直接进入分析问题部分。但是这里面有一些特别重要的技能——什么是分析以及分析是怎样跟论证、提出问题、分析问题和解决问题联系起来的。如果不介绍这些技能，我们将无法理解什么是分析问题，也无法理解下文的解决问题。因为研究的流程是提出问题、分析问题和解决问题，研究的本质涉及论证，分析嵌套在论证中，论证又嵌套在研究的所有流程中（提出问题、分析问题和解决问题）。所以，在正式进入分析问题部分之前，我们需要先解决几个问题：①科学研究的流程与复杂的论证体系；②什么是分析及其与论证的嵌套关系；③分析问题中的分析。本部分着重介绍分析问题部分中的分析，下文则重点介绍解决问题部分中的分析，最后会小结“分析”在提出问题、分析问题和解决问题全过程中是如何体现的，以及存在什么不同。

1. 科学研究的流程与复杂的论证体系

分析能力本就是逻辑能力的一种，基本的逻辑技能包括抽象、概括、分析、综合、比较、分类，这些基本的逻辑技能是每一位研究者都要具备的，论证就是构建在这些逻辑技能基础上的。没有分析就没有论证，没有论证就没有问题的解决。所以，本部分我们对分析的观察离不开论证的结构。

提起论证的结构，图 2-4 是一个简化论证的框架，并假设每一篇文章都存在这样一个论证架构。这个假设没错，因为议论文必须包含论证，所以之前在介绍批判性阅读、文献综述和问题的形成时都是使用图 2-4 这个论证框架。但是这个论证框架过于简单，在分析问题和解决问题环节就不够用了，所以我们需要进一步呈现图 2-4 的细节部分，使它内部的复杂结构显现出来。

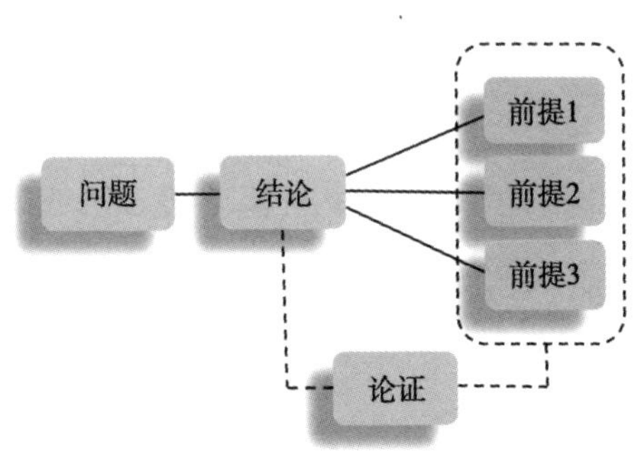

图 2-4　论证框架图

图 2-4 只是简单的论证框架图，没有体现出其与科学研究的过程即提出问题、分析问题和解决问题的关系。如果将提出问题、分析问题、解决问题三个环节融入进去，图 2-4 就会演变成图 2-5 和图 2-6。

由图 2-5 可以看出，原本的论证框架（图 2-4）将提出问题、分析问题和解决问题等环节嵌套进去就变成了图 2-5。在图 2-4 中，从整体问题解决的角度来看，问题其实包含了两部分，先是精准分析这个问题是什么问题，准确定位这个问题在理论上的位置，然后分析该问题的成因，分析问题就是呈现问题形成的原因。也就是图 2-4 中的问题其实包含提出问题和分析问题两部分。结论主要是指在锁定问题和原因分析的基础上提供解决方案，即图 2-4 的结论和前提到结论的论证主要是解决问题部分。

事实上，论证广泛存在于研究的各个部分（在一篇文章也包

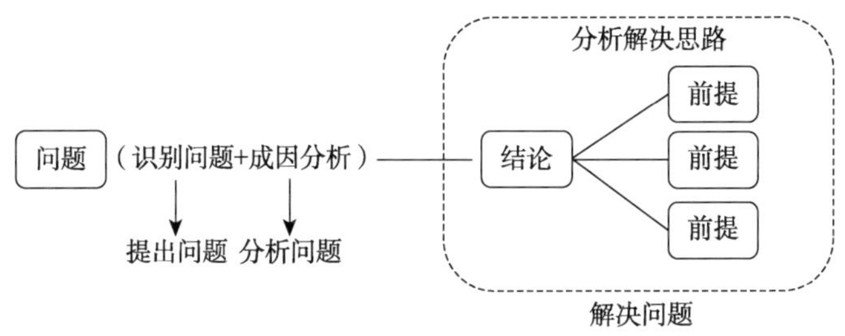

图 2-5　论证与提出问题、分析问题和解决问题的嵌套

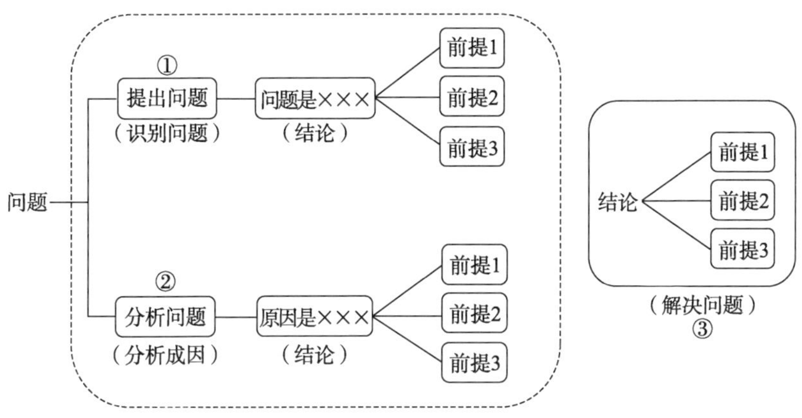

图 2-6　提出问题、分析问题和解决问题中的论证（1）

含多个论证）。图 2-4 是从一个研究（或一篇文章）最为宏观的角度来观察论证的（也就是问题的解决）。层次稍微降下来一点，将提出问题、分析问题和解决问题融入之后，我们就能观察到图 2-5 的论证框架。图 2-5 只能让我们观察到在解决问题部分存在论证，其实在提出问题、分析问题部分也存在论证。如果我们把提出问题、分析问题和解决问题部分的论证都呈现出来，再把它们放在一个宏观的整个研究（一篇文章）的论证框架里，就能观察到一个研究包含着很复杂的论证嵌套关系，即大论证里面套着小论证。

这并不让人意外，因为一篇文章或一个研究会有很多结论，即结论是一篇文章或者一个研究的观点体系。对整篇文章或整个研究针对的问题形成的结论，通常指整体解决方案。但在研究的各个部分，我们无时无刻不在发表观点，这个观点也是局部的结论。比如，对问题是什么的判断是观点（即提出问题部分的结论）；对成因是什么的判断是观点（即分析问题部分的结论）。只要有观点就涉及论证，因为我们需要证明观点是成立的。图 2-6 体现了提出问题、分析问题和解决问题环节中的论证。它能让我们认识到科学研究（通常是以论文为载体）离不开论证并且论证无处不在。

为了更好地理解图 2-6 呈现的内容，我们也可以把它改造成图 2-7，这样更直观一些。

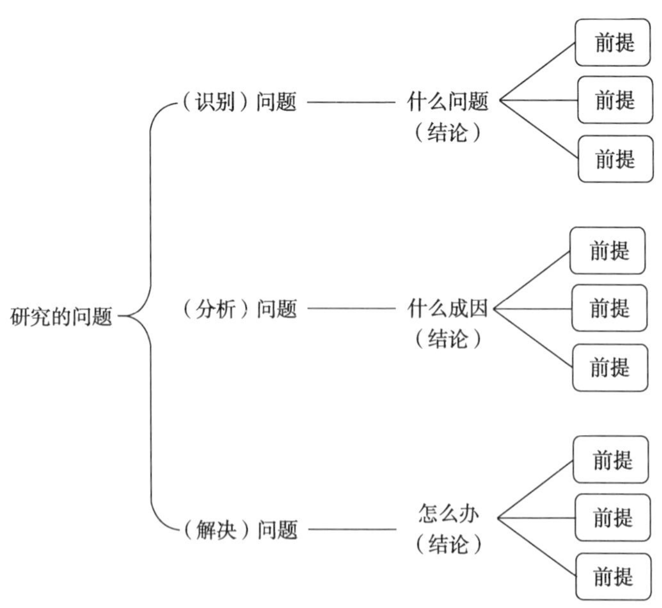

图 2-7　提出问题、分析问题和解决问题中的论证（2）

这样我们就将提出问题、分析问题和解决问题与论证的关系解释清楚了，同时也帮助读者认识到了科学研究（解决问题以获得新知识）的基本流程是提出问题、分析问题和解决问题。一旦涉及问题的解决，观点的表达[①]就离不开论证。我们为了介绍分析，必须将科学研究的基本流程（提出问题、分析问题和解决问题）、科学研究的论证本质（问题、结论、前提）以及它们之间的嵌套关系描述清楚，这是分析这个概念发生作用的场景。

2. 什么是分析及其与论证的嵌套关系

介绍完论证以及研究中复杂的论证体系之后，我们可以介绍什么是分析了。我们从论证的角度来看分析，分析是指前提以及前提到结论的过程，这个过程包括锁定前提以及锁定前提和结论之间的关系。也就是研究者必须说明自己从哪些前提出发，怎样得出的结论，为什么是这些前提而不是其他前提，前提和结论之间构成了哪种论证关系。简单来说，分析是为了给问题提供一个结论，针对这个结论，研究者必须提供理由，这个理由必须能推导出研究者的结论。分析问题的过程要保证具备两个条件：其一，前提为真（即依据客观真实）；其二，前提能推出结论（经过正确推理），只有具备这两个条件，结论才是成立的。

但是从上述我们对提出问题、分析问题、解决问题和论证之间关

① 研究或者论文写作就是观点的集合体，研究者无时无刻不在表达自己对问题是什么的判断（即观点），对原因是什么的判断，对结论是什么的判断，甚至每个前提都是一个小结论，也是判断。只要是判断就需要表达观点，只要输出观点就需要证明观点成立（提供前提）。所以，研究工作或者论文写作离不开论证。每一项研究或者每一篇论文都有复杂的论证体系。

系的分析可以看出，前提以及前提到结论的“分析”广泛而普遍地存在于各个研究环节，只要有观点表达、有结论出现的地方都有论证，只要有论证就有分析，分析是前提以及前提到结论的过程。

我们从分析的特性和特征角度来观察。我们经常使用“分析”这个专业术语，但是很多人并不明白什么是分析。请你细想一下，当你说“让我分析分析”的时候，你知道分析是什么以及应当遵循什么规律进行分析吗？我们先要了解[①]分析的定义：“分”是指拆分，“析”是指考察，分析就是拆分并且考察。这是一项非常复杂且专业的思维活动，我们一点一点把它掰扯清楚。

1）分析是一项高阶的脑力活动

首先，需要指出的是，分析能力是一项高阶能力。根据布鲁姆的认知分类理论，分析能力处于人类认知能力的第四层，属于高级认知能力，如图 2-8 所示。

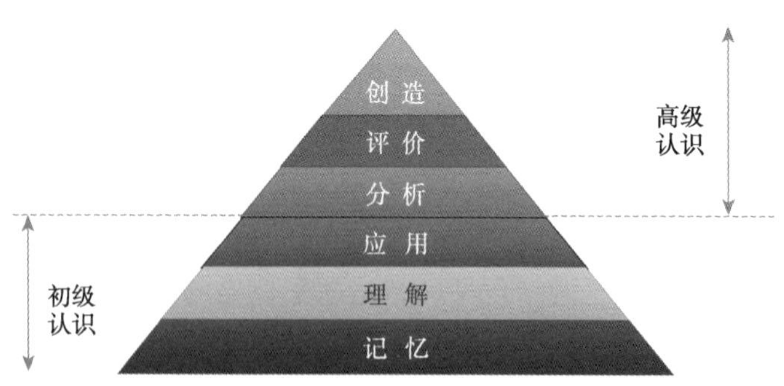

图 2-8　布鲁姆认知分类金字塔

① 是“了解”，没错！“分析”是有定义的，只不过很多人使用“分析”这个词的时候并没有考虑“分析”原本的含义是什么。他们按照自己的理解来使用“分析”这个词，这样是不行的。

布鲁姆将大脑的认知能力分为六个层次：记忆、理解、应用、分析、评价、创造。①记忆是指具体知识或抽象知识的辨认和识记，这是一种基本的学习方式，也是教育目标在认知领域最低层次的要求。②理解是指对事物或者知识的领会，这里的领会是指初步的、肤浅的领会，受教育者只要能用自己的语言复述、解释、描述、比较即可。③应用是指将自己学习到的知识包括概念、原理等应用到具体问题的解决中。这里所指的应用是简单的、初步的直接应用，而不是通过分析、评价等综合性的运用，如三角形中已知两个角的度数，求第三个角的度数。④分析是指按照一定的（理性的）标准将材料分解成不同的部分，从而使其内部组织结构呈现出来，既可以详细地说明其内部结构，又可以看出其内部结构是否存在缺失。⑤评价是指在分析基础上评价已经被分解的各个要素是否符合一定的标准，从而作出一定的判断。应当指出的是，这种判断是基于理性的判断，而非基于直观感受。⑥创造是指在分析、评价的基础上，有可能产生新的知识，或者新的方法，抑或是发现事物之间新的联系。[①]我们的教育长期集中在记忆和理解层面，记忆和理解是针对知识而言的，一旦上升到应用层面，就涉及将知识运用到问题的解决中，就涉及思维了。分析是一种思维形式，从定义中可以看出，它是指按照一定的，且是理性的标准将手中的事物、材料分解为不同的部分，从而不仅能够看出这一事物的内部组织结构，也方便看出其内部组织结构是否存在缺失、是否符合要求。分析能力与评价能力经常结合在一

① 参见[美]布鲁姆等编：《教育目标分类学 第一册 认知领域》，罗黎辉等译，施良方校，华东师范大学出版社 1986 年版，第 59 页。

起，一旦我们将事物的内部组织结构呈现出来，就很容易看到它的内部结构是什么状况，是好还是不好，是完整的还是缺失的，是满足要求的还是不满足要求的，这些都是评价能力所指向的活动。我们在本章虽然着重介绍分析，但是分析和评价是分不开的，你也可以认为我们所说的分析是包含评价的，因为我们将要素拆分之后还要逐一对其进行考察，这个考察过程就是评价，而且考察是要给出结论的。

我们用一个例子来具体说一下什么是分析。笔者是法学专业出身，最愿意用案件举例。如果我们现在面临一个“问题”（还记得上文一直在讨论的这个问题吗？）——张三是否构成故意杀人罪[①]，学法律的人或者律师通常是从犯罪构成的“四要件”来进行分析的。根据《中华人民共和国刑法》（以下简称《刑法》），故意杀人罪有四个构成要件，如表 2-1 所示。

假设案件中的张三出生于 1998 年 3 月，与同村的李四是邻居，两人长期因为自家耕地的边界发生纠纷。2021 年 3 月，张三认为李四再次侵占了自家的耕地，于是与李四发生口角，在激愤中张三抄起放在田间的镐头，朝李四头部砸了过去，李四头部顿时鲜血直流，当场毙命。请问，张三是否构成故意杀人罪？怎样呈现具体的分析过程？具体情况我们需要结合表 2-2 来展开说明。

---

① 张三是否构成故意杀人罪，这个“问题”比较简单，严格意义上不是科学研究中的“问题”，因为这个问题的解决是有既定路径的，即按照法律规定，分门别类地找到四个要件对应的证据，完整论证就可以了。对应布鲁姆的认知分类金字塔，考察的其实是“应用”层面。科学研究要解决的是一个疑难问题，对于这个疑难问题目前没有答案，通过你的研究有了答案，并产生新知识，对应的是布鲁姆认知分类金字塔的最高层次认知——创造。但是为了简单说明问题——什么是分析，我们姑且用这个通俗易懂的例子来呈现。

表 2-1　故意杀人罪的构成要件

构成要件	具体标准
主体要件	故意杀人罪的主体是一般主体，即我国刑法总则规定的达到法定刑事责任年龄、具备刑事责任能力的一般身份的犯罪主体。同时，《刑法》第 17 条第 2 款规定，已满 14 周岁不满 16 周岁的人，犯故意杀人罪的，应当负刑事责任。因此故意杀人罪的行为主体包括已满 14 周岁的未成年人
主观要件	故意杀人罪在主观上须有非法剥夺他人生命的故意，包括直接故意和间接故意。也就是明知自己的行为会发生他人死亡的危害后果，并且希望或者放任这种结果的发生
客观要件	实施了剥夺他人生命的行为，行为人的危害行为与被害人死亡的结果之间必须具有因果关系
客体要件	故意杀人罪侵犯的客体是他人的生命权。法律上的生命是指能够独立呼吸并能进行新陈代谢的、活的有机体，是人赖以存在的前提

表 2-2　张三构成故意杀人罪的分析过程

构成要件（大前提）	张三具体情况（小前提——证据）	结论	最终结论
主体要件：达到刑事责任年龄，具备刑事责任能力，且已满 14 周岁	张三身份证表明其出生于 1998 年 3 月 1 日	（1）年满 14 周岁； （2）张三符合故意杀人罪主体要件	张三构成故意杀人罪
主观要件：直接故意是指明知自己的行为会发生他人死亡的危害后果，并且希望这种结果发生	（1）使用镐头作为工具； （2）向李四头部猛砸过去	（1）作为农民出身的张三明知道镐头砸头会有生命危险，仍追求这种危险结果的发生； （2）张三主观上具有直接故意	
客观要件：实施了剥夺他人生命的行为，行为人的危害行为与被害人死亡的结果之间必须具有因果关系	（1）张三向李四头部实施了打砸的行为； （2）李四当场死亡及尸检报告； （3）镐头上有李四的血迹	张三实施了杀害李四的行为	张三构成故意杀人罪
客体要件：故意杀人罪侵犯的客体是他人的生命权	（1）李四的尸检报告； （2）现场勘察报告	（1）李四死亡； （2）李四的生命权被侵害	

表 2-2 呈现了张三构成故意杀人罪的完整分析过程。首先，我们根据《刑法》，也就是犯罪构成四要件，将故意杀人罪分解成四个方面：主体、主观方面、客观方面和客体。其次，我们将张三的现实情况与四个要件一一对应。这就是一个分析问题的过程——拆分并考察。由表 2-2 可以看出，张三是符合故意杀人罪的全部要件的。但是如果张三出生于 2012 年 10 月，那么主体条件就不符合了，张三就不构成故意杀人罪。所以，通过这样一个范例，请大家来了解一下什么是分析。

2）分析必须依据理论进行拆分，依据标准进行考察

上文我们通过一个例子向大家展示了什么是分析，在本部分我们继续讨论分析的一些基本要求。我们知道，分析可以被理解成拆分和考察，也就是将一个整体的事物拆分成不同的组成部分，并对每个组成部分进行细致的考察。同时我们也要知道，对事物的拆分不是随意的，要依据一定的理论和标准，按照事物的机理进行拆分。我们对拆分之后的各个部分的考察也是有标准的，而不是随意按照主观的想象来衡量。

我们仍然以上文张三构成故意杀人罪的例子向大家解释拆分和考察的依据。在上文我们指出，要想分析张三是否构成故意杀人罪，必须依据现行《刑法》的规定，也就是犯罪的四个构成要件，必须按照这四个要件对张三是否构成故意杀人罪这个问题进行“拆分”，而不是按照其他的标准，我们用这个例子来说明拆分必须有依据。再来看考察，具体说来，故意杀人罪有四个构成要件，其中之一是主体要件，法律规定构成故意杀人罪的主体，必

须是年满 14 周岁的个人[①]，但如果张三出生于 2012 年 10 月，是一名未成年人，年龄不满 14 周岁，甚至不满新修订的刑法修正案当中 12 周岁的特殊情节，那么这个条件就不符合。也就是说，虽然我们对张三是否构成故意杀人罪依据理论进行了拆分，但是其中一条张三是不符合的，这就直接影响了这个行为的性质，张三是不构成故意杀人罪的，尽管他实施了相关的行为，其他的要件是符合的。这就是考察，考察也是有标准的，具体的标准就是法律的规定，在本处的例子中就是年满 14 周岁的法律规定，不满足这个标准，这个被拆分出来的“要件”在考察这个环节就没有通过。这个例子充分说明，我们对事物要进行分析，先要保证我们的拆分行为是依据理论进行的；接着要保证我们的考察行为是依据一定的标准进行的。这说明分析行为是一种客观存在，必须依据一定的理论，而不是人的主观想象，或者其他什么理由。犯罪行为一旦经法律确认，只能在另外一个极具说服力的并且是被法律认可的新证据出现，并由这个新证据引发了新一轮的分析过程的情况下才能证明张三是无罪的。比如，律师证明张三的出生年月是错的，并提供了新的、可靠的证据证明张三是不满 12 周岁的，这时候张三才有可能脱罪。自始至终，这个例子都向我们展示了什么是分析、分析的理论性和客观性，而不是你想怎么分析就怎么分析。

分析问题部分是考察一个人的理论基础是否扎实的最好环节，要求研究者一方面具有完备的相关学科的理论知识，另一方

---

① 最近刑法修正案将这个年龄调整到 12 岁，但是有两个相关限制：其一是情节恶劣，其二是经最高人民检察院核准追诉。

面能够用相关的理论知识解决实际问题。现实中，笔者看过很多社科基金申报书和论文，这些申报书和论文在分析问题的环节做得并不理想。这表现在研究者很随意地给出了几条理由就将它们作为分析问题的部分。但是通过上文的分析，我们知道，分析问题必须依据一定的理论，这个理论是客观的，如果你只是想到哪就说到哪，依据自己的主观想象给出了几条所谓的理由，那么这样的分析是站不住脚的。分析问题的过程其实是一个“justify”的过程，即“论证使别人相信的过程”。通过上文张三构成故意杀人罪的例子，我们不仅能够看到分析的过程，即按照四要件进行拆分并逐一考察,还能看到现实生活当中的论据和它们的前提(也就是四要件）环环相扣、相互印证的论证过程。所以在科学研究的过程中，研究者要时刻问自己几个问题：我的研究依据是客观的吗？我的研究依据是我所在学科的理论吗？我有没有呈现一个完整的论证过程？记住，科学研究是专业人士从事的工作，如果你不具备专业性，或者不能呈现自己的专业性，那么你注定是要失败的。

3）拆分必须具有逻辑性

本质上，分析问题就是将一个复杂的事物进行拆解，分成几个小的任务模块来处理。我们上文已经提及，拆分是要依据理论进行的，而不能依靠研究者的主观想象，这部分考察研究者的理论基础是否扎实。本部分我们将继续解读分析能力的另一个要求，就是拆分要具有逻辑性，这也是我们上文所讲的理论性的延伸。

通常按照理论将一个问题进行拆分之后，就会得到若干条件或要件，正如我们上文所举的张三是否构成故意杀人罪的例子，当我们将这一问题按照犯罪学的理论进行拆分的时候，就得到了犯罪学的四个构成要件，也就是构成故意杀人罪要满足的主体要件、主观要件、客观要件和客体要件。就这个例子而言，我们上文所讲的拆分的理论性是指按照犯罪学的理论，将张三是否构成故意杀人罪拆分成四个构成要件；本部分要讲的是这四个构成要件与张三构成故意杀人罪之间形成了一个逻辑推理关系。我们以此来说明，研究者要注意观察自己分析问题的几个要件或者部分与自己得出的结论之间是什么样的逻辑关系。这个部分决定着研究者的论证是否充分。很多研究者在请别人帮忙审阅论文或者项目申报书的过程中，会收到类似“论证不够深入，论证不够充分”的评语，本部分主要解决的就是这个问题。

我们还以张三是否构成故意杀人罪为例向大家解释在分析问题过程当中所需要具备的逻辑能力，也就是论证的能力。通过表 2-3，我们能够观察到，为了证明张三是否构成故意杀人罪，我们需要将这个问题拆分成四个构成要件，我们现在就观察这四个构成要件和张三是否构成故意杀人罪之间的关系。

通常意义上，在论证当中，被拆分出来的要件（可以称为条件）与待证明的问题之间会构成四种关系：充分条件，必要条件，充分且必要条件，既不充分也不必要条件。我们之所以要考察条件和待证明问题之间的关系，是因为条件的状态决定结论的状态。也就是在充分条件、必要条件、充分且必要条件之下得出的结论可信度是不同的，至于既不充分也不必要条件根本就不用考虑了，这种条件下得出的结论基本就是无稽之谈。

表 2-3　拆分的逻辑性

问题	构成要件（大前提）	张三具体情况（小前提）
张三是否构成故意杀人罪	主体要件：达到刑事责任年龄，具备刑事责任能力且已满 14 周岁	张三身份证表明其出生于 1998 年 3 月 1 日
	主观要件：直接故意是指明知自己的行为会发生他人死亡的危害后果，并且希望这种结果发生	（1）使用镐头作为工具； （2）向李四头部猛砸过去
	客观要件：实施了剥夺他人生命的行为，行为人的危害行为与被害人死亡的结果之间必须具有因果关系	（1）张三向李四头部实施了打砸行为； （2）李四当场死亡及尸检报告； （3）镐头上有李四的血迹
	客体要件：故意杀人罪侵犯的客体是他人的生命权	（1）李四的尸检报告； （2）现场勘察报告

日常生活中我们经常使用含有充分条件和必要条件的表达，如律师对陪审团说，我们有“足够”的证据证明被告有罪；痛苦是人生“必不可少”的一部分；想要成功，练习是“必要”的……只是我们并没有注意两者的区别。充分条件和必要条件到底是什么意思呢？我们先从哲学的概念上解释一下。

①必要条件。如果 P 是 Q 的必要条件，那么除非 P 为真，否则 Q 不可能为真。简单表述为只有当 P 是真的时候，Q 为真。通俗点解释就是 P 是 Q 不可或缺的条件，因为 Q 如果想要为真需要 P 是真的。举个例子，被大学录取的必要条件有哪些呢？首先，你是一名学生；其次，你有高考成绩；最后，你的成绩达到该大学的录取线。

②充分条件。如果 P 是 Q 的充分条件，那么 P 为真就足以推

出 Q 为真。简单表述为如果 P 为真，则 Q 是真的。通俗点解释就是 P 对于 Q 来说是足够的，只要有 P 就有 Q。举个例子，被大学录取的充分条件有哪些呢？如果一个 17 岁的孩子获得了国际奥林匹克数学竞赛的一等奖，那么估计很多学校会愿意直接录取他。也就是说，获得国际竞赛的一等奖是被大学录取的充分条件。

③充分条件和必要条件有几种组合。

第一，必要不充分。努力学习是学习好的必要条件但不是充分条件。努力是学习好的必要条件，你不努力肯定学习不会好。但是光努力不能保证你一定学习好，非常努力的人在学习上也经常不尽如人意，因为除了努力，你还得掌握学习方法。

第二，充分不必要。土豆可以炖着吃，用水炖是做土豆的一个充分条件，但不是必要条件，因为土豆不仅可以水煮，还有油炸、烧烤等其他的做法。

第三，充分且必要。在考试中，把卷子里的题全部答对是获得满分的必要条件，因为除非你把这些题全做对，否则你拿不了满分。同时把所有题目答对也是拿到满分的充分条件，因为把所有题目答对了就足以拿到满分。

接下来我们用张三构成故意杀人罪这个例子来分析充分条件和必要条件。

张三构成故意杀人罪的四个前提：①张三年满 14 周岁，精神上没有障碍；②张三实施了杀人行为；③张三主观上是故意的；④张三侵害了他人的生命权。

这四个前提中每一个前提对于证明张三构成故意杀人罪都是必要的，但都是不充分的。只有这四个前提放在一起，才是证明张三构成故意杀人罪的必要且充分条件。研究者在论证的时候，一定要评估研究的前提与结论之间的关系，是充分条件、必要条件，还是充要条件。在一个可靠的演绎论证中，前提一定是结论的充分且必要条件。

在我们从事科学研究的过程中，我们所使用的条件和得出的结论之间构成的是什么样的逻辑关系和论证强度，研究者对此要有清晰的认识。这里并不是说所有论证的强度都要达到上文张三案件中必要且充分的条件，进而导致结论非常可靠的状态。我们对某些问题的分析，可能只能停留在充分条件的解读上；我们对某些问题的分析，也可能只能停留在必要条件的解读上。这是由问题及其所在的领域、学科的特征决定的，只不过研究者要非常清楚条件（前提）和结论之间的关系，用以明确我们所进行的论证是一个严密的论证，还是一个基本可以接受的论证，抑或是一个完全不可以接受的论证。在研究过程中，我们要留意观察前提（条件）和结论之间的关系，我们不能在我们所使用的是一个充分条件的时候，坚称该条件对于结论的必要性；也不能在我们所使用的是一个必要条件的时候，坚称该条件对于结论的充分性；更不能在条件既不充分又不必要的时候，坚称我们的结论是绝对可靠的。对于这一点，研究者要有清晰的认识。科学研究尤其考察研究者对于问题的分析能力和解决能力，而解决问题的能力源于分析问题的能力，分析问题的能力则体现在本部分所强调的理论性和逻辑性上。如果你的分析不能体现理论性和相应的逻辑性，那么你是没有办法说服别人认同你的观点的。

我们在本部分所强调的逻辑性，其实是论证的一部分。论证是一个非常复杂的问题，尽管我们将它简单地分为演绎论证、归纳论证和类比论证，但在实际当中它会幻化出非常多的形式。不管怎样说，研究者都需要具备一定的逻辑推理能力和逻辑感知力，本部分只是简要提及了一些论证的基本知识，如果研究者感觉到论证是自己的短板，建议找相关的专业书籍进行学习，本书只是强调论证是分析问题过程当中非常重要的组成部分，也是衡量一份研究成果质量的重要指标，但是无法将这个问题详细地展开，只能留给研究者来完成这部分的工作。这样我们就将分析、分析的过程、分析的特征呈现完毕。总体而言，分析就是将复杂问题拆解成几个方面来观察，而且这几个方面将形成结论的前提，并借助演绎、归纳、类比等论证形式到达结论。在了解了科学研究中复杂的论证体系、科学研究的流程以及它们的嵌套关系之后，我们知道了分析以及分析是怎样与论证结合在一起的。接下来，我们就可以来到分析问题部分的解读了。

3. 分析问题中的分析

总算回到我们的叙述主线上来了，我们分出一部分精力阐述了什么是分析，现在我们回到提出问题、分析问题和解决问题的主线上来。对于科学研究的分析问题部分，其主要目的就是指出整个研究所指向的问题的成因是什么，也就是分析问题产生的原因。这里的问题是指已经从现象级别上升为理论级别的问题，我们需要在分析问题部分阐述这个理论级别的问题形成的原因是什么。对问题成因的分析必须遵循分析的基本要求——进行拆分，拆分要遵循理论的脉络和逻辑的要求，不能随意拆分。

还是回到新文科建设上来，为了让读者有一个整体的概念，我们先将新文科建设的提出问题、分析问题和解决问题的研究流程图和论证图画出来，即图 2-9，然后围绕图 2-9 来解释我们对新文科建设是如何展开研究的。

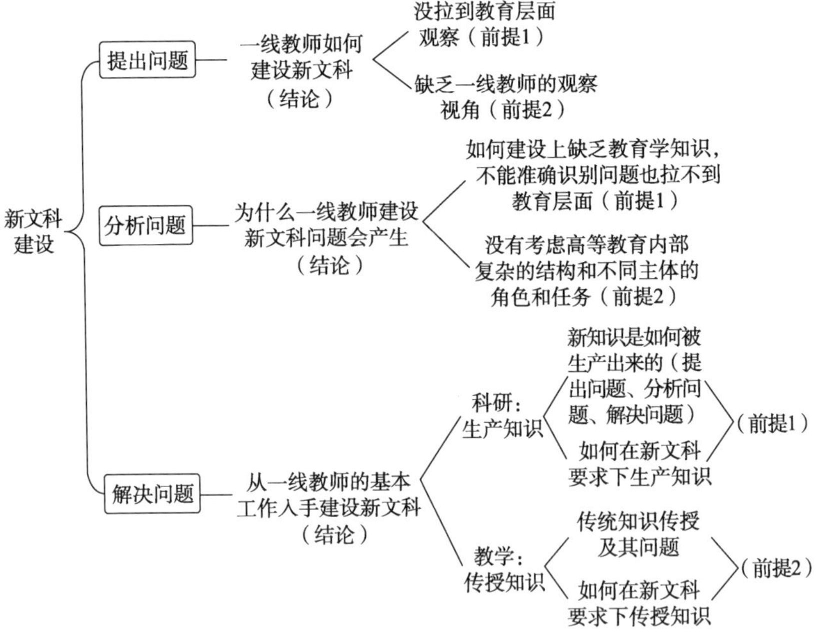

图 2-9　新文科建设的研究流程和论证关系

我们要识别的问题有两个：其一，关于新文科建设一直没有被拉到教育学的层面来观察；其二，新文科建设缺少一线教师的观察视角，这是不行的，因为新文科建设主要依靠一线教师这个基本且庞大的群体。这就是我们在提出问题环节通过对现象（社会矛盾和冲突）的观察，再从专业角度（教育学）将其上升到教育学领域（科学研究、人才培养等宏观范畴）；通过文献阅读和文献综述一步一步锁定了本书要解决的问题——一线教师如何建设新文科，该问题有两个表现——新文科建设一直没有被拉到教育学的层面来观察和新文科建设缺少一线教师的观察视角。

接下来，在分析问题部分，本书要说明问题的成因，也就是为什么会产生一线教师建设新文科这个问题。原因依旧有两个，一个涉及如何建设，一个涉及为什么围绕一线教师这个群体展开。前者与没有将新文科建设拉到教育学层面来观察有关，后者与缺乏一线教师这个观察视角有关。本书提供的两个前提：针对第一个问题，其成因是高等教育研究人员缺乏教育学知识和基本研究素养，没有识别出新文科建设是一个教育学问题，以及即便将其识别成教育学问题，也没有准确定位其所属层面。针对第二个问题，其成因是目前从事新文科研究的学者没有考虑或者不了解高等教育内部的复杂结构，以及分散在不同环节的主体角色和分工，致使观察的视角是笼统的，不区分主体。这里还有一个追加的原因（前提），即对新文科建设的主要主体——一线教师缺乏关注。这是两个成因分析，这两个原因背后还可以继续追寻原因，图 2-9 由于空间原因没有写进去，我们可以用图 2-10 进行细节放大处理，帮助读者了解原因分析也有不同的层次。

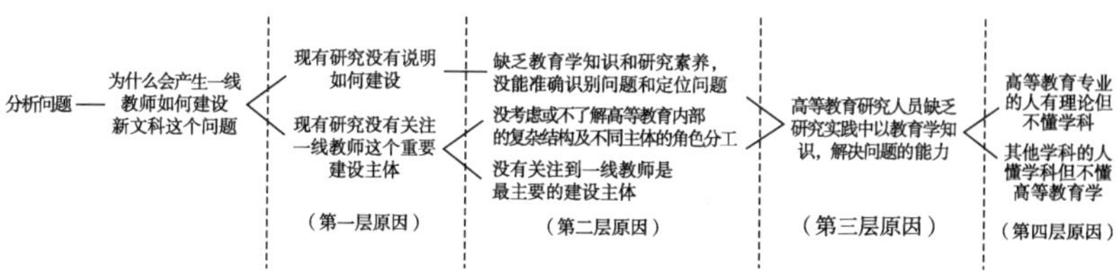

图 2-10　新文科建设的分析问题部分详图

总体的原因就是高等教育的从业人员包括一线教师基本上是非师范出身，不具备系统而专业的高等教育学理论知识，因此无法准确识别问题、定位问题甚至分析问题。是不是原因分析到这一层就结束了呢？不是的，还可以进行深层次的挖掘，从是否出身教育学可以将高等教育的研究人员分成两类：高等教育出身的研究人员和非高等教育出身的研究人员。按理说前者是可以识别新文科建设问题并且提供专业的分析和解决问题的视角的，后者由于缺乏系统的教育学理论知识而不能准确识别新文科建设问题以及不能提供专业的分析和解决方案。这里面还有一个问题，高等教育学的研究者不了解学科，即高等教育学的研究者只在自己的高等教育学范畴内打转，各个专业的一线教师懂学科但不懂高等教育学。新文科建设需要研究人员同时具备高等教育学的一般知识和所在学科的科研、教学经验。这样我们总算把这个原因分析出来了。

本书总算把分析问题部分介绍完了。这部分介绍得尤为艰难，因为本书对科学研究（新知识生产）部分采用的叙事逻辑是提出问题、分析问题和解决问题。科学研究是一个复杂的事物，提出问题、分析问题和解决问题只是科学研究或者新知识生产的一般流程，科学研究还涉及论证，论证之下还有分析等各项技能。分析这项具体的技能又跟论证和提出问题、分析问题、解决问题关联和嵌套。逼不得已，才在本部分的开头介绍了写作的流程、论证以及它们的嵌套关系，并在此基础上引入分析。分析本身就内容庞杂，占了很大篇幅，笔者始终担心这部分会让读者分神，毕竟没有一直在提出问题、分析问题和解决问题这条主线上叙事。

但最后我们把分析拉回到分析问题这条主线上，并结合本书探讨的主题——新文科建设，呈现了本书是怎么看待新文科建设的分析问题部分的。为了方便读者阅读，本书全程采用图表不断梳理和呈现所论之内容。只是讨论的主题是一个特别复杂的事物，我们必须采用多线索叙事，这一点也请读者理解和包容。在后续的阐述上，这种暂时离开主线、叙述支线的情况还会发生，但是笔者会尽量提示读者，我们只是暂时离开，为了更好地理解主线，我们必须把相关的支线内容先叙述一下。

（四）解决问题

1. 解决问题也涉及分析

由于有了上文关于图 2-4 至图 2-7 的叙述，我们能够在这部分较为轻松地阐述解决问题部分。首先，结合图 2-11、图 2-12（即上文的图 2-4、图 2-5）我们能够看出，解决问题是一个比较重要的环节，它是指从整体上提出与问题对应的解决方案。从科学研究的流程来看，解决问题是与提出问题、分析问题并列的具体环节。结合图 2-13、图 2-14（即上文的图 2-6、图 2-7）我们可以看出，从解决问题这部分来看，必须涉及论证，也与分析有密不可分的联系。也就是说，解决问题部分也涉及分析，分析贯穿研究的整个过程，对于这一点我们在总结的时候会一并解释。

2. 解决问题中分析的内容与分析问题中分析的内容不同

与分析问题部分的“分析”问题成因不同，解决问题部分的“分析”主要涉及问题的解决方案。也就是将问题的解决方案拆

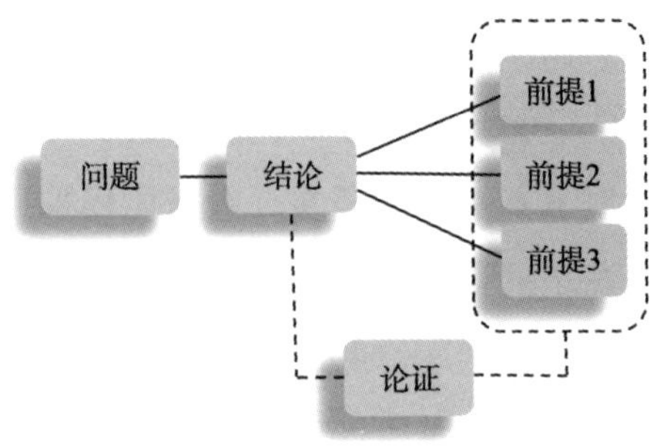

图 2-11　论证框架图

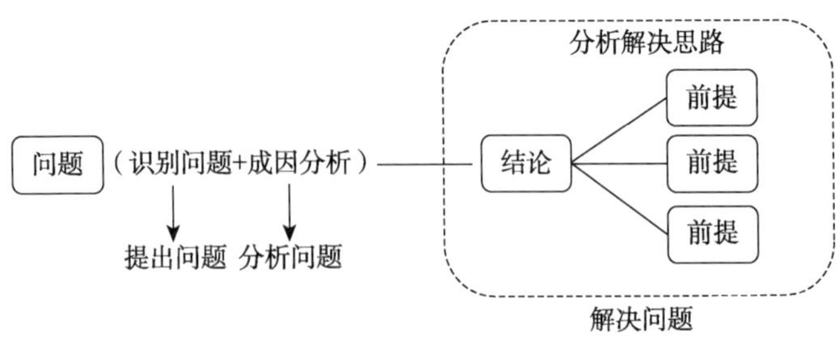

图 2-12　论证与提出问题、分析问题和解决问题的嵌套

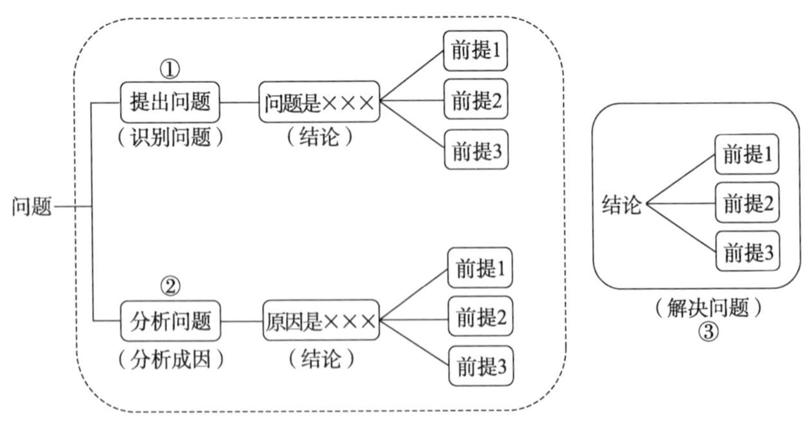

图 2-13　提出问题、分析问题和解决问题中的论证（1）

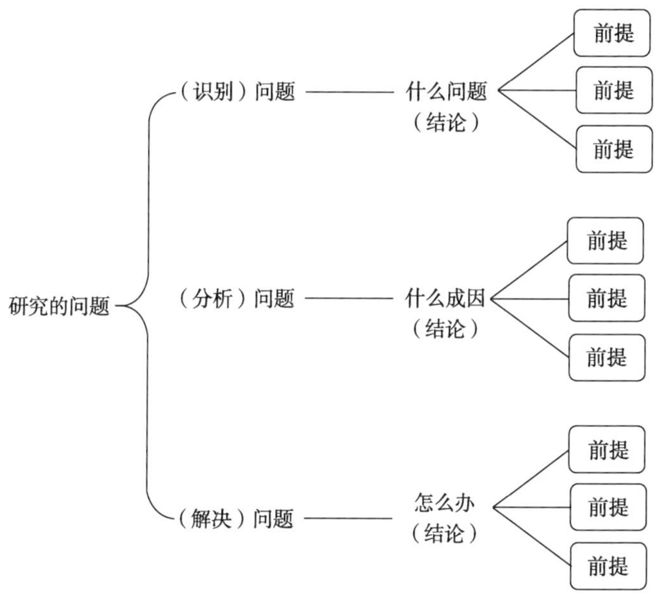

图 2-14　提出问题、分析问题和解决问题中的论证（2）

分，逐一呈现出来。每一个被拆分出来的部分都形成了结论的前提，所有的前提要与结论呈现出某种论证关系，或者构成演绎论证，或者构成归纳论证，或者构成类比论证等。

我们仍以上文说明分析的——张三杀人的案件为例，说明分析问题部分和解决问题部分的不同，以及分析在这两部分中分别起到什么样的作用。上文的分析主要指明为什么张三构成故意杀人罪，属于成因分析。把它定位为成因分析，是因为从案发到确定张三构成故意杀人罪，最后还有如何处罚的问题，即故意杀人罪怎么判处，有没有罚金，有没有从轻减轻的情节需要考虑等。从整体流程的角度来看，确定张三构成故意杀人罪是一个成因分析。如果律师仅介入庭审环节，那他只需要证明张三构成故意杀人罪就可以了。也就是说该律师不参与张三后续的处罚环节，那么对于这个仅介入该案的某个具体环节的律师而言，证明了张三构成故意杀人罪，解决问题部分就结束了。这同时向我们证明，科学研究既可以是全链条的，从宏观的角度提出问题、分析问题和解决问题，也可以是局部链条的，比如有的研究就通过分析论证提出了问题，证明问题的存在，这也能够构成一个独立的研究，内部也包含了下一个层次的提出问题、分析问题、解决问题，只不过这里的解决问题部分是为了证明问题是成立的或者是存在的。这类研究通常针对的是有无这样的问题，比如“×××的证成研究”，研究者主要是想证明这个问题是存在的、成立的。还有研究者围绕一个整体研究中的原因分析进行研究，如“×××的成因再分析——兼与 YYY 教授商榷”。这是对问题的产生原因有分歧而引发了研究。还有研究者围绕一个整体研究中的解决方案进行研究，即围绕解决问题部分产生的局部研究，比如“×××的解决路径再探析”。这是对问题的解决方案有不同的意见而引发了研究。比如，笔者目前从事的“一线教师如何建设新文科”的研究，你既可以把它看成是对既有研究的解决方案有不同的意见而引发的局部研究，也可以从“一线教师如何建设新文科”这个层面出发，把它看成一个整体，就如本书一样，呈现了在“一线教师如何建设新文科”之下的提出问题、分析问题和解决问题这个完整的研究链条。总之，什么研究是原因分析、什么研究是解决方案的分析取决于你观察和切入的视角。如果站在定罪和量刑相统一的角度来看，将上文关于张三构成故意杀人罪的分析看成分析问题部分，接下来我们要对该案进行处理，也就是解决问题——如何量刑。

还是先看法律规定（依据客观事实做出判断），《刑法》第 232 条规定，“故意杀人的，处死刑、无期徒刑或者十年以上有期徒刑；情节较轻的，处三年以上十年以下有期徒刑”。在刑事犯罪中，故意杀人罪依据具体犯罪行为的情节程度具体量刑，分为以下几种。（1）情节严重的，处死刑、无期徒刑或者 10 年以上有期徒刑。常见的情形有：①出于图财、奸淫、对正义行为进行报复、毁灭罪证、嫁祸他人、暴力干涉婚姻自由等卑劣动机而杀人；②利用烈火焚烧、长期冻饿、逐渐肢解等极端残酷的手段杀人；③杀害特定对象，如与之朝夕相处的亲人、知名人士等，造成社会强烈动荡、影响恶劣的杀人；④产生诸如多人死亡，导致被害人亲人精神失常等严重后果的杀人等。（2）情节较轻的，处 3 年以上 10 年以下有期徒刑。根据司法实践，主要包括：①防卫过当的故意杀人；②义愤杀人，即被害人恶贯满盈，其行为已达到让人难以忍受的程度而私自处死，一般是父母对于不义的儿子实施这种行为；③激情杀人，即本无任何杀人故意，但在被害人的刺激、挑逗下而失去理智，失控而将他人杀死；④受嘱托杀人，即基于被害人的请求、自愿而帮助其自杀；⑤帮助他人自杀的杀人；⑥生母溺婴，即出于无力抚养、顾及脸面等不太恶劣的主观动机而将亲生婴儿杀死。

从上述法律规定出发，张三犯故意杀人罪的量刑不属于情节较轻的范畴，应当在死刑、无期徒刑以及 10 年以上有期徒刑的范畴中量刑。由于案发后，张三及其近亲属积极主动向李四家属进行了民事赔偿，最后法院判处张三无期徒刑。这一解决问题的过程比较简单，我们可以用图 2-15 呈现。

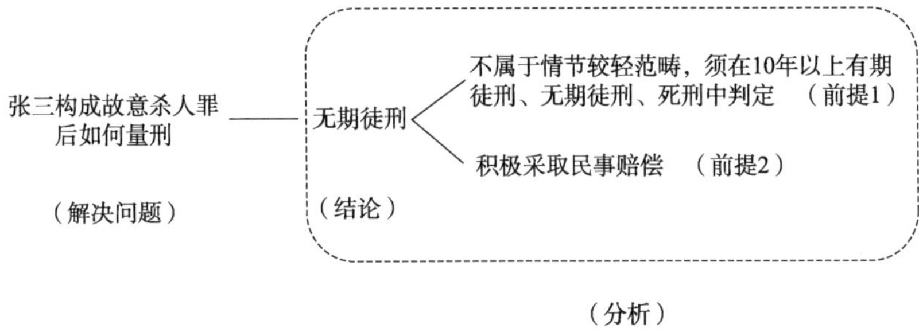

图 2-15 张三案件的解决问题环节

在图 2-15 中，张三案件最终的处理（解决方案）是张三被判处无期徒刑，这是结论。做出这个结论有两个前提：其一，张三的行为不属于故意杀人罪中情节较轻的范畴，只能在 10 年以上有期徒刑、无期徒刑和死刑中量刑；其二，法院考虑张三及其近家属积极主动向被害人家属进行了民事赔偿。根据这两个前提推出了无期徒刑的结论，这就是解决问题中的分析。这样我们就将张三案件中的解决问题部分处理完毕。由于张三和李四的纠纷，张三用镐头敲击李四头部致使其死亡这个现实中的矛盾冲突（现象级别的问题），上升为法律上的问题[①]，即张三构成什么罪（专业

① 本书只是从法律角度分析，事实上有很多社会学学者从社会学角度分析了为什么农村会发生这种恶性案件。这就不是法律范畴的问题了，但是它说明张三用镐头致李四死亡这个现象级别的问题可以被识别为不同学科的问题。本书是识别成法律中的刑法问题，即构成什么罪。

级别的问题）。我们在分析问题部分分析张三构成了故意杀人罪（分析问题），又在解决问题部分分析了张三构成故意杀人罪后怎么量刑（解决问题）。这样这起案件便处理完毕了，由张三案件引发的社会矛盾被解决（平复现实中被扰乱的社会关系）。需要指出的是，张三这个案件不涉及知识生产，没有新知识产生，只是为了描述什么是“分析”、什么是分析问题和解决问题。这应该是笔者能想到的，不论本书的读者出身于哪一专业都能较为轻松理解和接受的例子。用这个例子将提出问题、分析问题和解决问题的流程呈现出来，同时将论证和分析这些具体而专业又晦涩的内容展示出来。

3. 从新文科建设视角观察解决问题

本部分最后要强调的内容是回到新文科建设这个话题，就像提出问题、分析问题部分一样，我们再看看新文科建设的解决问题部分的思路是怎样的，其实这也是本书的思路。我们还需要借助上文的图 2-9（即图 2-16）。

我们已经在前面详细介绍了新文科建设的提出问题、分析问题过程是怎样体现研究的本质的，现在我们来到新文科建设的解决问题部分，即如何解决一线教师建设新文科这个问题。我们将前文图 2-8 中解决问题部分截取出来，进行细致的观察，参见图 2-17。

针对一线教师如何建设新文科这个问题的解决方案是从一线教师的基本工作入手建设新文科。一线教师的基本工作如前所述，包括其所从事的科学研究也就是知识生产，其负责的一门课的教

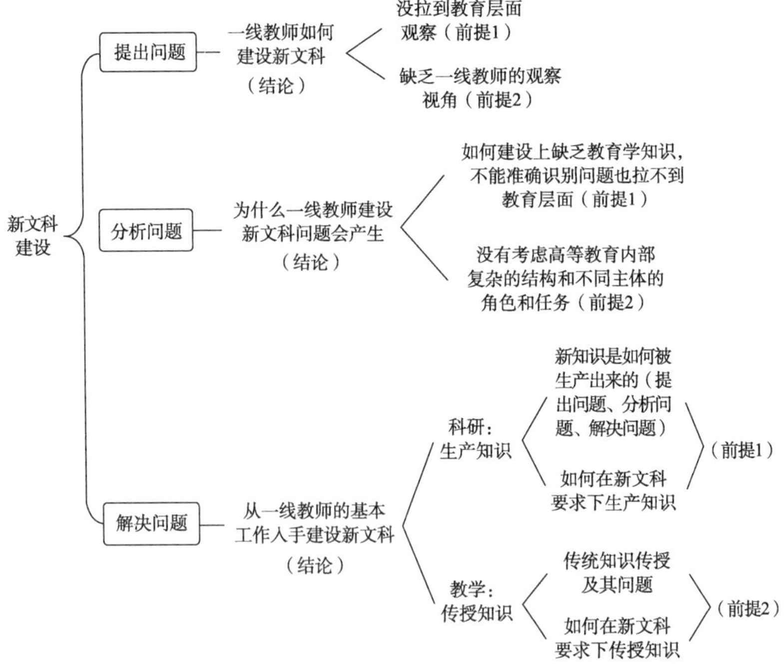

图 2-16　新文科建设的研究流程和论证关系

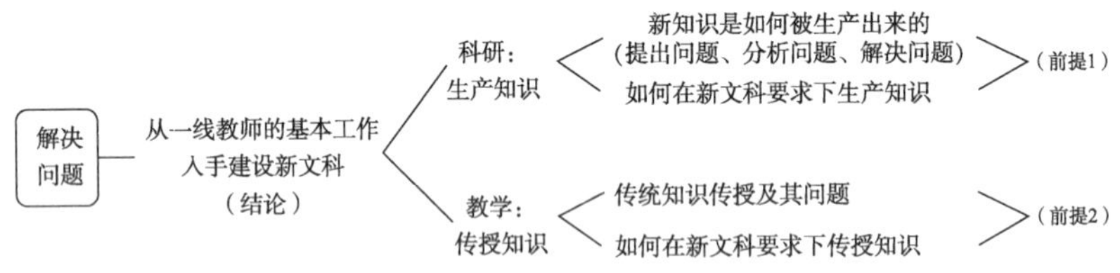

图 2-17　新文科建设的解决问题部分详图

学也就是知识传授。这样就产生了两个前提，这两个前提项下各自又有新的子前提产生。其中知识生产包含两个子前提——新知识是如何被生产出来的，以及如何在新文科的要求下生产知识。

另一个前提——知识传授中包含两个子前提：传统的知识传授过程和存在的问题，以及如何在新文科的要求下传授知识。[①]这样新文科建设（具体到本书关注的一线教师如何建设新文科）解决问题部分的思路就被我们勾勒出来。这里面包含几个论证，子前提推出的是前提（同时也是结论），前提推出的是结论。请读者细细体会这里面的论证关系以及分析过程。

综上，本书已将第二章新文科建设科研部分第一模块的内容——新知识是怎样被生产出来的阐述完毕。我们先来回顾和小结一下这部分的主要内容，结合图 2-18，新知识的产生[②]是由于现实中既有知识满足不了需要，因此产生了矛盾、冲突，这也被本书称为现象级别的问题。现象级别的问题被专业的研究者敏感地察觉到并将其上升为专业级别的问题，这在科学研究的流程上就来到了提出问题环节。提出问题是一个很复杂的过程，我们已经在上文详细描述，在此不再赘述。精准确定问题之后，我们就来到了分析问题部分。这部分非常艰难，我们需要先解释什么是分析，分析嵌套在论证中，论证又嵌套在提出问题、分析问题和解决问题的科学研究流程中，所以本书花了很大力气先将这些内容解释清楚，然后介绍分析问题就是分析成因。分析问题也是有结论的，研究者要对成因作出判断。成因分析完毕之后就涉及对这个问题的处理了，于是来到了解决问题部分。解决问题部分依然涉及分析技能，只不过此时“分析”的是解决方案的思路，跟分析问题

① 知识传授这部分具体在下一章展开，本章集中于知识生产的阐述。

② 事实上，历史上所有的知识都是这么产生的，既有知识在其所处的时代只有经过这个过程才能被当作新知识创造出来。

部分“分析”问题成因在内容上是不一样的。[①]解决问题的结论一经得出，就意味着研究的问题有了最终的结论（参见图 2-5 及其相关描述），即新知识产生。当我们运用新知识解决了社会矛盾和冲突之后，社会需求由于新知识的产生得到了满足。从新文科建设的角度观察这个进程，如果跟随本书的叙述一直到最后，你会发现本书对所提出的问题，即一线教师如何建设新文科在两个方面产生了新知识——如何在新文科的背景和要求下从事知识生产和知识传授。这两个方面系统的解决方案一旦推出，我们就能够解决一线教师在具体建设新文科过程中产生的困惑，从而解决国家、社会、民族、时代等在新文科建设中的部分矛盾和冲突。

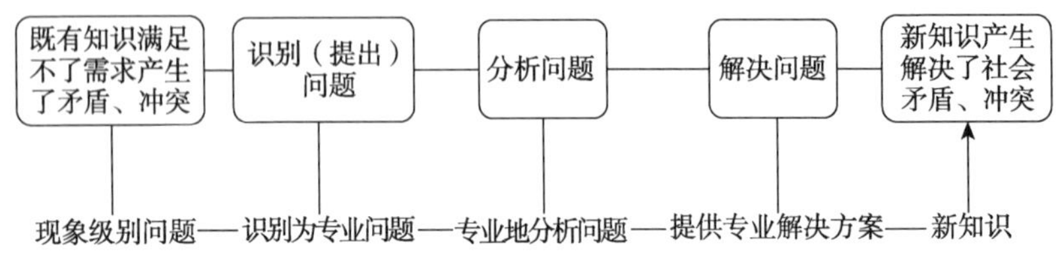

图 2-18　新知识是如何产生的

这一章的叙事是多线索的，而且穿插了很多例子，同时新文科建设既是本书研究的主题，也被当作一个科学研究的例子出现在提出问题、分析问题和解决问题等环节中。也就是说，笔者一方

① 事实上，科学研究的所有环节——提出问题、分析问题、解决问题都包含分析。还记得笔者在提出问题部分的文献综述中使用的分析论证这一概念吗？这也是分析，这是在提出问题中的分析。与分析问题和解决问题中的分析不同，提出问题中的分析是解构的，需要在既有研究中解构出现有研究成果的前提、前提到结论的关系。而分析问题和解决问题部分中的分析是建构的，即研究者需要建构出对相应部分的前提和前提到结论的关系。

面从常规的角度介绍了新知识是如何产生的，它需要经历提出问题、分析问题和解决问题的步骤；另一方面又将本书的主题——新文科建设是如何提出问题、分析问题和解决问题作为例子在相应部分呈现，希望不会引起读者的混淆，也请读者注意区分。这样我们就将新知识是怎样被生产出来的这一部分阐述完毕，接下来我们在这个基础上看一下新文科建设背景下一线教师应当如何生产知识。

二、如何在新文科背景下从事知识生产

（一）在新文科背景下从事知识生产的本质

这个问题可以被理解成如何将新文科的要求或者各个要素融入知识生产的流程中，即按照新文科的标准对一线教师的知识生产过程进行把控和评价。也就是说，研究者要有意识地进行知识生产，而不能漫无目的、循着惯例、“任性”地从事知识生产，要在新文科的要求和各项要素中进行知识生产。其实新文科建设不是对研究者的额外要求或者负担，而是科学研究（知识生产）的应有之义。作为一名人文社会科学研究者，其科学研究工作应该关注到国家、社会、时代等的需求，努力使自己的研究为国家的发展、社会的进步做出相应的贡献，这正是科学研究的意义所在。

由于一些众所周知的原因，我国人文社会科学领域的研究受西方理论影响很大，缺乏独立自主和原创性理论。这不仅导致我们长期受到西方的钳制，也无法对我国特有的社会发展问题提出准确而有针对性的解决方案。加之时代变迁、科技革命等各方面的影响，中国人文社会科学研究与中国社会发展之间的差距越来越大，需要有意识、有规划地将问题指出，通过顶层设计的方式加强引导，最终实现中国人文社会科学的发展。此外，研究者的研究素养也影响着中国人文社会科学理论体系的建立和服务社会的能力。一方面，很多研究者长期生活在大学校园，缺乏与社会的深度互动，研究格局和视野都受限制，不能准确、敏感地关注到国家社会、时代科技等方面的变化对自己研究方向的影响。另一方面，很多研究者在研究能力上还有很大的提升空间，这也是本书为什么在本章第一部分将知识生产过程作为主要内容进行阐述，这部分揭示的是研究的底层规律，对于一名成熟的研究者而言其实是不言而喻的。但是，对于绝大部分研究者而言，这部分的认知是缺乏的，进而导致了研究能力不足，不能支撑新文科的建设。究其原因，还是在于高等教育的人才培养方式上。我们一直强调培养创新型人才，即能够生产出新知识的人才。[①]这个问题对中国的高等教育而言是一个尚未完全解决的问题，我们始终在思考如何在高等教育领域掌握培养创新型人才的底层规律，使得创新型人才的培养不是随机发生而是能够被教育模式固定下来。可惜，这一思考还在继续，仍处于探索中。这就说明我们所关注的创新型人才培养问题还没有彻底从根本上得以解决。以上是对现有的、针对人才培养过程中出现的问题进行的一点反思。我们不要忘了，现在从事文科研究的研究者（一线教师）也是高等教育培养出来的，高等教育现在没有解决的问题（创新型人才培养），

① 创新型人才的含义其实就是能够推陈出新，在既有的知识基础上生产出新知识的人。创新也就是生产新知识，在各行各业都是如此。

在这些研究者是学生的时候更是一个问题，他们在接受高等教育的时候就没有被培养成训练有素的科研工作者，缺乏底层规律、思维的培养，表现在实际研究中就是不太会发现问题、分析问题，最终导致新知识生产能力偏弱。[①]

笔者每年会审阅大量的硕士、博士论文，这些研究生是我们的科研后备力量，他们的论文中出现的很多问题是他们并不具备基本和充分的科研能力造成的。笔者每年也有机会审阅大量的、各个学校的国家社科基金申请书，这些项目申请书同样存在问题意识缺失、分析问题过程不够严密等问题，究其根本，也是研究能力薄弱造成的。总之，由于我们的高等教育缺乏对底层科研思维和科研技能的训练，无论是研究生还是已经从事人文社会科学研究的研究者，其科学研究能力都没有发育完全。这也是目前中国人文社会科学研究不能满足国家、社会、时代要求的原因之一。所以，要想完成新文科建设科学研究部分（也即知识生产）的任务，一要加强一线研究者的研究能力，二要完善对一线研究者的学术训练和培训，使他们具备在新文科背景下从事知识生产活动的能力。笔者在上文已经详细阐述科学研究的基本规律、流程、方法以及要素，希望能够帮助一线研究者洞察知识生产的底层逻辑。在此基础上，我们进一步思考如何将新文科的要素融入知识生产的过程，使得学者们的科学研究活动满足新文科的评价标准。

---

① 这是针对整体情况而言的，并不排除个别研究者研究能力非常强。但是这些学者并不是因为高等教育对其进行培养而掌握了较强的研究技能，一部分是源于他们的素质和天赋。我们需要反思的是，为什么我们的教育不能掌控创新型人才的培养，反而使创新型人才的培养依赖自身的天赋而随机产生。

（二）新文科知识地图的重新绘制

在回答这个问题之前，我们需要先回顾一下本书第一章的新文科知识地图。由于新文科的既有研究分散、不成体系，整体上处于起步阶段，若想对处于这一研究样态的领域进行文献综述，就必须先勾勒出大致的、整体性的知识地图，这样才能帮助我们看清局部的、分散的研究究竟是处于整体性知识地图的哪一个位置，以便我们更好地在比较宏观、完整的图景下观察每一个从事新文科研究的研究者的局部研究视角。所以，这幅知识地图在本部分仍然具有指导意义。回顾表 1-1，我们将新文科知识地图涉及的关键词分成四组，A 组是背景，包括外围背景和文科自身问题的背景；B 组是建设动词；C 组是抓手或落脚点，主要是指既有新文科文献落在教育学的哪些范畴，使用了哪些教育学术语；D 组是结果，是指新文科建设想要达到的预期目标。从我们上述对新文科建设存在问题的分析，能够了解到，在 A、B、C、D 四个组目中，A 组和 D 组术语属于新文科建设的外围，不是新文科建设发生的主战场，是新文科建设发生的背景以及新文科建设完产生的效果，只有 B 组和 C 组的内容与新文科建设直接相关。结合我们上文对一线教师的主要工作——知识生产的分析，需要将新文科建设的相关关键词结合到知识生产的相关环节中，以确保新文科建设在一线教师的知识生产工作中得到落地实施。

本部分的研究依然要借鉴表 1-1，只不过我们要对这张表进行一些修改。表 1-1 虽然被划分成 A、B、C、D 四个组目，但是这四个组目所涉及的关键词主要源于既有的新文科文献。我们已经在上文指出现有研究的局限，包括没能落到教育领域，或者落到教育领域但没有落到准确的层面，即停留在教育的宏观和中观层面，没有进入微观层面，所以我们要对表 1-1 进行修改，使它准确体现哪些词汇与高等教育有关，哪些词汇与高等教育没有直接的关系。在与高等教育有关系的关键词中，哪些词汇涉及科学研究，哪些词汇涉及人才培养，哪些词汇涉及高等教育的宏观和中观层面，哪些词汇涉及本书关注的一线教师所处的微观层面。按照这个思路，我们将表 1-1 梳理成表 2-4 的状态。

表 2-4　分领域、分层次的新文科知识地图

A 组（背景）		B 组（建设类动词）	C 组（抓手或落脚点）	D 组（结果）
外围（A1）	**国际相关词汇：**国际视野、国际交流、全球新格局、世界水平、世界政治经济共同体、经济全球化、国际化、全球格局、百年未有之大变局、国际影响力不足、知识交流、国际对话、大布局、开放性、中外结合、文科国际化、全球治理、国际竞争、全球视野、世界舞台 **国家和民族相关词汇：**民族国家、国家战略、中国巨大变化、中国社会现实、国家命运、中国特色、使	**宏观和中观相关词汇：**创新、原创、交叉、融合、服务社会、服务需求、回应战略、生产、再生产、跨（学科）、整合、守正创新、价值引领、交流、建设、数字打通、继承与创新、	**学科相关词汇：**跨学科、交叉学科、学科内容、学科定位、突破学科、学科分类、学科自身发展、学科问题、跨学科联合学位、多学科集群为基础的现代书院制度、学科整合、跨类学科重组、跨学科课程群、优化学科、自主学科体系、学科交叉融合、新学科、超学科、共同体、重组学科、大交叉、大融合、大跨越、大凝练、文理交叉、交叉融合、多学科协同、学科建设、打通文理、学科界限 **专业相关词汇：**专业新方向、专业、新专业、一流专业、跨专业、专业结构	**与科研有关词汇：**话语权、话语体系、文化进步、软实力、自主理论、自主理论体系、价值观重塑、共同体、文化传承、文化自信、文化传统、多文化交流、理论自信、学科知识平台、哲学社会科学

续表

A组（背景）		B组（建设类动词）	C组（抓手或落脚点）	D组（结果）
外围（A1）	命、中国化问题、中国大国地位、本土需求、本国立场、家国情怀、顶层设计、国家战略需求、教育强国、民族复兴、中国实力、国家发展、新国情、强国、教育强国、走出去、服务国家战略不足 **社会相关词汇：**服务社会、社会需求、社会实践、社会矛盾、社会发展、社会全息化、社会场景巨变催生文科变化、古典主义、向大众靠拢、经济社会、社会需求、社会问题、社会服务、公共事务、公共理性、大学与真实世界 **时代相关词汇：**现代化及其发展、进程、新时代、历史节点、中国特色社会主义新时代、新使命、融合发展、新兴领域、实践需要、时代热点、时代需求、信息时代 **信息技术相关词汇：**信息化、数字化、科技革命、产业变革、	传统与发展、中外交流、共享与协同、传统与创新、优化、打通、配合、服务、配套 **微观相关词汇：**创新、生产与再生产、交叉、守正创新、价值引领、交流与中外交流、传统与创新等	**课程相关词汇：**课程主辅结合、跨学科课程群、新课程、课程教学体系、课程体系、课程内容、优化课程、通识课程、人文和专业课融合、主辅结合、金课、选课方式 **人才培养相关词汇：**人才培养、复合人才、交叉型人才、高级文科人才、人才培养体系、综合型高素质人才、时代新人培养、人才培养新模式、联合培养、领导人才、全球治理应用人才、通识人才培养、使命担当、人才综合素养、家国情怀、人文素养、专业能力、创新能力、写作能力、综合学科视野高素质人才、通识教育、培养目标、培养体系、培养模式、文科人才培养、通识人才 **师资、组织相关词汇：**师资队伍、学术组织、校内外"双师"队伍、教师队伍建设 **教育、高等教育等相关词汇：**教育、教学、教学质量、课程教学体系、实践教学弱化、文科教育振兴、教学改革、实践教学、理论与实践、终身学习以及实践能力、学习方式、教育发展、教育理念、教育模式教学质量、教育方式、高等教育、高教改	家、自主思想体系、人文赋能技术、中国学派、人文传统 **与教学有关词汇：**新时代人才、教育强国、六拔尖一卓越、价值观塑造

续表

A组（背景）		B组（建设类动词）	C组（抓手或落脚点）	D组（结果）
外围（A1）	数字人文、技术、产业、信息、新技术、新经济、数字、科技、媒体、新科技、新产业、新问题、大数据、数字技术融入、信息时代、现代技术、数字科技、媒体融合 **文化传统相关词汇：**文化多样化、文化自信、自己文化传统、外来文化文明、传承优秀文化、传统文化不足 **科学相关词汇：**自然科学、物理学、实用主义、自然主义、科学主义、科学精神、科学方法		革、高教自身面临挑战 **教材等载体建设相关词汇：**教材建设、期刊建设、图书馆建设、数字教材 **评价相关词汇：**评价、评价标准、评价制度、学术评价、评价体系 **招生相关词汇：**招生、招生名额、大类招生、生源构成 **科研相关词汇：**学术研究、科研模式、科研方法、研究方法、打通科研和教学、学术组织、学术评价、科学精神、研究手段、方法学、理念方法、方法转型、方法创新、问题导向、需求导向、针对性、问题意识 **管理类相关词汇：**管理模式、运行模式、管理方面、新管理标准、管理方法、新型管理组织 **协同平台类词汇：**协同式学科平台、现代书院、实验室建设、协同创新、超学科共同体、包容作用、平台意蕴 **育人相关词汇：**立德树人、育人、以育人为中心、价值引领、观念塑造、课程思政、以人为本、健全人格及协作精神、价值重塑 **微观相关词汇：** **科研相关词汇：**学术研究、	
自身（A2）	**笼统文科问题：**不重视、千校一面、没特色、人文社科边缘化、文科的知识过于精细化、专业化和学科化、缺乏实用性、交叉不够、技术融合不够、战略引领不够、要回应所有层面的关键词、文科自身发展、学术研究薄弱、问题意识、文科功能和核心素养、人文教育、			

续表

A组（背景）		B组（建设类动词）	C组（抓手或落脚点）	D组（结果）
自身（A2）	配合“四新”、配合通识、服务其他学科 **中国文科问题：**不成熟、不自主、不独立、仿效西方、现有文科解释困难 **外国新文科问题：**希拉姆学院新文科建设、欧美文科式微、文科教育的边缘化		科研方法、研究方法、打通科研和教学、学术自我评价、科学精神、研究手段、方法学、理念方法、方法转型、方法创新、问题导向、需求导向、针对性、问题意识 **涉及教学教育、高等教育等相关词汇：**教学、教学质量、教学改革、实践教学、理论与实践、终身学习以及实践能力、学习方式、教育发展、教育理念、教育模式教学质量 **课程相关词汇：**新课程、课程内容、优化课程、通识课程、“金课”建设 **教材等载体建设相关词汇：**教材建设、数字教材、新文科教材 **知识类词语：**知识创新、知识生产、知识分类、知识效用、知识格局、知识范式、知识问题、批判精神、探索未知、探索新知识、知识的整体性和体系性、知识丰富与能力提升、知识体系、改造知识体系、新的知识话语体系、思维训练、知识获取 **育人相关词汇：**立德树人、育人、以育人为中心、价值引领、观念塑造、课程思政、以人为本、健全人格及协作精神、价值重塑	

经过重新整合，表 2-4 向我们展现了新文科研究所涉及的关键词的不同类别、不同层次和不同领域。需要指出的是，很多词汇既可以在微观层面使用，也可以在宏观、中观层面使用。例如，创新在微观上是指一线教师在科研、教学领域的创新，在宏观层面上可以指整个学术研究体系、理论体系的创新；教学质量既可以指宏观的高等教育或者某所高校的教学质量，也可以指具体某一门课的教学质量；课程思政是全链条建设的内容，在宏观、中观和微观层面都有所涉及。所以，请读者具体区分这些词汇所使用的语境和场景。此外，表 2-4 的分类依旧是粗线条的，很多词汇的边界并不十分清晰，无法准确定位。再有，新文科建设毕竟处于初期发展阶段，笔者的研究也有一定的局限性，在日后新文科研究日臻完善的情况下还会出现很多新的关注点和新的关键词，因此表 2-4 缺失一些内容是正常的。无论如何，表 2-4 都能够帮我们解决一些问题，尽管这个表格可能存在缺陷，甚至是不够完善的。同时，表 2-4 的底层思路是清晰的，我们只需要将这个思路融合到知识生产过程中，为一线教师提供一个新文科建设的路径，至于表 2-4 不完善的地方就留给时间和后续研究不断补充好了。还需要指出的是，表 2-4 涵盖了科学研究和教学（宏观方面就是人才培养）两个方面，本部分只涉及科学研究，下一部分会涉及教学。

（三）新文科要素与知识生产过程的嵌套

新文科对文科知识生产提出了要求，也会用这些要求评价个体研究者知识生产的质量和效果。为了帮助一线研究者更好地理解新文科要素与个体知识生产过程的互动，笔者还是按照新知识产生的底层逻辑、流程，结合表 2-4 相应的关键词来分析新文科建设背景下应当如何从事新知识的生产。具体来看一下新文科对知识生产中的提出问题、分析问题和解决问题是如何要求和评价的。一线研究者的研究不能“任性”或者“随性”展开，要关注新文科对自己的知识生产活动的导向作用，将新文科建设要素充分融入自己知识生产的各个环节，循着新文科的评价指标开展科学研究。

1. 提出问题环节对新文科建设的呼应

从提出问题环节来看，新文科建设的本质是文科的发展（A2）满足不了外围（A1）的需求。在这个认识基础上，一线研究者要想建设好新文科，需要在以下几个方面提升自己的宏观视野和研究格局。

首先，研究者要了解所处学科（A2）的整体发展状态，以及更高一个层面的关于国际国内、国家社会、民族文化、信息科技等的宏观背景（A1）。这是新文科建设中研究者从事知识生产的广阔舞台。缺乏对背景的关注，研究者很难打开研究格局并将知识生产融入新文科建设中。

其次，研究者要深刻洞察 A2 与 A1 之间的互动，即所处学科领域对于社会需求的满足程度，找到两者之间的矛盾和冲突。这是新文科建设中科学研究的问题来源，也是最终研究的意义之所在——能够解决社会矛盾和冲突。

最后，研究者要在洞察 A2 和 A1 矛盾的基础上将其提炼为专业领域的问题，这是用自己的专业解决社会矛盾的必经之路，只有将现象级别的问题转化成理论级别的问题，各个具有表象特征的新文科建设问题才能在专业领域被识别和定位。

以上三点描述起来很简单，并对研究者提出了具体而明确的要求，但是想要做好是非常难的。

第一，研究者需要具有深厚的学科素养并在此基础上具备多学科的通识知识体系。研究者出身传统高等教育体系，是按照分科而治的方式培养出来的，知识体系多局限在自己的学科领域，对于学科的整体发展、前世今生、学科与时代的互动以及学科与国家、社会的发展之间的关系没有受过专门的培训，也很少有人在研究者成长的过程中提示他们将视野和格局放在学科整体和国家社会这样一个宏观层面上。这个问题很复杂，涉及通识课程的建立、多学科知识体系的建构等。此外，研究者接受高等教育后留在高等教育体系从事研究，他们从事研究的环境多半与真实社会和学科实践存在某种程度的脱节。这使得研究者的知识生产行为进一步脱离了社会，成为困在象牙塔里的、为己所用的赋闲之学。新文科建设强调研究者要具有相关领域的社会实践经历，就是想开阔研究者的研究视野、格局以及增强其对学科之外事物的把握和判断能力。这要求研究者具有较为深厚的学科素养和宽阔的多学科通识知识体系，然而由于我们现在的高等教育并没有提供完整的通识教育，我们培养出来的研究者仍然局限在相对狭隘的学科领域和范畴，并不具有完善的宏观思维和知识储备。

第二，研究者的科学研究必须以问题为导向，即满足一定的社会需求，解决一定的社会矛盾和冲突。这点是很困难的，因为我们的研究者在高等教育体系范围内接受的主要是知识方面的教育，缺乏解决问题的能力，更没有接受过专门的学术训练。这导致部分研究者不知道什么是问题，也不知道研究中的问题导向具体指的是什么。加之研究者与象牙塔之外的世界缺乏充分的联系，研究者对学术研究所处的宏观状态并不了解。这导致了研究者即便知道问题导向，也清楚自己的学术研究必须围绕问题展开，但是由于缺乏对真实世界的了解和掌握，他们并不能提出一个真实且具有意义的问题。这也是本书为何在本章第一部分详细介绍了知识生产的过程和底层逻辑，因为这部分的训练在整个高等教育体系范围内是缺失的。

第三，研究者必须找到真正的问题并阐明问题与 A1、A2 的关系，以及与 A1 和 A2 之间冲突的关系，如果不能，研究者在提出问题方面就失败了。如上文所述，研究者需要透视现象级别的问题并将其上升为理论级别的问题，这本身就是研究者专业能力的体现。如果我们只感受到了现象层面上的某种冲突或者矛盾的状态，而没有能力用自己所在学科的理论和具有学科标识的术语将这个现象级别的冲突或矛盾表达出来，那么整个问题就不能被拉到专业领域去观察和研究。我们上文所提及的新文科建设也存在这方面的问题，学者们在从事新文科研究的过程中，并没有将新文科建设拉到教育领域去思考，仍在一个相对广泛的政治、局势、社会、科技、文化等层面上从事宽泛的、不具有学科属性的讨论，这是不够专业的体现。虽然我们一直强调从事某一专业学术研究的研究者需要具备广泛的多学科知识体系，但这并意味着新文科建设要培养的是“杂家”，新文科建设需要的仍然是“专家”，只不过这个专家的知识金字塔的底层要有广阔的复合知识结构，这部分不是专业教育能完成的，而是由通识教育来完成。在将现象级别的问题识别为专业级别的问题之后，研究者需要准确阐述自己的问题与 A1、A2 的联系，甚至需要阐明自己研究的问题与 A1 和 A2 之间的矛盾冲突存在的联系。意识到这一点，研究者就能够明白，为什么在申请项目和撰写文章的时候总是被要求阐明自己研究的理论价值和实践价值。从简单的层面来解释，理论价值就是研究者的研究给 A2 带来的好处；实践价值是指研究者的研究给 A1 带来的好处。这里有一个前提，研究者的问题是建立在 A1、A2 之间矛盾冲突的基础上并由此产生的。

总结一下，在新文科建设背景下从事的知识生产，需要呼应表 2-4 中的背景部分关键词，即 A1 和 A2 以及 A1 和 A2 之间的矛盾冲突。如果研究者不能阐述自己的研究在提出问题部分与 A1、A2 以及 A1 和 A2 之间的矛盾冲突的关系，那么基本上提出的问题就是失败的。提出问题的失败是致命的，因为整个研究是链条性的，后续的分析问题、解决问题都是建立在提出问题基础之上的，这最终会导致整个研究的失败。

2. 三个分析环节对新文科建设的呼应

这部分没有办法像上一部分那样直接使用分析问题环节对新文科建设的呼应作为标题，原因是分析问题其实贯穿整个知识生产过程，结合图 2-19、图 2-20（即上文的图 2-6、图 2-7），我们重温一下上文对于分析的论述。因此，我们将三个分析环节放在

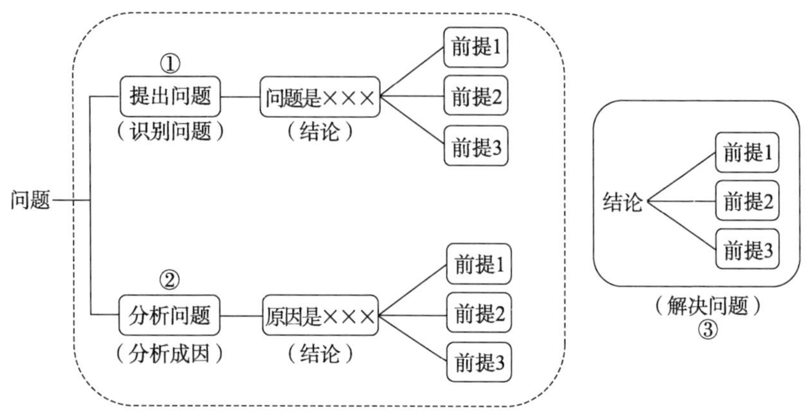

图 2-19　提出问题、分析问题和解决问题中的论证（1）

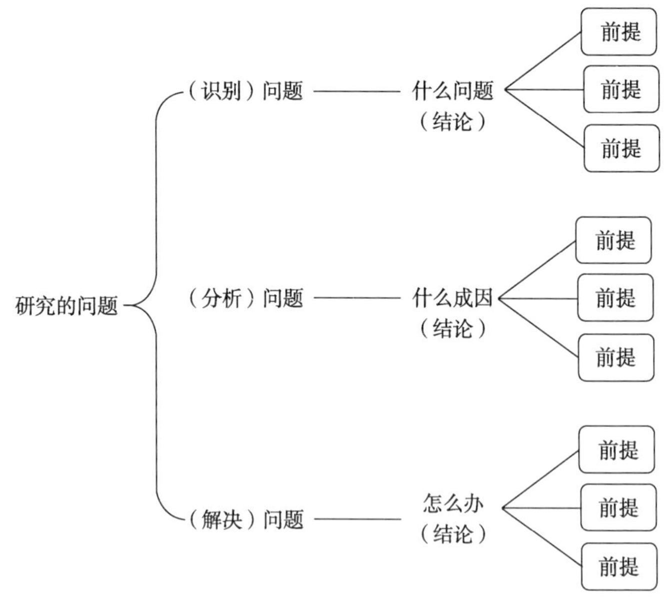

图 2-20　提出问题、分析问题和解决问题中的论证（2）

一起谈对新文科建设的呼应。更为深层的原因是，贯穿提出问题、分析问题和解决问题的分析环节其实是新知识生产的核心内容，这部分也涉及建设的实质，具有共同属性，因此适合放在一起谈它们对新文科建设的呼应。

1）研究者通常使用“学科知识”从事分析活动

首先，从上文分析并结合图 2-19、图 2-20 可以得知，分析过程贯穿提出问题、分析问题和解决问题的全过程。由于上文已经详细介绍了每个环节中分析是如何表现的，在此就不再赘述了。

其次，分析是指从前提到结论的过程，包括前提必须为真，前提能够推出结论。我们在上文提及了分析的三个特点：①分析是指拆分和考察；②分析必须具有逻辑性；③分析必须具有理论性。

最后，分析考察的是研究者的专业知识以及对知识之间逻辑结构的掌握。分析中的一个要素——前提，就是知识，是研究者所在学科的知识，研究者必须用知识进行分析，前提的表现形式必须是研究者所在学科的某一知识；分析中的另一个要素——前提能推出结论，其实是知识之间的结构以及其与结论的关系。所以，分析本质上是考察研究者的专业知识以及对专业知识之间逻辑结构的掌握，分析能力是研究者专业能力的体现。可以毫不客气地说，贯穿提出问题、分析问题和解决问题的分析环节是整个知识生产的核心工作。

介绍到这里，我们就能明白一件事情——为什么高等教育需要改革？因为单纯学习知识是不够用的。在问题解决的各个环节中，知识只是一部分，研究者需要用知识识别问题、用知识分析问题、用知识解决问题。在具体的某个环节中如解决问题部分（解决问题中的分析环节），知识只是前提，知识和知识之间的结构构成了前提到结论的论证关系。这两个要素推导出结论，结论解决了问题。在整个解决问题的四个要素中（问题、结论、前提、未表达前提），知识仅体现在前提以及前提到结论的关系中。目前高等教育是以知识传递为主，请读者回顾一下自己使用的教科书，教科书里呈现的是人类已有的知识，这种知识不能直接用于解决问题，需要转化成前提以及前提与结论的关系。这个问题我们在第三章会详细描述，在此仅稍微提示一下。

通过上述描述，我们已经知道，分析过程是要用到研究者的知识的，并且考察研究者对知识之间结构（逻辑）的掌握程度。传统上，文科的研究者是通过“分科而治”的方式培养出来的，他们只对自己学科内的知识比较熟悉，对于其他学科或者通识意义上的知识就不了解了。而现实中的问题有时候很复杂，并不区分学科，有时候是跨学科或者多学科问题，这就在问题的复杂性和研究者能提供的分析能力（只具有专业知识）之间产生了矛盾，使得只具有专业知识的学者对复杂问题的解决带有狭隘、学科视角，不能反映问题的复杂性。这个问题在现代社会尤其突出，社会分工和为了配合社会分工而进行的学科划分越来越细致，导致每个学科从整体社会发展来看都是局部和片面的，那么具有某个学科知识的研究者看问题也是局部、片面的。如果学者们没有意识到自己看问题的局限性，反而笃信自己研究的正确性，就会给社会发展带来不小的障碍。如果读者朋友在理解这一点上存在障碍，我们可以用医院会诊为例子来说明。在医院里，经常需要对患者进行会诊，也就是说虽然这名患者住在某个具体的临床科室的病房里，如心内科，但是这名患者同时患有糖尿病、高血压等多项疾病。对于这种复杂的基础病患者，通常心内科在诊断和治疗时需要同时叫上内分泌科、神经内科的专家进行会诊，在联合诊治的情况下对患者综合施救。这是在临床医学这个二级学科之下涉及多个三级学科知识解决问题的情况。这只是在一个学科的内部，我们看一下新文科建设对研究者的分析过程提出了哪些要求。为了解决这个问题，我们需要结合表 2-4 来阐述。

2）新文科建设对分析过程提出了新的要求

分析问题环节对新文科建设的呼应主要体现在表 2-4 的 B 组和 C 组，其中 B 组涉及的是建设思路，表现形式为各种动词；C 组涉及的是落脚点，即建设思路中针对的教育学领域中的对象。诚如上文所述，B 组和 C 组的内容分为宏观和微观两个层面，而本书针对的对象主要是一线教师，属于微观主体，因此 B 组和 C 组中只有微观层面的内容适用于本书的写作目的，请读者留意这一点。

我们先看 B 组词汇，能够被一线研究者使用的词汇大概①有创新、生产与再生产、交叉、守正创新、价值引领、交流与中外交流、传统与创新等。这些词汇中其实有一些是重叠和交叉的，如果进行简单的归纳，会发现创新、生产、传统、交流是 B 组中微观层面的核心词汇。下文我们会围绕这些被进一步归纳的关键词，深入分析新文科建设的要求以及这些要求如何体现在分析问题的过程中。

① 只能进行大概的分类，因为有些建设动词可以同时被宏观主体和微观主体使用。本书的写作目的不在于细致区分和界定这些词汇，只是提供一个分析的思路和思考问题的方式。

我们再来看C组词汇，与B组一样，C组词汇也有宏观、中观与微观层面的区分，一线教师主要围绕微观层面进行建设。值得注意的是，微观层面还进一步区分了是科研行为还是教学行为。涉及科学研究的词汇主要有科学研究、研究方法、研究精神、问题意识、需求导向、知识生产等。涉及教学的词汇主要有课程、教材、知识等。本部分主要围绕科学研究的词汇展开，教学相关的词汇将在下一章讨论。

第一，如笔者在上文所述，对于新文科的研究要落到教育学领域——C组相关微观词汇，并且要落到属于一线教师的微观层面。就科学研究角度而言，一线教师的主要工作就是科学研究即知识生产，在从事知识生产的过程中，需要具有问题意识、以社会需求为导向，同时知识生产的过程中要秉承研究精神和研究方法，这是新文科建设对于一线教师而言的几个落脚点。严格意义上来说，这几个关键词不在同一个逻辑层次，我们简单梳理一下这些关键词之间的逻辑关系。科学研究的本质是知识生产，科学研究需要秉承研究精神，采取相应的研究方法。科学研究是由问题和需求开启的。所以，上述关键词涉及科学研究的不同方面。本书的落脚点是知识生产，但知识生产也是一个过程，需要从提出问题、分析问题和解决问题这个知识生产流程进行解析。这部分内容已经在本章第一部分介绍完毕，我们详细介绍了知识生产的流程和本质，这也标志着本书将新文科建设的抓手和落脚点放在了微观层面。而从事新文科建设的研究者在开展研究的时候，要将其推进到知识生产这个本质和底层的微观层面，时刻提醒自己科研活动是为了在本研究领域内生产新知识。

第二，在解决完C组的落脚点问题之后，本书要解决知识生产过程中涉及的B组词汇。如上文所述，我们已经将B组的关键词进一步归纳为交叉、创新、生产、传统、交流这几个核心关键词。其中生产就是上文所指的知识生产的“生产”，意指新文科建设的本质就是生产，生产的对象是C组的知识。创新其实是强调知识生产的过程和结果是产生“新”知识。当然，创新也可以指知识生产过程的创新，比如提出一个新问题、使用一种新的分析方法、得出新的结论等。无论如何，这些存在于过程中的创新最终会导致“新”知识的产生。所以，创新既指新知识的“新”，也可以指知识生产过程中问题的“新”、方法的“新”和结论的“新”。“传统”一词，或者新文科建设中经常提及的“守正创新”，其实一方面指在生产新知识的过程中不能完全抛弃旧有的传统，要在传统的基础上创新。创新不是对既往的完全否定，而是批判继承、发扬光大。另一方面指在现代文科中，中国传统文化的地位不高，没有受到充分的重视，也没有发挥应有的作用。因此，传统提示研究者在从事新知识生产的过程中不能忽略中国的传统文化。交叉是指研究者在解决问题的时候需要具有交叉学科的知识和视野，现代社会的复杂程度使得很多问题是跨学科的或者需要从多学科角度进行观察。交叉落实到科学研究领域，一方面可以指问题是涉及多学科的，另一方面也可以指解决问题的方法是多学科的。因此，新文科建设中提到的“交叉”，其实是为提出问题、分析问题、解决问题服务的。交叉学科或者学科交叉不能盲目交叉。笔者参与过多所学校新文科教改项目的立项答辩，很多申请人在答辩的过程中使用了交叉一词。但当被问及为何交叉以及为何是这两个学科交叉时，申请人一般说不清楚，有的甚至说，我们学校的文科只有这两个学科，所以只能交叉这两个学科。这完全背离了新文科建设的规律，为了交叉而交叉，不具有任何意义。所以本书在本部分提及的交叉，一定是能够合理嵌套在知识生产过程中的，而不是空谈交叉。最后一个关键词——交流，可以是同行交流、跨学科交流、国内交流、国际交流等，它是指在问题分析的过程中提供多角度、多学科的观察视角，不能停留在自己的狭小空间和视野中。

以上是对新文科建设 B 组和 C 组中一些关键的、涉及一线教师的微观词汇的解读。这种整理是必要的，因为在日常生活中很多人使用着新文科建设的高频词汇，如交叉、创新、传统……却没有指明这些词汇的内涵，也没有将这些建设动词（B 组）融入我们的抓手也就是 C 组的落脚点里。这就导致新文科建设多数停留在口号上。我们应当回归科学研究的本质和规律去考虑新文科建设提出来的这些要素，这样才能将新文科建设落到实处。

分析完 B 组和 C 组中一些关键的、涉及一线教师的微观词汇的基本含义之后，我们回到分析环节看如何将新文科建设中的关键词融入分析过程。

3）新文科的要素如何落实在分析过程中

在上文分析完新文科的系列关键词，尤其是 B 组的交叉、创新、生产、传统、交流这几个核心关键词之后，我们就意识到，新文科建设其实对研究者的知识生产过程提出了扩充性的要求。原来的知识生产过程由于学科区分过细，研究者的知识局限在学科范畴之内，整个解决问题的过程不能“thinking out of box”，即跳出学科的范畴进行多角度观察。这种问题的复杂性与研究者能提供的有限分析范畴（依托专业知识）之间的矛盾（掣肘）越积越深，导致新文科建设的产生。新文科建设要求研究者在从事学科知识生产工作（即研究者自己的研究方向）时认识到如下几点并有意识地增强自己的分析能力、扩大自己的知识结构，最终满足新文科建设的要求。

首先，研究者需明确认识到分析考察的是知识底蕴和知识之间的逻辑结构。由于我们采取的是传统的人才培养模式（今天也面临这个问题），我们的研究者多是具备单一学科知识的人，在分析问题时主要使用的是自己的学科知识，并且没有意识到这种局限于学科的分析（解决问题的思路）有什么问题。生活中老百姓经常会对某些专家的言论嗤之以鼻或者特别反感，原因之一就是某些专家经常站在自己学科的角度考虑问题，不能综合看待问题，导致其“专业”观点难以被普通大众接受并且招致批评。

新文科建设要求研究者扩大自己的学科视野，跳出学科考虑问题，所谓交叉学科就是从这个角度考虑问题。新文科建设要求研究者扩大自己的知识结构，在本学科知识结构基础上掌握其他通识知识或者相关学科知识，这样就能够在分析过程中提供更为丰富的观察视角，前提就会变得多元、丰满。但是，交叉学科不是被设计出来的，也不是被想象出来的，更不是出于实际情况的便利在临近的、唾手可得的两个学科中随意整合出来的。交叉学科的本质是研究者能够提供复合知识背景用于分析问题，至于怎样交叉、交叉什么都是由问题决定的。比如 20 世纪末长期从事游戏开发的人员常常自学日语，那时候日语是通往高级游戏资源的工具。再如，笔者所在的专业，国际条约通常是以法语作准的，所以学习国际法的同时学习法语的大有人在。还有人学习了西班牙语，因为除了英语，西班牙语的覆盖面也非常广。所以，学科之间的交叉完全是由问题（需求）决定的。此外，根据研究者的研究方向、研究层面、研究动机和研究目标，交叉的内容有所不同。比如，笔者在带领新教师参观黄大年教授纪念馆的时候，馆长于平教授向我们介绍，黄大年教授为了解决地探特殊需求学习了无人机技术，生产出专门适合自己研究的大载重无人机设备。黄大年教授为了实现整个科研链条的完整化，要求团队拥有自己的软件，防止软件“卡脖子”。在黄大年教授的带领下，团队成员都具有相关学科的交叉知识。于平教授说，原来团队的研究方向只是整体方向中的一环，自从黄大年教授回国，团队就朝着全过程、全链条闭合的方向发展。相应地，团队整合了很多相关学科的知识。这才是交叉学科的本质和规律，由问题决定、由研究需求引导的学科交叉才是真正的交叉。只有对新文科建设中科学研究的学科交叉进行正确的解读，才能保证学科交叉以及新文科建设的落地。

但是，新文科建设并不是要培养“杂家”，依旧要培养“专家”。也就是研究者仍然要以自己的学科知识为主，只是学科知识对于自己研究方向中的问题解决不够充分，为了更好地解决问题、更好地生产新知识，需要进行辅助知识的补充。交叉学科知识要服务于研究者的专业知识，我们并不提倡培养各种知识都具备，但又分不清主次、不能服务于问题解决的“研究者”。

其次，研究者需要意识到实践经历的重要性。文科研究者一定要深入专业相关的实践部门去体验知识在实践中的应用情况。如前所述，知识分为显性知识和隐性知识，在教科书上学习到的都是显性知识，在生产生活等实践活动中还有很多与学科相关的隐性知识。此外，在生产生活中知识存在的样态是不一样的。教科书中的知识是按照学科知识体系的逻辑排列的，我们看到的都是概念、名词、术语、特征、内涵和意义。实践中的知识是存在于应用状态中的，是围绕实践问题的解决重新整合排列的。新文科建设还强调一线教师要具备实践经历，要掌握上文所述的隐性知识以及应用状态中的知识。这样一线教师将这些在实践经历中获得的知识无论用于科学研究还是教学都能够深化自己所从事的工作。这一条新文科的要求与上文的交叉学科类似，都是希望研究者在分析环节能拥有更多的知识而不是局限在书本知识中提炼前提，构建前提和结论之间的论证关系。此外，新文科还提倡交流的重要性，无论是学科之间的交流、国内交流还是国外交流，都能够开阔学术视野，关注别人的观点、立场以及研究。这会为研究者从事自己的研究、分析问题时扩充前提、提炼新前提提供可能性。

最后，研究者要时刻将创新作为知识生产的终极目标，并将其贯彻到知识生产的全过程。如上文所述，创新既可以指结果上新知识的产生，即新知识中的“新”，也可以指知识生产过程中每个环节的创新。比如，在提出问题环节提出了一个新问题；在分析问题环节使用了新的分析方法，如法学问题使用了经济分析方法等（学科交叉）；在解决问题环节使用新的路径得出了新的结论。从这个意义上来看，融入行业经验、使用交叉学科知识等都是创新的表现形式。此外，研究者需要关注的是，创新有大小之分，如上文所述，跟随性研究的创新性不足，如长期以来我们在人文社会科学领域中的许多研究都跟随西方，比如西方经济学、西方法哲学、西方哲学等，不少学者的研究范式是在西方既有的理论框架下去验证该理论是否正确，尽管他们面对的是全新的中国社会环境和社会问题。新文科要求的不是这种跟随性研究，而是从问题开始并由问题引导的整体理论创新，要突破西方理论的束缚。但是这种突破不意味着完全否定，而是在继承合理部分的前提下对既有理论体系的发展，同时发展出适合中国社会、具有中国特色、能够解决中国特殊问题的自有理论体系，目的是使中国社会获得更为充分、丰盈和长足的发展。此外，创新的过程中不能抛弃对中国传统文化的理解和融入。中国的问题具有中国属性，中国的文科在近百年的西学东渐中被放在一个特别没落的环节和地位，这导致中国的文科积淀、文化潜力没有得到释放，没有对现代文科形成补给以及供养中国的社会建设。因此，新文科建设提出了守正创新，提出了传统与现代的关系，是希望研究者在研究的过程中关注中国传统文化。

以上是本书对新文科建设对于研究者的科研活动要求的理解。本书先是指出整个分析环节是知识生产的核心，贯穿提出问题、分析问题、解决问题的全过程，并指出分析的本质是使用知识提炼前提并以逻辑的形式推导出结论。因此，研究者的知识储备和知识结构直接决定着前提的质量，也决定着问题的解决、结论的得出和最终新知识的质量。长期以来，我们的研究者受制于学科知识（原因有很多，如传统人才培养方式），致使分析环节中使用的前提局限在学科视野，狭窄且片面，进而使研究质量大打折扣，不能满足中国社会对文科知识生产的要求。由于现代的问题具有多学科的复杂性，新文科建设为完善研究者的知识结构，使其在分析过程中的前提能够更宽阔、更完善，也更适合问题的解决而提出了交叉学科、实践经历、交流和创新等要求。这样新文科建设对个体研究者知识生产过程的核心环节完成了评价和指导。每位文科研究者在自己的研究领域内，在知识生产过程中都要照顾到新文科的这些要求，这也是扩展自己的研究、扩大自己的学术视野、提升自己的学术能力的契机。更为重要的是，未来这些建设要素会成为评价研究者学术研究成果的指标。

3. 解决问题环节对新文科建设的呼应

1）结论是科研活动产出的“新”知识

其实解决问题环节涉及的“分析”内容在上文已经讨论过，确切地说，这部分只涉及解决问题中的结论，而不包括分析过程。也就是说本部分围绕的是图 2-21、图 2-22（即上文图 2-5、图 2-6）解决问题部分的结论，这也是整个研究的结论。

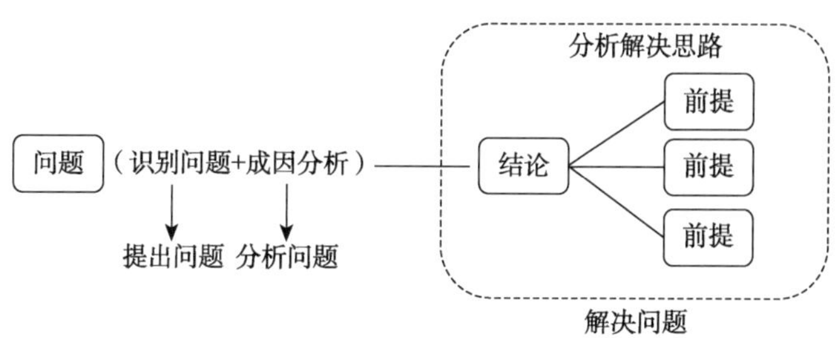

图 2-21　论证与提出问题、分析问题和解决问题的嵌套

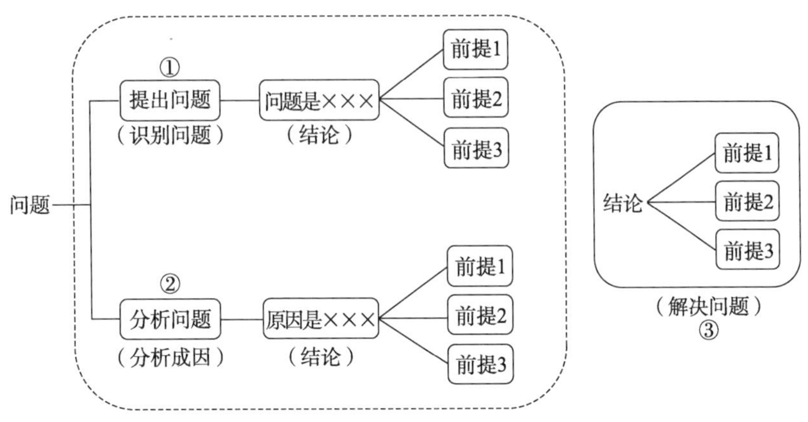

图 2-22　提出问题、分析问题和解决问题中的论证（1）

从知识生产的角度来看图 2-23，结论就是解决方案即新知识。一方面，对于知识生产而言，结论对识别过程中提出的问题给予了回答；另一方面，结论对现象级别的社会矛盾、冲突起到了调整和平复的作用，既有知识的匮乏导致的社会问题得以解决。不可否认的是，文科的学者一直在解决问题，一直在提供新知识。但是新文科建设对个体研究者知识生产的结果，即新知识提出了一些要求。这部分其实是呼应表 2-4 中的 D 组——建设结果。与之前讨论的 B 组和 C 组关键词不同，D 组和 A 组的关键词并不区分宏观和微观，整体都是偏宏观的。这是因为 D 组是从宏观的角

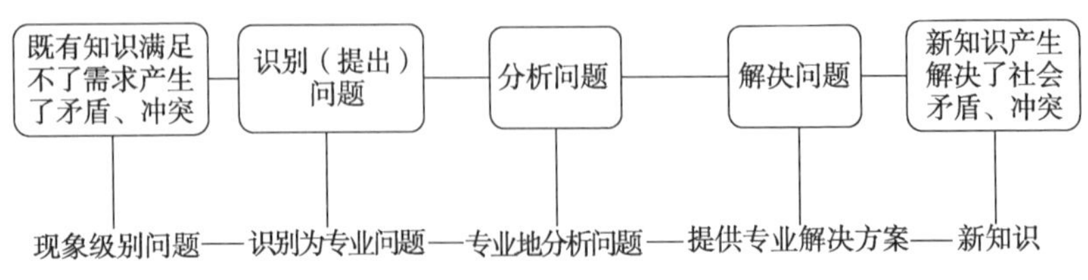

图 2-23　新知识是如何产生的

度来观察和审视经过科学研究（知识生产）过程被生产的“新”知识应当达到的效果。

2）新文科对生产出的“新”知识的要求

从表 2-4 中 D 组的实际情况来看，关键词被区分为科研和教学两大类，其中科研方面的词汇主要包括如下几个：话语、文化、软实力、自主理论、赋能技术、哲学社会科学家、中国学派、价值重塑。也就是说，新文科建设背景下，个体的知识生产活动最终产生的新知识要能够使中国的话语权得到提升、文化得到发展、软实力得到提升，有助于自主理论体系的形成、赋能科学技术、实现全社会价值观的重塑；从研究者角度来看，能够产出哲学社会科学家，研究群体能够形成中国学派。未来的知识生产要从以上几个方面进行评价。

对于从事知识生产的研究者而言，在自己的科学研究活动产出结果的时候就要进行自我评价，自己的研究有没有对上述提及的几个方面做出贡献。如果没有，这种科学研究恐怕未来在学术评价中是非常被动的。而且，我们关注到自主理论体系、中国学派这种比较宏观的、集合性词汇并不是单个研究者的研究就能支撑起来的，需要某一学科的研究者共同研制学术目标，围绕结果进行有意识的知识生产，这也是学科建设的意义所在。在中国，有超过 3000 所高校，仅笔者所在的法学学科就有 700 多所法学院。法学学科下设 10 个二级学科，笔者所在的国际法是其中之一。以吉林大学法学院国际法为例，共有研究者 10 人，每个人都单独承担相应的知识生产工作，同时也是国际法这个群体的一部分。学科建设就是要在小到个人，中到国际法系这样的二级学科中定位我们的知识生产结果能为新文科建设做出什么贡献。这涉及笔者所在学科的学科发展定位问题。国际法的研究方向很多，我们只有10位研究者，不可能面面俱到。如果每位研究者都各自从事自己的研究，就会失去合力，从而使整个二级学科的建设无法获得集合性或者群体性成果，这种集合性成果是构成理论体系、学派的必要组成部分。因此，在考虑建成中国学派或者自主理论体系这种集合性、群体性建设成果的时候，不仅涉及个体研究者，还涉及建设单元如二级学科、一级学科、学院、不同高校的学科怎么建设。

结论部分相对简单，只涉及新文科建设下如何评价研究者科研活动产生的新知识。从知识生产的属性来看，新知识要能解决社会矛盾和需求，这也是科研活动开启的初衷。从新文科建设的要求来看，新知识要能够为话语权、文化进步、软实力提升、自主理论的形成、赋能技术、哲学社会科学家、中国学派、价值重塑做出应有的贡献。这就要求研究者时刻检视自己的研究成果和生产出的新知识，意识到自己的知识生产活动会在一个更为宏观的层面被检视，不断扩大自己的研究格局。再者，新文科建设的预期结果要求也是未来评价研究者学术研究成果的指标。

（四）新文科背景下个体知识生产的评价指标体系

通过上文对新文科建设若干要素的拆解并将其融入知识生产的过程，我们发现，新文科建设的本质在科研领域其实就是要求研究者在从事知识生产的过程中融入新文科的要求，而且未来研究者的研究活动（知识生产过程及结果）必须按照新文科的要求进行评价。为此，我们结合上文的分析，绘制了新文科背景下个体研究者知识生产的评价指标体系，如表 2-5 所示，一方面可以将其提供给研究者进行自我检测、指导科研活动，另一方面也可以为目前尚未形成一致看法的新文科评价问题提供一些建议。

通过表 2-5 我们将知识生产活动的每个环节从科学研究和新

表 2-5 新文科背景下知识生产（科学研究）活动的评价

知识生产(科学研究)			学术研究评价（C 组）		新文科要素评价	
知识生产过程	提出问题	问题	有社会根源	1～5 分（ 分）	能阐述问题与 A1、A2 的联系	1～5 分（ 分）
			理论提炼准确	1～5 分（ 分）		
			真问题	1～5 分（ 分）	能描述问题来自于 A1 与 A2 之间的矛盾和冲突	1～10 分（ 分）
			有研究价值	1～5 分（ 分）		
	分析问题	成因分析	分析过程准确	1～5 分（ 分）	能阐述与 B 组关键词如交叉、创新、交流、传统、文化等的关系	1～10 分（ 分）
			前提为真、有理论性	1～5 分（ 分）		
			论证严密	1～5 分（ 分）		
	解决问题	解决思路分析	分析过程准确	1～5 分（ 分）	能阐述与 B 组关键词如交叉、创新、交流、传统、文化等的关系	1～10 分（ 分）
			前提为真、有理论性	1～5 分（ 分）		
			论证严密	1～5 分（ 分）		
		结论	产生了新知识	1～5 分（ 分）	能阐述与 D 组关键词的关系	1～10 分（ 分）
汇总				总分	汇总	总分

文科要素两个方面进行了评价，其中知识生产活动本就是科学研究（即本书的落脚点 C 组），科学研究有自身的规范和要求，如是否有问题意识、是否准确定位问题、成因分析、结果分析等各种指标，最后还要评价是否属于新知识、创新性是否充分。新文科对科学研究（知识生产）的过程有额外的要求，这些要求具体体现在表 2-4 的 A 组、B 组和 D 组的一些关键词如何落实在具体的知识生产过程中。笔者并没有具体展开 A 组、B 组和 D 组的基本内容，这留待后续相关部门结合自身的实际情况自行补充，本书只是提供一种评价的思路和可能。表 2-5 的制作可能比较粗放，赋值也不够精准，但请读者体会其中的精神，即我们未来的知识生产活动一定要秉承科学研究底层的思路展开，以及这种科学研究活动必然受到新文科各种要素的评价。

本书之所以对科学研究底层思路①进行细致的解读（本章第一部分内容新知识是怎样被生产出来的），是因为很多研究者并不清楚科学研究的本质和底层逻辑。研究者在作为学生接受培养的时候只是形成了一套完整的学科知识体系，他们既不了解这套知识体系是如何产生的、经历了哪些过程，也不知道这套知识体系如何被应用于实践中解决问题，更不知道如何在既有的知识体系上创造新知识。因此很多研究者即便毕业从事了科学研究，也缺乏基本的学术训练，并不能规范、熟练、科学地开展知识生产活动。从上文的分析可以看出，既有的知识是前人在面对当时社会的矛盾和冲突时，经过科学研究生产出来的，同样，新知识也只能是

① 即知识生产过程，包括提出问题、分析问题和解决问题，具体到每个环节还包括什么是问题、问题的来源；什么是分析、分析的具体要求等。

当代研究者在面对当代社会的矛盾和冲突时，经过科学研究生产出来的。同时我们要意识到，在问题的解决过程中，知识只是其中一个要素，另一个要素是知识如何被整合以及以何种顺序和逻辑应用于问题的解决中，这就涉及逻辑思维。对于专业知识，当代的研究者是很熟悉的，但是他们对于逻辑思维即知识应用于具体的问题解决的思考过程是生疏的。因此，本章在第一部分详细论述了知识生产的底层逻辑，目的在于使研究者脱离经验性的、感性的、模糊性的知识生产活动，将知识生产活动纳入良性、有序和科学的范畴。这也是表 2-5 的评价体系当中专门列出对科学研究（知识生产）的具体过程展开评价并指明其评价指标的原因。

此外，本书研究的是新文科背景下的知识生产过程，对于这种科学研究活动，必然少不了将新文科的要求纳入知识生产过程中进行评价。因此，就有了表 2-5 中第二类评价标准，即对知识生产过程中的具体环节进行新文科要素的评价。这些要素完全来源于本书梳理的新文科建设知识地图，再者这些要素的设计是基于我们之前对知识生产过程，以及如何在新文科背景下从事知识生产的规律探究，只有这样才能将新文科的建设要求具体落实到一线教师的科研活动当中，实现新文科建设的可操作性。

本章介绍到这里已经接近尾声，笔者还想强调的是，本书对于新文科背景下知识生产活动的探索只是一种尝试，这种尝试是为了将之前停留在较为宏观层面的新文科建设推进到较为微观的层面，表现在科学研究这个环节就是推进到知识生产并且落实到每个具体的生产环节。同时，研究者还要能够识别新文科建设的各个要素，对它们进行分类，将经过分类的要素融入被分解的具体的知识生产过程。本书在这部分的写作可能存在着不足，但是这种方式即按照高等教育的规律和从一线教师这个重要的建设主体出发，细致分解一线教师的基本职责和建设任务，同时将新文科的要素进行细致分类，最终将两者在微观层面上进行融合无疑是一种使新文科建设具有实操性、可以落地的尝试。也希望读者在阅读时能够继续提供建议，使本书的思路在后续可以得到进一步完善。

第 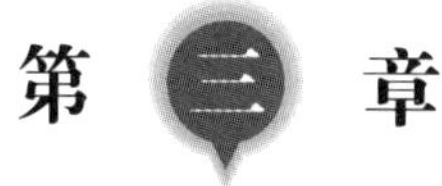 章

一线教师建设新文科之教学

——如何在新文科要求下从事知识传授

本书已经在前面铺垫了许多关于一线教师的本质工作——知识生产和知识传授，在此就不再解释为什么是这两者以及这两者之间的关系。其实大学教师本就具有双重身份，身份之一是科研工作者，也就是本书所说的研究者或者科研人员；另一个身份是教师，而且是一线教师，并不是什么教辅人员或者行政管理人员。作为科研工作者，大学教师的本职工作是知识生产，也就是科学研究，这部分内容我们在上一章已经论述完毕；作为一线教师，大学教师的本职工作是知识传授，目的是培养人才，只不过人才培养这个词过于宏大，我们还是从一线教师耳熟能详，而且每天从事的工作——知识传授来描述。在结束了上一章有关一线教师（在上文的表述多为研究者）知识生产的论述之后，本章我们将详细论述一线教师的另一项本职工作——知识传授。

对于一线教师而言，知识传授包含两方面的内容，一是课程，二是教学（把课程内容转化成教学过程，即课程教学）。从一线教师从事的教学研究活动可以看出，一线教师经常向教务处申报的

教学项目就包含课程建设和教学改革两个方面的内容。课程从最为简单的含义去理解是指我们教什么（what）给学生，即涉及内容，它的载体是教材。课程教学或教学过程是我们怎样（how）通过某种流程设计安排把既定的内容传递给学生。前者是“what”，后者涉及“how”。无论是课程还是课程的载体教材抑或是课程教学，都是非常专业又充满分歧的教育学概念，它们的背后有着非常复杂的理论和各个学派之间的争论。作为一线教师，没有必要过多深入这几个概念背后的复杂理论和争论去深度理解，我们只要从常规的、与日常工作有关的角度，对这些概念加以理解就可以了。所以本书对于知识传授涉及的两个模块——课程（包含教材）和课程教学选取了简单的内涵——教给学生什么（what）和怎么教（how）。此外，这里还需要对上文进行回应——为什么本书先论述了科学研究也就是知识生产部分，再阐述知识传递部分？原因是知识生产部分的内容会直接导致课程内容的变化，即学科知识生产是课程和教材的来源。从这个角度来看，新文科建设先是一个科研问题（也即知识生产），然后才是一个教学问题。这一点希望读者能关注到。

本章的内容是按照如下安排展开的。首先，我们观察一下目前高等教育在课程和教学方面是一个什么样的状态，这个状态引发了哪些问题，即为什么要建设新文科。其次，我们看一下新文科建设对于课程和课程教学两个方面有什么样的具体要求。最后，我们看一下在新文科建设的具体要求下怎样建设课程和完善教学过程。

一、传统模式下知识传授的特点及问题

（一）课程（教学内容）

直接反映教学内容的载体就是我们日常所使用的教科书。翻开目前绝大多数的文科教科书，你会发现，教科书是说明文，教科书所承载的知识是按照学科内部的逻辑排序的，目的是让学生掌握一套学科知识体系，见图 3-1 左图。然而如上文所述，知识在现实中并不是按照知识体系排列的，而是围绕问题被整合的，见图 3-1 右图，这被我们称为知识体系和知识图谱。

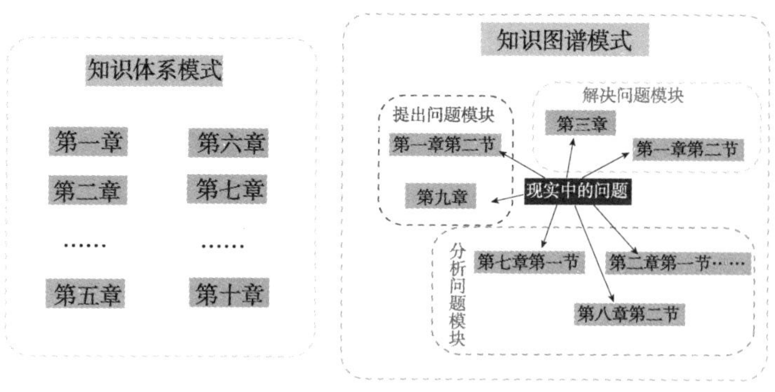

图 3-1　知识体系和知识图谱

图 3-1 左侧描述的是存在于教科书即学科知识体系中的知识被整合和呈现的样子，它的主要逻辑脉络是学科内部的逻辑并以章节方式体现，多数就是概念、名词和术语按照内涵、特征、发展和意义等方式呈现。如法理学教科书，开篇即言明法的概念，接下来是法的特征和法的运行等内容。如医学教科书，会告诉你内科、外科、妇科、儿科等知识，但不会告诉你实践中人是怎么

得这些病的。这种呈现逻辑完全是学科知识架构的逻辑，跟现实社会和生活没有直接的关联。

举几个例子来说明这种以学科逻辑排列的知识体系给学生的学习带来的困扰。在我们法学院，学生会在大学期间接触几十部法律，不乏民法、刑法、商法、经济法、宪法等重要的法律。有一次，一名学生很沮丧地问我："老师，我都学习了三年法律了，为什么放假回家的时候，我妈问我隔壁老王的债务需不需要父债子还这么简单的问题我都回答不了？"我说，因为你只学了知识，并不会用这些知识解决现实中的问题。医学生也是如此，平时在医学院学到的都是×××器官、×××病变及其特征等描述性和说明性的疾病信息。到了临床，学生会发现病人得的病并不是按照教科书描述的顺序表现出来的。

实践中知识是怎样呈现出来的呢？我们看一下图 3-1 的右侧——知识图谱。在生产和生活实践中，知识不会按照教科书的模样以章节的顺序呈现，而是围绕实际问题被重新整合。你会带着问题找到知识点之间新的联系，你会发现这个 A 知识点出现在你学习时的第三章，B 知识点出现在你学习时的第八章，C 知识点出现在你学习时的第十章……它们原本散落在教科书不同的章节中，由于现实中的问题和你的思考将它们连接在一起，你发现了这些知识点之间新的"关系"，并且知道了 A 推出 B，B 推出 C……这种内在的逻辑。这个时候，思维（或者说为了解决问题）让这些以学科体系存在的知识突破了原有的知识体系和排列顺序，以实践中的问题为导向，以解决问题为目的，构建起知识之间的"新联系"。这就是知识体系和知识图谱之间的区别。对二者进行比较并不是要得出孰优孰劣的结论，而是要让我们充分认识到这两者所产生的培养效果是不同的。知识体系的好处在于学生在系统学习完之后能够具备一套完整的知识体系，缺点在于不满足应用的需求；知识图谱的好处在于学生能够掌握某个或某几个知识点在实践中是如何运用的，缺点是不具有体系性。也就是说，学生虽然具有解决问题的思维，但是知识体系恐怕是不完整的。

在我国一百多年的高等教育发展史中，文科形成的是一套偏重知识体系的人才培养模式，即学生完成高等教育的学习之后会拥有一整套学科知识体系，这一点是毋庸置疑的，也是高等教育能持续为社会输送人才的保障。高等教育为社会发展在特定阶段做出了巨大的贡献，随着时代的发展必须与时俱进，进行高等教育改革。

知识体系的学习不是一种全链条的学习，为什么这么说呢？现有的教科书是既有知识的集合体，那么既有知识是怎么来的？请读者朋友回顾上一章关于知识生产的过程和内容部分。既有知识是前人在遇到问题的时候，通过知识生产的过程生产出来的当时的“新”知识（也就是结论），这些知识经过反复实践被确认正确，从而作为人类认识社会、改造社会的成果被写进了教科书。但是，写进教科书的仅是“新”知识，并不是“新”知识的生产和发现过程。学生学习到的是纯而又纯的、干得不能再干的“干货”，也就是把人类几百年来认识到的知识通过学科的逻辑而不是知识发现的逻辑呈现给学生。在这样的教学内容安排下，学生学习到的就是知识，而不是知识是怎么来的。这就像我们的孩子，尤其是城市中的孩子，他在吃饭的时候吃了一盘猪肉，一盘被做成精美菜肴的猪肉。他知道这是猪肉，但仅限于这个盘子中被做成菜的猪肉，这个肉之前是什么样子的？是怎样被妈妈从超市买回来的？在超市里是怎样陈列的？这些肉又是怎样被运到超市里的？在运到超市之前是怎样被存储的？在运输之前是怎样在屠宰场被宰杀和分割的？再往前推猪是怎样被运送到屠宰场的？在运到屠宰场之前它需要满足什么条件？是怎样长大的？是如何被饲养的？再往前一些的小猪是什么样子的？是怎样被母猪生产出来的？再往前推猪这种动物是怎样被人类从野生动物驯化，变成大规模供食用的家畜的？为什么要驯化这种动物以及要解决人类的什么需求？孩子（学生）对这个过程统统不了解，只认识盘子里已经做好的有关猪肉（纯知识）的菜肴。甚至在更换了另一种也是猪肉做的菜肴时，学生都认不出是猪肉做的。

同样，学生学到了知识，但并不知道这些知识是怎么来的？谁生产出来的？经历了怎样的过程？受到了怎样的挫败？新知识生产出来之后马上被接受了吗？还是被忽视了好多年。学生学习完这些知识后，也不知道这些人类既有的知识是怎样被应用于解决现实问题的。如果学生在现实中发现既有的知识根本无法解决社会中的实际问题，那么应该怎样生产新知识（见图 3-2）？学生学完了一大堆知识，并不知道知识产生的前世今生、来龙去脉，也不知道知识如何被使用，导致很多学生产生了“知识无用论”的错误观念，这种观念在人工智能时代尤为盛行，在对人工智能会取代一部分人类脑力活动的恐惧下，人们对高等教育圈定的知识内容和范围产生了一定的怀疑。

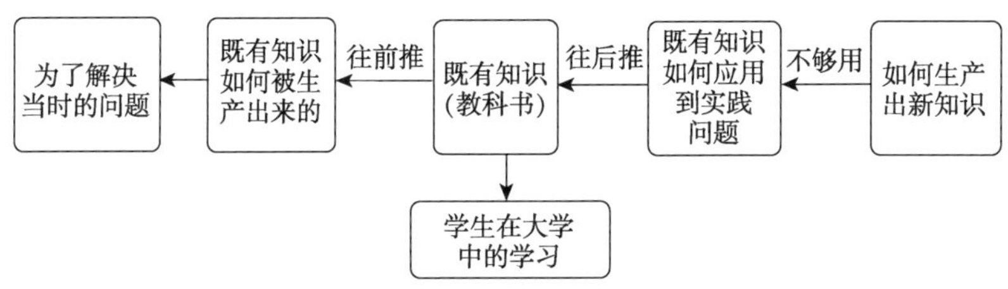

图 3-2　学生学习的环节与知识生产的全链条对比

我们再来看一下教材的问题。教材作为课程内容的重要载体，存在着多从西方引进或者仿效西方理论体系编写的问题，自主编写的教材非常少，如西方经济学、西方法哲学、西方哲学等。这是因为中国近代文科大部分是西学东渐的产物，落实到教材和教学内容上脱离不了西方理论的影响。这类教材存在的问题主要有以下两个方面：其一，无法摆脱西方理论的束缚，不能培养出能真正解决中国问题的人才；其二，西方文科理论中夹杂着很多西方价值观，甚至有西方霸权主义思想、强权政治以及对西式价值观的输送，这对于立德树人、培养社会主义接班人而言无疑是需要重点关注和解决的问题。

综上，我们从课程和教材观察到高等教育在培养人的环节上目前的状态——培养的是具有完整知识体系的人才，有优点，也有局限。我们必须认识到，我国的高等教育（文科）只发展了100多年，能够取得今天的成就已经举世瞩目。在肯定成绩的同时，也必须意识到教育仍面临着很多挑战，意识到人才培养方面的短板，意识到完善自主课程体系和教材体系是当前中国高等教育的重中之重。

（二）教学

描述完课程和教材的情况之后，我们再来看教学的情况，即教师如何将课程内容（教材上的知识）设计成教学过程传递给学生。从事高等教育的一线教师与从事基础教育的教师不一样，他们出身非师范专业，不懂教育学和教育规律。虽然在入职之前新教师会接受岗前培训，完成一定教育学知识的学习，但是这种培训时间短、内容覆盖面有限，加之新入职的教师没有授课经验，所以对岗前培训的内容吸收有限。虽然各高校都设有教师教学发展中心，其对所在学校的各类别、各阶段教师会进行针对性培训，目的是努力提升教师的教学能力和水平，但是目前高校教师科研压力很大，导致其在教学领域投入的精力有限，进而影响了教师教学能力的提升。

上文已经指出，教学过程涉及教育学的专业领域，主要体现为教师的教学设计能力。由于高校一线教师并非出身教育学，他们的教学设计能力较为有限。很多教师甚至不知道什么是教学设计，不清楚教案和教学大纲的区别，也不关心本学院的培养方案和教学计划。在这种情况下，很多一线教师的授课其实是经验式的，取决于他学生时代的大学教授如何授课以及自己认为的“课”应该怎么上。至于教学设计背后的原理，他们是很少关注的。加上上文提及的课程内容（教材）建设现状的影响，教师的教学设计能力没有体现在教学过程中，甚至在大学课堂里还有照本宣科的情况出现，即教师完全通过重复教材内容进行授课。学生也厌学、不爱听、对上课不感兴趣。笔者在吉林大学的教师教学发展中心工作多年，在日常的工作中接触到大量的一线教师。很多教师抱怨现在的学生越来越难教，老师在上课的过程中要与学生的手机竞争学生的注意力，这或许是我们的教学活动遇到困难的原因之一。我们也观察到，有一些著名的和具有人格魅力的教师的课堂座无虚席，甚至需要提前占座。所以作为教师，我们可能首先要从自己的教学设计入手思考自己在知识传递的过程当中有哪些可以提升和改善的方面，而不是从学生的角度去归因课堂教学的困境。这并不是说学生的学习方法就没有问题，学生的学习方法是另一个需要被探讨的问题。教学中遇到的问题是师生双方的，在这个优化和提升课堂学习质量的过程中，教师的作用特别重要，教师要尊重学生的学习规律、学习特点，不断调整自己传递知识的方式和方法。作为教师可以反思作为教学受众的学生的问题，但更应反思自己的教学设计能力。

不得不说，随着近些年各种教学大赛的推广和普及，国家对教学的重视，一部分中青年教师已经意识到教学的重要性并主动学习教学方法，用科学的理论指导自己的教学实践。

需要指出的是，“教学内容”是教学设计最重要的部分，教学内容体现了教师的学科素养，即教师的教学能力本质上取决于学科素养，这就是为什么我们经常会说科研反哺教学，教学和科研的联动和互动。我们看到的教学效果特别好的老师，他在学科的基本能力和素养上一定是没有问题的，甚至可以说他的学科积累非常丰富和深厚，因为这是教学的基础。毕竟教学的过程是上课，是将书本上的知识、学科知识通过某种教学设计传递给学生，也就是说教学设计的内容部分其实是学科知识，我们要通过教学设计将这部分知识以易于学生理解和掌握、让学生感兴趣的方式传递出去，从而达到更好的教学效果。所以，教学设计的基础依赖一线教师的学科素养。也就是说一线教师的学科素养是“道”，教学设计是“术”。一线教师要处理好道和术的关系，有道无术则术可以学，有术无道则止于术也。意识到这一点，一线教师应当加强自己的学科素养，并在此基础上学习教学设计方面的知识，以帮助自己更好地授课，最终达到知识传授和人才培养的目的。

总结一下，目前很多一线教师的教学过程也就是课堂教学是单纯地传授知识，他们完全遵守教材上知识呈现的逻辑和顺序，将相关知识以机械的方式传递给学生，缺乏教学设计，忽略了学生的学习体验，对教学效果缺乏掌控，对教学考核只采取期末考试一张卷的方式。这种简单的课堂教学方式不仅会使学生丧失学习的热情（尤其是在现代社会短视频、游戏等吸引学生注意力的事物越来越多的情况下），也会使教师产生挫败感。由于课堂教学的效果不理想，学生对教师的授课不满意或者不认同，很多教师也会产生自我否定。总而言之，目前的课堂教学所面临的问题与课程内容和教材面临的问题相似，首先在内容上都局限于知识的传递，传递的知识局限于教科书上的内容。这种对知识的理解本身就受限制，正如我们上文所描述的，学生不知道知识是从哪里来的，也不知道知识在实践当中是怎样被使用的。又由于教师缺乏教学设计等基础的教育学原理指导，很多一线教师直接照本宣科，也不能在课堂授课的过程中阐明知识的来龙去脉。其实课堂教学考察的是一线教师对教科书上知识的理解和阐释能力，再结合一定的教学设计原理将知识有效传递给学生的过程。所以这个过程不仅考察一线教师对教科书上的知识是否掌握，还考察一线教师对知识背后的原理关系、逻辑脉络是否清楚。在课堂教学过程中，一线教师结合自己对知识的理解，采用区别于教科书学术话语的大众话语将知识解读出来传递给学生。这在本质上就是习近平总书记所说的讲好故事的能力，只不过在课堂教学中讲的是有关知识方面的故事。

以上是对目前一线教师在课堂教学方面存在问题的简单描述，仅涉及知识层面。在缺乏有效教学设计理论支撑的教学过程中培养出来的学生对知识理解得比较浅，应用能力也比较弱，这个问题是高等教育改革指向的核心问题。还有一个方面的内容是近几年教育部着重建设的课堂教学的重要方面——课程思政。教育部于 2016 年提出课程思政建设，目前大部分学校、教师仍处于摸索和自由探索阶段，没有取得突破性进展。很多一线教师甚至对课程思政有错误的看法，认为课程思政是培养社会主义接班人的政治活动，跟日常教学没有什么关系，或者认为课程思政是马克思主义干涉学科专业知识传递的越界行为，或者认为课程思政中的立德树人属于校领导考虑的宏大话题。其实课程思政可以从多方面理解。首先，高校是为国家治理服务的，我们国家的大学是社会主义大学。从这个方面来说，教育活动是政治活动的一部分。但这个层面是国家考虑的范畴，是特别宏观的层面，跟一线教师有关系但联系不是十分紧密。其次，立德树人是整个教育行业应当考虑的问题，也是从一个偏宏观的视角观察课程思政，跟一线教师有关系但联系不是十分紧密。最后，一线教师应该持有的观察视角是在知识传递的同时帮助学生树立正确的观念，即在自己的课堂教学中顺便（隐性）确立起学生正确的世界观、人生观、价值观。也就是说，不论宏观、微观层面怎么阐述，一线教师的职责都是在自己这门课程中做到“知识传递＋观念培养”。

课程思政提出的背景是我们的教育已经在知识培养方面取得了较为突出的成绩，但是缺乏体系性的思想方面的培养（除了马克思主义学院），导致我们的学生虽然学到了很多专业知识，但是存在观念不正确的情况，没有将自己的专业知识用于造福社会、服务国家建设，反而做出了有损社会发展、有害国家建设的行为。尤其在上文所指出的教材和课程内容方面以西方确立的理论体系为主的学科，培养出的学生带有一些西方的观念，这不利于社会主义建设。大学生虽然已经成年，但是尚处于观念形成期，大学正是形成稳定价值观念的关键时期。大学教育不能局限于知识传递，还要注意观念的培养，这是课程思政提出的最初考量。

以上，在课程思政的理解方面，我们指出，一线教师不应当将自己放在国家、整个高等教育的层面过多强调不属于自己本职工作范畴的内容，导致对课程思政建设形成排斥和畏难情绪，而应该从一线教师的本职工作出发，正确认识课程思政的内涵，即在传递学科知识的同时帮助学生树立正确的观念，而且这种对观念的培养是隐性的，并不冲击正常的专业课教学。这才是一线教师应当具有的微观观察视角和建设视角。

在课程思政建设过程中，一线教师始终面临两个挑战——如何挖掘思政元素和如何将思政元素融入课程中。对此，《高等学校课程思政建设指导纲要》对思政元素的挖掘有着明确的、按照学科分类的指引。一线教师要摒除课程思政是马克思主义相关学科对本学科的越界行为的错误认识。至于如何将思政元素融入教学过程，则涉及教学设计，属于教育学范畴，我们在后文会详细论述。

综上，我们在上文论述了传统教育在课程内容（what）和课堂教学（how）方面的基本情况，存在的问题是传统教学在知识传递方面仅围绕纯而又纯的“知识”进行，传递“知识”的方式生硬，缺乏科学教育理论的指导，致使我们的人才培养不能满足社会需求。高等教育在课程内容、教材建设和教学过程（课堂教学）方面本就存在着不断改革的需求，加之应对新形势、加强立德树人建设的课程思政要求，目前的传统教学模式面临很大的挑战，既不能满足教育要求，也不能满足人才培养的需求。为此一定要进行改革，而新文科建设就是对传统教育模式吹响的改革号角。接下来，我们会观察新文科对高等教育人才培养方面的要求以及一线教师如何在新文科建设背景下从事知识传授。

二、新文科对于知识传授的要求

结合上文对传统课程内容和教学现状的分析以及当前高等教育在人才培养方面存在局限性，新文科对于知识传授的整体要求就变得清晰了。从整体的角度来看，一线教师要改变目前将纯粹的知识通过简单的方式传递给学生的教学方式，要使学生从知识的接受者变成既有知识的探索者和新知识的生产者，同时还要在这个过程中注意培养学生正确的观念。这样才能培养出德才兼备和具备创新能力、解决问题能力、实践能力的复合型人才。

（一）从知识到思维——高等教育改革的必然趋势

上文提及，传统教育模式下培养出来的是具备整套学科知识的“人才”，由于培养过程中教学内容、教学过程都围绕纯而又纯的“知识”展开，并没有涉及既有知识是怎么来的以及新知识是怎样产生的，所以，在传统教育模式下培养出来的人才必然在创新性、实践性等方面存在短板。要想培养出创新型、复合型人才，使其具备应用既有知识解决问题（涉及知识应用能力即实践能力和解决问题的能力）、生产新知识的能力，就必须改革教育模式，即实现从以单纯知识传递为核心的教育模式向思维培养为核心的教育模式转化。

在阐述如何从知识传递转向思维培养之前，笔者恐怕还要交代一下原理，即为何要从知识传递转型到思维培养？为什么思维培养能满足现代社会关于人才培养的需求，能培养出具有实践能力、解决问题能力和创新能力的人才？思维培养的要素有哪些？然后围绕思维培养谈课程建设和教学改革。

1. 思维是什么

首先我们要界定思维这一概念，因为很多人包括高等教育的从业人员经常把思维挂在嘴上，其实并不知道思维的具体含义。思维（thinking）是指针对某个问题给出结论的过程，因此也被称为思考。思维通常发生在以下情景：人们在生产、生活或者工作、学习中遇到了问题，需要对问题给出结论（解决方案），或者需要在某种特殊场景发表评论、给出观点。这些解决问题、对事物和观点做出回应的过程就是思维的呈现，同时也是大脑思考过程的外在显现。思维的要素包含问题、结论、前提和论证（前提推出结论的过程），具体关系如图 3-3 所示。

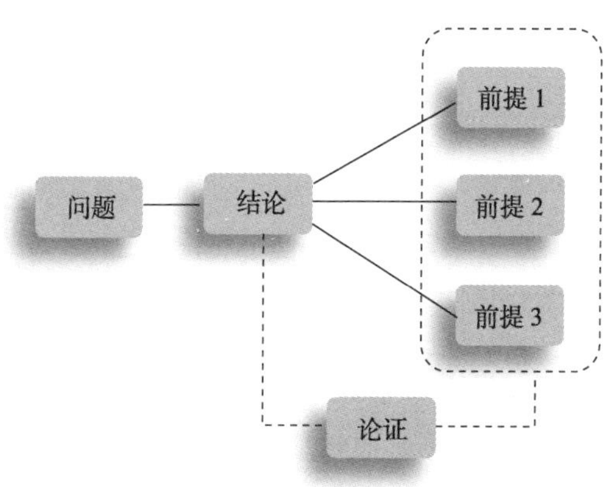

图 3-3 思维及其要素

图 3-3 较为简单地呈现了思维的过程，即人们针对一个问题，经过分析论证得出结论。这张图是不是很熟悉？我们在第二章解释论证以及分析的时候使用过这张图，那时候强调的是这张图中的“论证”“分析”。现在我们需要整体介绍这张图以及它背后的原理。稍后我们将区分几个容易混淆的概念，如思维、批判性思维、逻辑、论证、前提、结论等，使读者进一步了解并掌握这些思维方面的常用术语。

上文介绍了思维的概念，思维是指针对某个问题给出结论的过程，因此也被称为思考。思维基本的分类是理性思维和感性思维，两者差别如表 3-1 所示。面对同一问题，理性思维依据的是客观真实（前提表现为客观真实），经过推理论证，最终得出正确结论。感性思维依据的是主观的好恶、感受、喜好、倾向等，不经过推理或者推理不正确，最终结论也不能保证是正确的。

表 3-1　理性思维和感性思维的区别

要素	理性思维（批判性思维）	感性思维
前提	依据客观真实	依据主观要素
前提和结论的关系（推理）	经过正确推理	不经过推理或者推理谬误
结论	结论正确	结论不正确

举个简单的例子，在东北零下二十摄氏度左右的天气，女孩甲每天根据天气预报增减衣服，防止感冒；女孩乙爱美，总是穿得很少，甚至还露脚踝，最终感冒了。每次家人提醒女孩乙要多穿衣服，女孩乙总是声称自己不冷。甲、乙两个女孩对冬天应当穿多少的判断就能体现理性思维和感性思维的区别。女孩甲依据天气预报（零下二十摄氏度），这个前提是客观真实的，经过正确推理——天气寒冷要多穿衣服，防止感冒，得出了正确的结论——多穿衣服就不会感冒。女孩乙判断的前提是我不觉得冷，这是一种主观的感受，事实上在零下二十摄氏度的东北，不管个人能不能感受到冷，少穿以及露脚踝的结果一定是感冒。

理性思维又称批判性思维，是指针对一个问题给出论据充分的结论。理性思维强调的是为问题的解决提供论据，而且是充分的论据，保证论据（前提）和结论之间的正确推理关系，目的是获得正确的和靠谱的结论。非理性思维则不能保证论据是正确的以及论据能推出结论。所以，我们要培养学生具备理性思维，而不是其他什么类型的思维。

2. 思维与其他相关概念的区分

1）思维与批判性思维

这组概念我们已经区分过，思维是一个笼统的概念，包含理性思维和感性思维，其中理性思维又称批判性思维，强调对问题的解决必须依据客观真实（前提为真），经过论证（前提能推出结论），最终得出“正确的”结论。教育的目的是培养学生具备正确的思维方式，即理性思维（批判性思维）。接下来，本书围绕批判性思维（理性思维）展开，不再从通常意义上的思维展开叙述，高等教育的思维转型主要是指批判性思维，而不是通常意义上的思维。从本书的论述中，读者可以感受到批判性思维对于高等教育转型的重要意义，这也是为什么欧美一直在大力发展批判性思维的研究和教育，尤其是美国，将批判性思维列为每所高校必备的通识课程。联合国教科文组织更是将批判性思维培养列为 21 世纪最重要教育议题之一。

2）批判性思维与知识

批判性思维是一种理性思维，强调依据客观真实，经过推理得出正确的结论。其中，客观真实是什么？客观真实包含几种类型，其中之一就是我们在学校学习的知识。教科书上的知识就是人类在成百上千年的演化中，通过对当时人类所面临问题的解决形成的稳定的客观真实（知识），这些知识被写入教科书传授给下一代，以便实现人类的迭代、社会的发展。因此，我们要意识到，知识就是客观事实，虽然随着时代的变迁，一部分知识可能被淘汰，但也会有新的知识被补充进来。同时要意识到，知识只是问题解决中的一个要素，仅有知识并不能保证得出正确的结论，还需要经过推理或者论证。[①]这也能解释为什么现在会有学生厌学以

① 推理和论证都涉及前提和结论之间的关系，其中，推理强调从前提到结论的正向过程；论证是指先有结论再用前提来证明，是一个从结论到前提的逆向过程。在本书中，两者是混用的。

及会有人提出“知识无用论”。因为传统教学模式只传递给学生知识，并没有告诉学生知识在解决实际问题中所处的地位和发挥的作用，导致学生学了一堆知识，却只是知识的保管员，不会使用知识。太多的学生虽然掌握了知识，却在实际工作和生活中不会用知识解决问题，导致人们产生了“知识无用”的错觉。这其中主要的原因是没有在场景中将知识的使用形态呈现出来，而是单纯把知识挑出来直接灌给学生。从这个角度来看，批判性思维的培养对于知识的理解和应用是非常重要的。更重要的是，在批判性思维基础上，学生学习了知识是如何被使用的，就获得了使用知识的能力即实践能力、问题解决能力。因此，教育改革对人才培养提出的创新型、实践型等要求在传统的纯知识传递模式下是很难实现的，必须在思维（批判性思维）培养的场景下，强化问题、强调对问题的解决以及在解决问题中通过知识和逻辑的互动来达成。

另外，客观真实还包括那些没有被写入教科书的隐性知识，以及某些被证明正确的生活经验。这些知识是无法从学校和书本上获得的，这也是为什么学生学习完学校的课程之后，还需要实习，还需要到社会这个大熔炉里去锤炼，这一切都是为了使学生拥有充分、丰富、全面的、能够作为前提的客观真实（知识）。

3）批判性思维与论证及其要素

上文说的是批判性思维与知识的关系，而知识通常表现为前提，对于问题的解决只有前提是不够的，还要有另一个要素——前提能推出结论——推理或论证。批判性思维强调的是对问题的解决，在问题的解决中要想得出正确的结论，需要有正确的前提并保证前提能够推出结论，这个前提能够推出结论指的就是论证。

因此，批判性思维的重要组成部分还包含论证。论证是结论能够成立的重要保证之一，另一个重要保证是前提为真（即前提为客观真实）。

关于论证的知识有很多，包括论证的类型、论证的要素等。前者涉及演绎论证、归纳论证、类比论证和论证谬误等，后者涉及论点、论据和论证等。由于本书并不是专门介绍论证及其相关要素的图书，想要了解更多论证方面的内容，读者可以自行阅读相关书籍。

4）批判性思维与形式逻辑

从上文对批判性思维与论证关系的澄清，读者可能已经感受到批判性思维与逻辑存在着千丝万缕的联系。逻辑分为形式逻辑和非形式逻辑，而批判性思维又被称为非形式逻辑。形式逻辑是很枯燥的、用纯粹的符号表示的抽象的逻辑关系。之前，在英美的高校中并没有批判性思维课程，而是开设了形式逻辑课程。只是形式逻辑太抽象又距离学生生活太远，导致学生怨声载道，非常厌学。到了 20 世纪 70 年代，美国和加拿大哲学系的逻辑学教师开始怀疑基础形式逻辑或演绎逻辑对日常生活的效用。于是逐渐发展出非形式逻辑这种以日常生活中的论证为研究对象，颠覆传统上作为范式的形式逻辑的分析标准。英国科学哲学家图尔明的论证理论，比利时哲学家、法学家佩雷尔曼的新修辞学和澳大利亚计算机科学家汉布林的谬误理论是非形式逻辑即批判性思维的三个重要理论来源。有充分的证据表明，非形式逻辑即批判性思维其实是借鉴了法学的模型，来源于法学学科。对这方面感兴趣的读者可以寻找相关书籍进行阅读，本书就不再展开了。

总之，批判性思维作为非形式逻辑，是为对抗形式逻辑的抽象性和效用性而产生的，它将形式逻辑的基本范式引入生活，关注社会实际，可以帮助我们解决现实中的问题。非形式逻辑一经产生就迅速普及，显示了强大的生命力。

3. 批判性思维的核心技能——分析论证和评论论证

对于批判性思维的认识如果停留在图 3-3 的要素（问题、结论、前提以及论证）认知上是浅显的，真正的批判性思维者通常擅长分析论证和评论论证。同样，想要如第二章描述的那样熟练地进行科学研究和如本章所述掌握以批判性思维为基础的课程设计和教学设计能力，必须具备批判性思维以及本处要提及的分析论证和评论论证能力。需要提示的是，本处的分析论证在第二章提出问题环节提及过，但由于叙事的逻辑，不能过度展开。同样在分析问题环节对于分析的阐释也就是本处所阐释的分析论证能力，分析本就是强调逻辑的，当你不从分析角度观察而从论证角度观察的时候，分析能力就是分析论证。此外，在解释分析的时候我们使用了布鲁姆认知分类金字塔，如图 3-4 所示，详细说明了分析是一种高阶认知，分析论证和评论论证对应的是认知分类金字塔中的分析能力和评价能力。

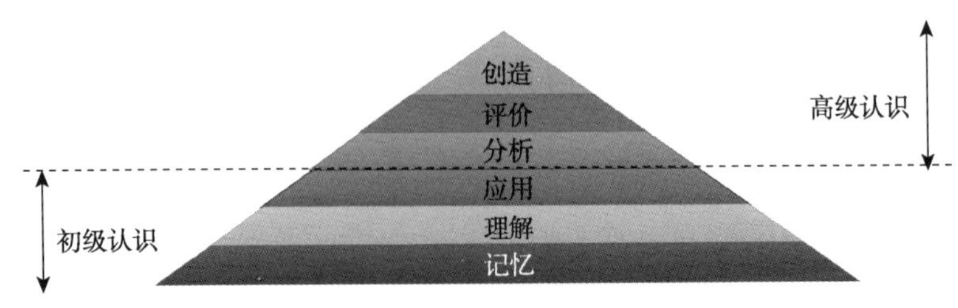

图 3-4　布鲁姆认知分类金字塔

总之，无论是上一章介绍的知识生产（科研）还是本章介绍的教学（知识传授），本质上都是要解决问题，解决问题就离不开思维或者思考，所以我们要研究思维是怎样开展的，于是我们发现思维有问题、结论和前提几个要素，并且思维分为理性思维和感性思维，真正的思考以及问题的解决都必须依靠理性思维，也就是本处所提及的批判性思维。只知道批判性思维还不够，还要进一步掌握分析论证和评论论证能力。这部分涉及高级思维活动，比较难。本书不是专门讲解分析论证和评论论证以及它们在科学研究、问题解决和人类思考过程中发挥作用的图书，也不是专门介绍分析论证和评论论证以及批判性思维的图书，但为了使读者更好地理解全书的内容，本书用有限的篇幅介绍什么是分析论证和评论论证。想要深入了解或者有兴趣的读者请阅读《批判性思维与写作》《100 天写出一篇论文——论文写作的本质及过程控制》，在这两本书中，你会发现对于批判性思维以及分析论证和评论论证有更为深入的分析和阐释，如图 3-5 所示。

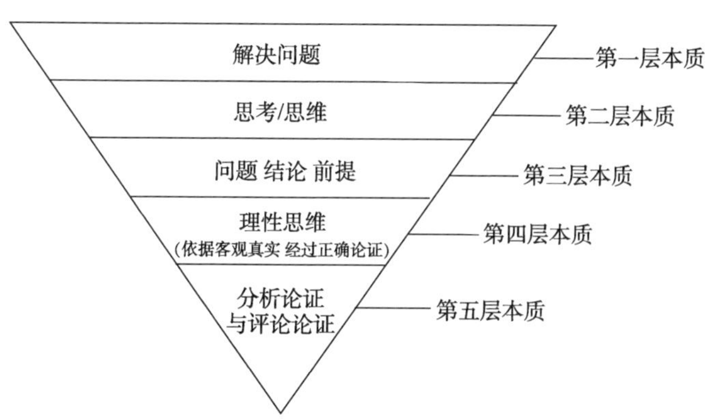

图 3-5　分析论证和评论论证在问题解决中的本质地位

分析论证是指对一段文字、对话、观点等进行拆解，将隐藏在文字之下的问题、结论、前提以及未表达前提（即论证架构）呈现出来的过程。用简单的语言来说，分析论证是指当你面对一个观点、立场、行为时能够将其内部蕴含的思维要素准确拆解出来的过程。分析论证考察的是人的逻辑能力，不仅要用到我们之前提及的基本逻辑技能如概括、抽象、分析、综合、比较、分类，还要熟悉论证类型，了解前提和结论之间的关系[①]，以及要用符合论证的语言将其准确描述出来。

评论论证是指在分析论证的基础上审视以下三个方面的内容：①问题中定义是否成立；②前提是否为真；③前提能否推出结论。评论论证的底层逻辑就是审视上述三项内容，但论证不是单独存在的，它是结合具体的生活、工作和专业领域的问题出现的，所以在进行评论论证的时候，要具有相应领域的知识才能判断定义是否成立、前提是否为真、前提是否能推出结论。

接下来我们用一个生活中的简单实例拆解一下分析论证和评论论证的全过程，帮助读者了解什么是分析论证和评论论证以及它们在日常生活中是如何表现的。

一位妈妈跟三岁的孩子说，如果你再淘气我就不要你了，我到外面再捡一个听话的。这个三岁的宝宝沉思片刻说，你再捡回来的也是不听话的，因为他们都是别的妈妈不要的。

我们先对妈妈的观点做一个分析论证。分析论证就是识别出

① 前提和结论的关系通常有四种：前提是结论的充分条件；必要条件；充分必要条件和既不充分又不必要条件。

妈妈的问题、结论和作出结论的前提。值得注意的是，妈妈在这里只给出了结论，并没有给出前提，但是有未表达前提（没有被表达出来的前提都是未表达前提）。妈妈面临的问题是孩子淘气，妈妈的结论有三个：①不要你了；②到外面再捡回来一个；③捡回来一个听话的。一般情况下，我们识别出这些结论的难度不大，关键是妈妈得出这三个结论的前提对孩子来讲是比较难识别的。我们知道前提是必须能直接推出结论，在这种情况下，针对结论①不要你了，其前提是妈妈认为孩子是可以不要的；针对结论②到外面再捡回来一个，其前提是孩子是外面捡的，言外之意是孩子不是妈妈生的；针对结论③捡回来一个听话的，其前提是外面有听话的孩子。我们用表 3-2 来呈现，这样看起来会更加明了。平时做分析论证的时候，建议大家尝试用表格的方式呈现。

表 3-2　对妈妈观点的分析论证

问题	结论	未表达前提
孩子淘气	①不要你了	孩子可以不要
	②到外面再捡回来一个	孩子是从外面捡的，不是生的
	③捡回来一个听话的	还能捡到个听话的

表 3-2 显示的是妈妈思维的要素和得出结论的过程。现在我们再来看看三岁宝宝的反应。对于妈妈的观点，宝宝给了一个反馈（俗称“回怼”），这个就是我们今天要介绍给大家的评论论证。我们在上文提及，评论论证主要从三方面进行评论：①问题中定义是否成立；②前提是否为真；③前提能否推出结论。我们看一下这个三岁宝宝是从哪个方面进行评论的（如表 3-3 所示）。

表 3-3　对妈妈观点的评论论证

分析论证			评论论证
问题	结论	未表达前提	①问题中定义是否成立； ②前提是否为真； ③前提能否推出结论
孩子淘气	①不要你了	孩子可以不要	
	②到外面再捡回来一个	孩子是从外面捡的，不是生的	
	③捡回来一个听话的	还能捡到个听话的	三岁宝宝：你再捡回来的也是不听话的，因为他们都是别的妈妈不要的

从三岁宝宝的反馈来看，三岁宝宝针对的是妈妈的第三个未表达前提，采取的方式是评论该前提是否为真。笔者在课堂授课中使用这个例子的时候，很多同学认为这位三岁宝宝采取的进路是前提推不出结论。这里需要区分一下，前提不为真的情况下，前提一定是推不出结论的。所以，当前提不为真的时候就不用考虑前提是否能推出结论这个评论论证的路径了。而前提推不出结论是指在前提为真的情况下，前提与结论没有关联性，推不出结论。所以，请读者仔细体会这两种评论论证切入点的区别。回到这个例子中，三岁宝宝使用的评论论证的方式是评论妈妈的前提是否为真。三岁宝宝针对的是妈妈的第三个前提（未表达前提），认为妈妈的第三个前提不为真，理由是街上没有听话的孩子，因为他们都是其他妈妈不要的，既然都是不要的，就都是不听话的。至此，我们分析了妈妈的论证框架，并把宝宝进行评论论证的方式用表格呈现出来。你是不是觉得这个宝宝很聪明呢？

以上情景发生在妈妈和三岁宝宝之间，如果这个对话发生在妈妈和十岁宝宝、青春期宝宝之间，可能就不同了。如果笔者跟十岁的二宝说："你要是再淘气，我就不要你了，我到外面再捡一个听话的回来。"这时候十岁的二宝会说："妈妈你骗人，宝宝根本不是捡的，是妈妈生的。"如果笔者跟十四岁的大宝说："你要是再淘气，我就不要你了，我到外面再捡一个听话的回来。"这时候十四岁也就是青春期的大宝会面露鄙夷之色且不屑一顾地说："田女士，抛弃是罪。"我们再分析一下，十岁的宝宝和十四岁的宝宝是怎样进行评论论证的，如表 3-4 所示。

表 3-4　不同人做出的不同的评论论证

分析论证			评论论证
问题	结论	未表达前提	①问题中定义是否成立； ②前提是否为真； ③前提能否推出结论
孩子淘气	①不要你了	孩子可以不要	十四岁宝宝：抛弃是罪
	②到外面再捡回来一个	孩子是从外面捡的，不是生的	十岁宝宝：宝宝是妈妈生的，不是大街上捡的
	③捡回来一个听话的	还能捡到个听话的	三岁宝宝：你再捡回来的也是不听话的，因为他们都是别的妈妈不要的

由表 3-4 我们发现，十岁宝宝、十四岁宝宝和三岁宝宝一样，都选择了同一个评论论证的切入点——前提是否为真。只不过十岁宝宝"攻击"（评论）的是妈妈的第二个前提；十四岁宝宝"攻击"（评论）的是妈妈的第一个前提。接下来，请读者思考一下，是什么造成了这三个不同年龄段的宝宝攻击的前提不一样呢？有的同学回答是年龄，年龄不是根本原因，真正的答案是随着年龄的增长，孩子们接触到的知识（也就是得出结论的依据——客

观真实）丰富了。所以十四岁的孩子能够对第一个前提的真假作出判断；十岁的孩子能够对第二个前提的真假作出判断；而三岁的孩子只能对第三个前提的真假作出判断。从这个意义上来看，你是不是觉得知识越丰富，就越具有较强的判断能力？十岁宝宝不屑于对第三个前提进行攻击，觉得幼稚；十四岁宝宝不屑于攻击第二个前提，也觉得幼稚。他们都选择了最接近他们认知水平的前提进行攻击（评论）。换个角度看问题，如果一个青春期的孩子攻击的是第三个前提，那你会不会觉得这个孩子的认知（知识，作判断的依据）是有问题的，与他所处的年龄段应当达到的认知水平是不相符的呢？说到认知水平，我们刚才分析的是妈妈的论证架构，现在我们分析一下三岁宝宝的论证架构，然后对宝宝的观点进行评论论证。

宝宝面临的情景是由于他的“淘气”，引发了妈妈决定不要他，并且要在大街上再捡回来一个听话的宝宝。注意，此处具体的问题跟上文不同，变成了外面有听话的宝宝吗？（如表 3-5 所示），妈妈要再捡回来一个听话的宝宝，而引发“捡听话宝宝”的原因——淘气——其实在这里是一个背景，你也可以将这个问题理解成多层次的，分别是淘气—捡—听话的宝宝，宝宝回应的是第三层次的问题——外面有听话的宝宝吗？

表 3-5　对宝宝观点的分析论证（1）

问题	结论	前提
外面有听话的宝宝吗？	没有	外面的宝宝都是妈妈不要的
		妈妈不要的是不听话的

表 3-5 是对宝宝观点的分析论证，可以看出，宝宝的论证很完整，有问题、有结论，还有明确的前提。与妈妈的论证不同，妈妈只给出了结论，没有给出前提，前提是我们分析论证的时候补充进去的，所以是未表达前提。宝宝这里是否有未表达前提？有的，将未表达前提呈现出来是分析论证的一部分，所以表 3-5 内容需要我们补全，如表 3-6 所示。

表 3-6 对宝宝观点的分析论证（2）

问题	结论	前提	未表达前提（结合语境）
外面有听话的宝宝吗？	没有	外面的宝宝都是妈妈不要的	外面是有宝宝的（即妈妈是可以扔孩子的）
		妈妈不要的是不听话的宝宝	外面的宝宝是可以被捡回来的（即孩子是捡的不是生的）

这样我们就对宝宝的观点进行了比较充分完整的分析论证。值得一提的是，未表达前提的挖掘要根据语境。结合宝宝和妈妈的对话，我们可以发现，宝宝没有攻击妈妈的第一、第二个未表达前提，说明宝宝认为妈妈的第一、第二个未表达前提是真的（成立的）。而且只有在承认第一、第二个未表达前提的情况下才能认为外面有宝宝，只不过捡不回来一个“听话”的宝宝。

将这个完整的分析论证表格呈现出来之后，我们发现了宝宝的认知短板，宝宝的两个未表达前提不为真，而这个时候，我们再对宝宝的分析论证做评论论证（如表 3-7 所示）。

这样我们就对妈妈和宝宝的对话进行了全面的分析论证和评论论证。在这个过程中，我们发现妈妈是一个非理性思维者，因为妈妈作出结论的前提是错误的、不是真的；宝宝是一个理性思

表 3-7　对宝宝观点的评论论证

分析论证				评论论证
问题	结论	前提	未表达前提（结合语境）	①问题中定义是否成立； ②前提是否为真； ③前提能否推出结论
外面有听话的宝宝吗	没有	外面的宝宝都是妈妈不要的	外面是有宝宝的（即妈妈是可以扔孩子的）	未表达前提不为真，外面没有宝宝，妈妈也不可以扔孩子
		妈妈不要的是不听话的宝宝	外面的宝宝是可以被捡回来的（即孩子是捡的不是生的）	未表达前提不为真，外面没有宝宝可以捡，宝宝是妈妈生的

维者，但是认知有限，只能针对第三个未表达前提进行真伪判断。我们对这个例子分析到这种程度是否就结束了呢？其实不然，这个例子还有一个可以评论论证的点——问题是否成立？在这个问题中涉及一个定义——淘气，任何争论都是对定义权的争夺。我们对妈妈、宝宝的观点进行的分析论证和评论论证都没有触碰到问题是否成立这一层面，而判断问题是否成立需要界定什么是“淘气”。在这里，妈妈想当然地认为宝宝是“淘气”的，“淘气”其实是有客观的界定标准并且不以人的认识为转移的，很有可能妈妈的判断标准是主观的。如果妈妈将宝宝的表现与一位专门从事幼儿教育的专家进行交流，专家会从专业、客观和中立的角度分析得出孩子可能不淘气（只是有可能）。本书在此处并不想探讨孩子是不是真的淘气，只是提醒读者，问题是需要被界定的，界定问题中的定义只能依据客观的标准，而不应该依据某个人的感受和标准。如果妈妈在这里对于淘气的认识存在主观上的判断，那么这个淘气的问题是否成立就值得商榷。

综上，我们对这个例子的方方面面进行了探讨，相信读者朋友们已经对分析论证和评论论证有了初步的了解。实际上，当你掌握了分析论证和评论论证方法后，你就可以在常识、经验和专业知识的基础上将任何人的观点进行拆分、观察和评论，这是一项非常有意思的脑力活动，也非常“烧脑”。值得注意的是，分析论证、评论论证只是在逻辑的框架中观察一个人的观点、立场，这种分析和评论必须结合相应的知识，否则分析和评论的内容就会显得空洞甚至不成立。

4. 批判性思维与高等教育转型

我们已经在上文详细论述了以知识传递为核心的传统教育模式在人才培养上的局限性，并介绍了批判性思维及其原理，在批判性思维的模型中我们能观察到如下几个事实。

（1）纯粹的知识讲授培养出来的人才多具备知识存储能力，而不是解决实际问题的能力。

（2）实践中问题的解决需要大脑调动思维，若想让问题得到正确的解决，需要批判性思维。

（3）批判性思维的要素包括问题、结论、前提和论证[①]，同时强调如果想获得正确的结论，必须保证前提为真，以及前提能推出结论。

（4）在批判性思维模型中，知识只是解决问题的一个必备要素，通常以前提的形式呈现，即我们要求的前提为真是指前提依

① 论证是指前提到结论的关系，通常由未表达前提决定论证关系是否成立，请读者注意区分这几个概念。

据的是知识这种客观真实。要想解决问题，还需要另一个要素即逻辑（包含论证）。传统教育模式下对于逻辑学的通识教育开展的是不够的，致使学生掌握了大量的学科知识之后，却没有足够的逻辑和思考力将知识运用于问题的解决。

（5）单纯的形式逻辑是枯燥的，这在英美的早期高等教育中已经被证实，于是上文提及的图尔明等三位学者致力于将形式逻辑应用于现实问题的解决，从而促使非形式逻辑即批判性思维的产生。批判性思维产生之后，迅速得到重视和研究推广。美国要求所有大学把批判性思维列入通识课程。批判性思维的研究在美国开始于 1910 年（杜威提出的反思性思维），到今天已经有 100 多年的时间，并在最近 50 年方兴未艾，形成批判性思维运动。

（6）高等教育界至今不能很好地解释为什么有的学生学习动力很足、自学能力很强，而有些学生学习倦怠、自学能力不足，这个问题从批判性思维的角度可以清晰地阐述出来。换句话说，批判性思维能够激发学生自我学习、终身学习的兴趣。我们在之前只是简单介绍了批判性思维模型中学习者清楚地知道知识的作用和地位，从而能更好地明白学习知识的重要意义。如果一个孩子从小就被培养具备了批判性思维，当他遇到了感兴趣的问题的时候，他就会按照批判性思维的指引（依据客观真实，经过正确推理）告诉自己这个问题的解决不能依据自己的想象，而是依据客观真实，如果这个客观真实是他目前尚不具备的知识，他就会自学这部分知识来解决他感兴趣的问题。所以，批判性思维的内涵和要素非常广泛，当你从另一个角度切入的时候，会得到另一番景象。笔者曾撰写《批判性思维视域下课程思政的教与学》一书，就是将批判性思维用于观察人的观念，并将模型融入教学设计，最终使我们在课程思政建设上面临的融入难题从教育学（具体是批判性思维理论）的角度得到解决。该书的切入点是批判性思维的未表达前提，因为未表达前提来源于知识学习和日常生活经验，它还有很多其他的称呼，如潜意识、观念、假设……举个例子，我问 A、B 两位同学今天中午到哪里吃午饭，A 同学说到学生餐厅（学生食堂——相对朴素），原因是人少，赶紧吃完去图书馆看书；B 同学说到日新楼（商业综合体——相对高档），人多需要排队但是好吃。从这两位同学对我的问题——到哪里吃午饭，给出不同的回答（结论）——去食堂还是去商业综合体，再看他们提供的推理（原因）——人少，吃完看书和排队好吃，你就能观察到 A 同学的观念是节省时间要比好吃重要，B 同学的观念是好吃比节省时间重要。这两种价值选择对我们来说都是合理的，教育工作者需要引导学生明白，当一个人作出价值判断的时候要承担价值判断的后果。如 B 作出了好吃比时间重要的价值判断时，他就不能在其学习成绩不如 A 理想的时候抱怨，毕竟你把时间花在了好吃上，而 A 花在了学习上。批判性思维能够让人们检讨自己的观念以及在观念指导下的现实后果，如果不想承担现实的后果，就需要改变自己的观念，毕竟时间对每个人都是公平的，想改变后果只能改变时间分配规则。对于 B 而言，如果想要改变自己成绩不如 A 这种后果，恐怕需要改变把吃好吃的放在学习之前的这种底层观念，问题出在自己的观念上，而不是出在别人身上。这就是批判性思维最初被杜威称为反思性思维的原因，它是指具备批判性思维的人能够时常通过观察自己所做的事情反思自己的底层观念，毕竟客观事实是改不了的，想改变事物的结果，只能修正自己的观念。从这个角度看，批判性思维能解决人们对自我观念的认知以及立德树人等方面的问题。这个问题不多说，感兴趣的读者请阅读笔者的《批判性思维视域下课程思政的教与学》一书，本书在下文教学设计中会再探讨这个问题。

（7）高等教育对于创新型、实践型、复合型甚至国际型人才培养的追求一直没有改变，只不过在传统知识传递的教育模型下，人才所需要的解决问题的能力、实践操作能力、创造新知识的能力以及拥有并利用复合知识（包括国际知识和外语）解决问题的能力不能被有控制地培养出来，只能随机出现。这种随机性取决于被培养的“人才”的天赋、出生时的配置以及在漫长的成长过程中随机出现的事情对他成长的影响，最终使其具备了批判性思维和端正的世界观、人生观、价值观。这种培养是不可控的。高等教育之所以重要，是因为我们需要全方面地掌握人才培养的规格、标准和流程，确保我们的教育能够培养出大批社会发展需要的人才，而不是随机等待人才的出现。

（8）批判性思维是科学研究的底层思维，很多研究者接受的是传统教育，对于学科知识掌握得比较充分，但是用知识解决问题的能力是欠缺的，这也是中国的知识生产缺少创新性、原创性的原因。细心的读者可能已经发现，本书第二章先将知识生产的过程呈现出来，这对于在传统教育模式下只接受纯粹知识培养的研究者来说是非常重要又缺失的一项能力。新知识生产过程会涉及批判性思维，遵循问题、结论、前提和论证的底层规律。

因此，在高等教育中引入并强化批判性思维的训练非常重要，这也是笔者多年来致力于批判性思维及其场景化研究的重要原因。笔者从事的是国际法研究，熟练的外语阅读能力和相关的学术训练使笔者对国外的研究状况非常感兴趣并且没有心理隔阂，不存在畏难情绪。通过观察国外教育，以及国外教育在遇到中国教育当前的问题时的处理思路，笔者更加坚信批判性思维会对未来中国教育转型产生重要影响。

批判性思维是指导本书写作的基本原理，本书的写作内容与设计都体现了批判性思维及其要素的互动。第一章我们用批判性思维分析和评论（分析论证和评论论证）了既有新文科研究的现状和存在的问题，指出既有研究没有解决的两个问题。这两个问题是依据客观真实和经过论证（批判性思维要素）得出的。第一个问题——新文科建设没有落到教育学领域的前提——批判性思维要求我们专业的人干专业的事，这部分的原理是依据客观真实，教育学问题只能由具备教育学知识的人解决。第二个问题——新文科建设缺乏一线教师视角的前提有两个：其一，高等教育是一个复杂的结构体，从校长到一线教师存在很多且不同的建设主体，不同的建设主体任务也不同；其二，一线教师是主要、基本的建设主体，没有一线教师，新文科建设是不可能落地的。而且现有文献不区分高等教育内部不同的主体，笼统谈交叉、建设本身就是不科学的。这些结论的得出都是依据客观真实，如果我们对事物的分析不依据客观真实（在本书中是教育学知识），读者是不会被说服的。使别人接受自己观点的最好方式就是论证，新文科建设的既有文献在本书的分析中存在上述两个问题的原因是不具备批判性思维的两个核心要素：前提不为真和前提推不出结论。

第二章我们论述知识生产（科学研究），按照提出问题、分析问题和解决问题的步骤，穿插了论证和对分析的拆解，这同样是依据批判性思维的要素进行的。第三章我们论述知识传授也是如此，先分析传统教学模式在课程内容和教学过程上存在的问题，接下来依据批判性思维将这两个问题予以解决，做到了前提为真和经过正确的论证。所以在接下来的内容里，读者能够看到的是，笔者在研究课程建设的时候依据的是课程论原理，从而得出课程建设的思路和结论；在设计教学过程的时候依据的是教学设计原理，从而得出教学设计的思路和结论。批判性思维主张专业的人干专业的事、专业的事要从专业的角度来干事。学术研究（含教学研究）领域是有大量伪知识的，要么是研究了一个假问题；要么是问题为真但前提不对，没有依据专业知识或者专业知识使用不正确；或者没有推理论证，即前提推不出结论，不讲逻辑。这些都无法使问题得到正确的解决。对于以上虚假的知识，读者是需要识别的，而说到识别、鉴别能力，批判性思维是一个特别好的工具。这也是为什么在欧美批判性思维一直被视为知识的知识，是每个学科、每个人都必须掌握的底层思维技能。可以毫不客气地说，无论是科学研究还是教学研究与实践，都离不开批判性思维，本书写作的底层理论便是批判性思维，读者朋友们在每一章都能看到批判性思维的影子。

目前，国内很多高校已经意识到批判性思维的重要性，并抓紧建设批判性思维的通识课程体系。但是，由于批判性思维长期属于哲学、心理学、逻辑学的研究范畴，属于专业范畴，学者们将批判性思维描述得过于学术化，专业门槛特别高，使得很多对批判性思维感兴趣的学生在晦涩、抽象的专业读物面前望而生畏，我们迫切需要建设的是通识批判性思维，而不是带有某一学科属性的专业、理论和抽象的批判性思维。笔者参与过通识课程建设研讨会，一场大型会议。会上，某大学的代表兴高采烈地展示自己学校建设通识批判性思维的成果（如图 3-6 所示），笔者一看就看到这个所谓的通识批判性思维课程其实是由出身哲学专业的老师设计的，内容晦涩难懂，探讨问题脱离实际。这样的课程会有

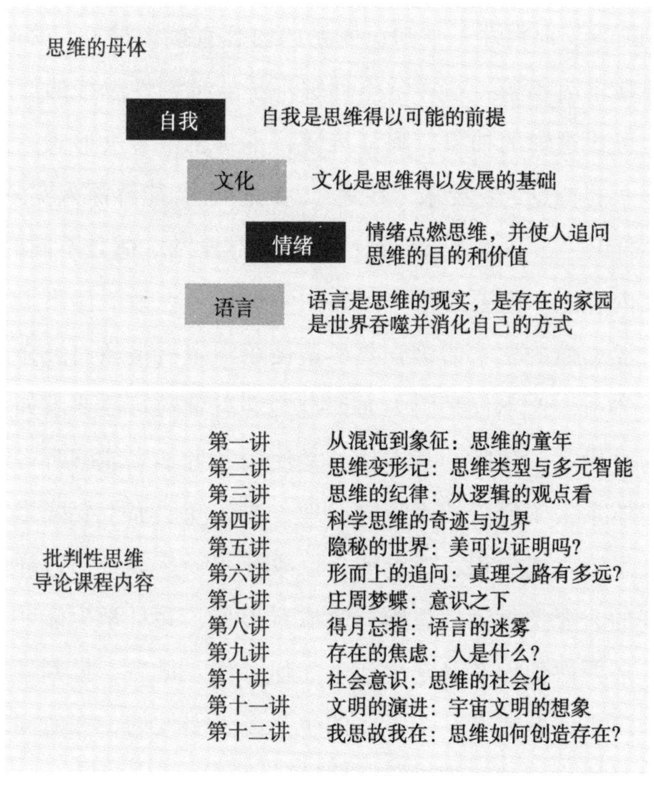

图 3-6　过于理论、抽象的“通识”批判性思维课程

多少大学生愿意选择呢？仅是充满哲学思考的学术话语体系就够让人望而生畏的了，何况探讨的不是混沌、象征就是意识、真理。这样的课程学生敢选吗？即便学生不担心自己能不能听懂，也会担心自己能不能毕业。

通识批判性思维课程至少要在内容、话语体系、认知上降维，直接连接到学生所处的认知层面，并且做到要素化和可以被分解和操作。内容上，通识批判性思维课程必须做到以问题为导向，如上文三岁宝宝和妈妈的例子，而不能将现成的属于某个领域（如哲学）的涉及批判性思维知识体系的内容直接搬过来，没有问题，没有日常生活场景，这样学生理解不了。批判性思维的产生本就是因为形式逻辑的抽象、晦涩难懂，本身就带着反形式主义、反抽象学术的特点，它要求“在地”（接地气），能够深入实际生活。何况“通识”二字还要求批判性思维跨越学科，适合不同的人群，所以在内容上一定要通俗、不能太学理性。在话语体系上，不能使用艰涩难懂的学术话语，要尽量使用学生听得懂而且喜爱的大众话语体系。这不仅是因为通识批判性思维的特性要求如此，更是因为时代赋予教师的基本任务是使用贴近学生能够听得懂的大众话语体系去阐释艰涩难懂的原理。在认知层面上要降维，不能一涉及思维就谈意识、谈混沌、谈象征、谈迷雾……这样会把学生吓到的，要把批判性思维分解成看得见，并且学生能够理解的要素，还要教他们在日常生活中如何操作。最后，批判性思维的教学一定由问题或者某个具体的生活场景引发的，在对问题的回应和对具体场景的反应过程中启动了人类的思考过程，在这个过程当中，我们通过帮学生分解前提以及前提与结论之间的关系，最终让学生看到解决问题的整个过程，而不是强化某一学科的概念、名词、术语。美国花了 100 年的时间来完善自己的通识批判性思维教学内容并在各个大学推广应用，而目前我们对于批判性思维重要性的认识还不充分，至于建设通识批判性思维课程更是任重而道远。

以上是对思维以及批判性思维对于高等教育转型重要性的简单介绍。一方面，这种简化的介绍并不能呈现批判性思维丰富多彩的内涵以及它对个人成长、高等教育的重要作用；另一方面，本书写作的主要线索是新文科建设，批判性思维是新文科建设下的一个支线，但这条支线相当重要，无论是对于知识生产还是对于知识传授，甚至从某种意义上来讲，批判性思维是每个人都需要具备的基本能力。由于篇幅的限制，我们只能把批判性思维简要介绍到这里，把它对于高等教育转型的重要意义介绍到这里。对批判性思维感兴趣的读者可以翻看笔者之前出版的图书，也可以翻看笔者在书后附的参考文献，那里会涉及很多批判性思维的经典著作。接下来要在这个基础上谈如何在新文科背景下进行课程建设和教学设计。

（二）新文科建设背景下的课程建设

笔者在上文已经详细介绍批判性思维及其要素，并且本书的写作是在批判性思维原理的指导下进行的，在本书接下来的两个部分，笔者除了要详细谈一下新文科建设背景下的课程建设和教学设计，还会额外突出对课程建设和教学设计的分析是如何符合批判性思维及其要素的要求的。

本部分的主题是新文科背景下的课程建设，按照批判性思维的要素，我们需要澄清问题、前提以及前提和结论之间的关系。我们先来回顾一下课程建设方面的问题——课程，尤其是课程内容这部分是不符合人才培养要求的。如何解决这个问题？结论是什么？其实教育部早就提出了“金课”建设，也就是“两性一度”，即提升课程的高阶性、创新性和挑战度，“金课”建设就是课程建设可以参考的标准。事实上，一些学者在新文科研究中讨论了“金课”建设，这个思路是正确的。在新文科背景下还要增加对交叉学科、科技革命、时代背景、立德树人等要素的考量。这样这个结论就能够妥善解决传统教育模式下课程存在的问题了。好了，我们有了问题，也有了结论即“‘两性一度’＋新文科特殊要求”（交叉、科技、时代、育人等），那么我们怎么从问题来到结论呢？这就涉及前提以及前提和结论的关系了。解决课程建设的问题一定要依据课程建设的原理，教育学关于课程建设的原理包括两个方面：课程设计模式和在模式下确定具体的课程设计（包括五项内容，即课程目标、课程内容、课程实施、课程评价和课程组织）。下文的课程建设我们将要围绕这两个方面展开，这样就能保证我们分析问题的依据是教育学原理，在这个过程中我们还会对涉及的教育学概念做专业正规的解读，避免随意使用、混乱使用教育学术语现象的发生，尽量保证研究的准确性。

接下来，本书围绕课程设计的五项内容，以笔者建设的“通识论文写作课程”为实例，向读者展示这门课程是如何按照教育学关于课程建设的原理建设的，同时是如何满足“金课”建设“两性一度”以及兼顾新文科的要求和科技、交叉、立德树人等要素，最终实现高等教育的人才培养目标的。同时也帮助读者认识到，为什么依据教育学课程建设原理同时兼顾新文科和“金课”建设“两性一度”要求进行建设的课程，能够培养学生的思维，而不是单纯向学生灌输知识。

1. “两性一度”和新文科建设“要素”的解析

1）“两性一度”

我们先来看“金课”建设的标准“两性一度”，即高阶性、创新性和挑战度，对应的是“水课”建设的低阶性、陈旧性和不用心。

首先，高阶性。要想理解高阶性，需要借助图 3-7 布鲁姆认知分类金字塔，它是高阶性的语义来源。根据布鲁姆认知分类金字塔，人的认知可以分为六个层次：记忆、理解、应用、分析、评价、创造。其中记忆、理解、应用被称为初级认识，即低阶认知；分析、评价和创造被称为高级认识，即高阶认知。[①]

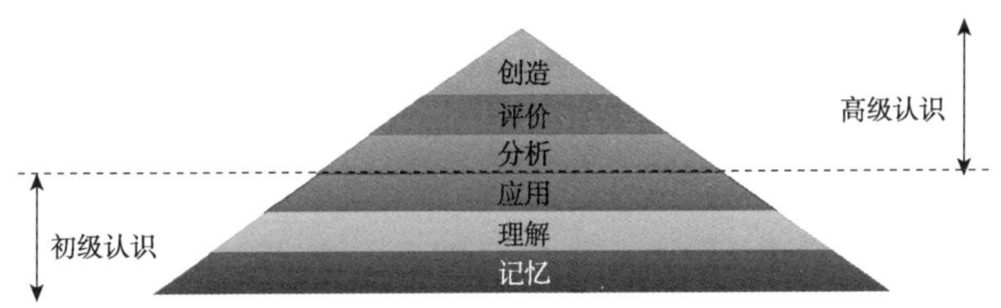

图 3-7　布鲁姆认知分类金字塔

我们之前已经详细介绍这六种不同层次认知的具体概念，其中记忆和理解是针对知识展开的，应用是将既有知识应用于简单

① 这是不同的翻译造成的，有些版本将其翻译成初级认识和高级认识，有些版本将其翻译成低阶认知和高阶认知。

问题的解决中，分析、评价和创造则涉及思维培养，在认知层面属于高阶。所谓高阶性，指的就是要培养学生分析、评价和创造的能力。培养上述高阶能力，仅通过知识传递是做不到的，还需要培养思维，尤其是批判性思维。[①]我们的教育长期集中在记忆和理解层面，记忆和理解是针对知识而言的，一旦上升到应用层面，就涉及将知识运用到问题的解决中，就涉及思维了。未来将知识通过一定的教学设计嵌套在思维的培养过程中，通过解决问题的思维过程让学生体会分析、评价和创造这些高阶能力是课程建设和教学改革的重中之重。

其次，创新性。这是一个有着广泛使用背景的词汇，在很多场合中出现，在不同的场合甚至有着不同的含义。在上文新知识是怎样被生产出来的部分中我们经常提及创新，新文科建设也将创新性列为核心关键词，科学研究强调创新性，教学在课程建设部分依旧强调创新性，那么创新性的具体内涵指的是什么呢？在科研领域中，创新性主要是指生产出新知识以及在生产过程中每个环节的创新。在课程建设部分，创新性包括以下三个方面：①课程内容："前沿性＋时代性"，即将科学研究最新的成果（新知识）纳入课程内容中；②课程形式："先进性+互动性"，即改变以往讲授式为主的课程形式，引入具有先进性和互动性的课程形式；③学习结果："探究性＋个性化"，即改变以往单纯的知识传授，强调将知识置于问题中，要求学生在解决问题的过程中获取新知识，强调学生学习的个性化，因为学生学习的习惯、方式是不

① 为什么需要培养批判性思维而不是单纯传递知识，已经在上文多次提及，在此就不再展开了。

同的，对问题的解决也不同，不再按照以往的同一标准评价所有学生。

最后，挑战度。挑战度包含以下两个方面：①教师教有难度（深度备课+深度反思）；②学生学有难度（深度预习+深度复习）。这就要求课程不能是之前知识的罗列和讲解，而是需要提高知识的难度以及强调知识获取的过程，不能直接将知识“喂给”学生。教师需要设置任务，引导学生参与到任务中，并通过完成任务来获取新知识。这无疑增加了教师的备课难度和学生的学习难度。教师必须反思自己的授课过程和效果，不断设计课程内容和呈现方式；学生必须在课前预习才能跟上课堂教学的节奏，完成教师设置的任务，课后还需要深度复习才能巩固学习成果。这一切都不是以知识为中心的课程能完成的，需要借助思维的培养，将知识和思维培养结合起来，增加课程难度，激发学生学习的兴趣，提升学生解决问题的能力。

2）新文科建设要素

老实说，新文科可以融入课程建设的要素非常多，结合表 2-4，几乎每一组关键词都可以根据需要融入。比如，有些学科层面比较高，如国际关系、国际法，在课程建设的时候可以考虑国际、国家、民族、国际社会等要素。有些学科比较具象，实际操作比较多，如法学中的刑侦、诉讼、市场监督等，可以融入现代科技、数字、时代等要素。有些学科涉及产业革命、产业升级，如新闻、媒体等，可以融入数字、信息化和融媒体等要素。有些学科比较注重积淀，如中国文化、历史、考古等，可以融入传统文化、传承等要素。还有一些要素可以被多学科融入，如交叉学科、创新、服务社会、价值引领、共享与协同、原创等。教师可以根据自身情况将新文科建设要素合理融入课程建设中。

2. 课程设计模式

在正式介绍上述五项内容之前，我们还需要了解课程设计模式，即施良方教授在《课程理论——课程的基础、原理与问题》一书中所提及的课程探究形式。课程设计模式是课程设计的底层思考，即课程是按照什么模式生成的。只有先了解课程生成的底层逻辑，才能分析课程设计所包含的五个方面——目标、内容、教学模式、评价和组织，课程设计模式是设计课程时首先要考虑的内容。课程设计模式主要包括四种：目标模式、过程模式、实践模式和批判模式。其中目标模式是以目标为课程设计的基础和核心，围绕课程目标的确立及其实现、评价而进行课程设计的模式，是 20 世纪初开始的课程设计与开发科学化运动的产物。

1949 年，泰勒出版《课程与教学的基本原理》一书，从此该书成为课程研究与开发领域的经典之作，泰勒也因此被誉为“现代课程之父”。在书中，泰勒开宗明义地指出，开发任何课程和教学计划都必须先回答以下四个基本问题。

①学校应该试图达到什么教育目标？（确定教育目标——课程目标的选择）

②提供什么教育经验最有可能达到这些目标？（选择教育经验——学习经验的选择）

③怎样有效组织这些教育经验？（组织教育经验）

④我们如何确定这些目标正在得以实现？（评价教育结果）

这四个基本问题——确定教育目标、选择教育经验（学习经验）、组织教育经验、评价教育结果——构成著名的“泰勒原理”。目标模式提出并发展了一种至今最具权威性的、系统化的课程设计理论，为课程设计的探究奠定了基础。

20 世纪 70 年代初，人们开始从完全不同的视角探讨泰勒模式并进行反思，认为目标模式过于脱离实践，完全是理论知识的展现，即按照学科的逻辑将知识整合起来。于是目标模式受到了各种挑战，课程研究领域随之发生了巨大变化，人们不再满足于对泰勒课程原理的修修补补，而是试图从不同的视角探讨课程，产生了三种模式：过程模式、实践模式、批判模式。

以斯腾豪斯为代表的过程模式。课程不应以事先规定好的结果为中心，要以过程（学生的行为表现）为中心。教师与学生最大限度地教与学，本身就构成了目标。知识不是现成的让学生接受的东西，而是思考的对象；教育要通过促进学生思考知识，使他们得到真正的解放。为了使学习更加有效，教师需要成为课程研究者。施瓦布的实践模式也是针对传统的“理论的”课程设计模式提出的，他认为课程领域已经到了穷途末路，原因是过于依赖理论。要把主要精力从追求理论转向解决实际的问题。由于实践中的问题都是具体的、特定的，不可能只受一种理论的指导，为此他提出了“实际—准实践—择宜”的运作方式。批判模式研究者认为课程内容不仅是教育上的问题，也是政治、经济和意识形态上的问题，他们关注的是意识形态和政治经济对学生成长和发展的影响。批判模式试图指出种族、社会经济地位、性别等差异所带来的教育权利、教育机会、教育质量等方面的不平等现象，并力图克服它们。这三种具有代表性的课程编制模式有的还不完善，但确实为传统的目标模式无法解决的一些问题提供了解决思路，有助于加深对课程编制原理的理解。

目标模式是课程设计与开发的早期产物，属于偏重演绎式、理论性的设计模式。这种设计模式的好处是稳定、可预见、有体系性，缺点是并不能反映实践过程、学生的学习过程以及教育和外在环境如政治、经济和意识形态之间的制约与反制约关系。对于非教育学出身的一线教师而言，课程设计模式的理论有一些“过于专业”，很难理解。我们用简单的话来概括一下，在考虑课程设计模式的时候，一线教师要思考的问题是我的这门课程是设计成纯理论的还是理论和实践相结合的形式？是完全的知识传授还是考虑学生的学习方式和接受程度将学生纳入知识生成的考虑范围？是否考虑课程之外的一些关于经济、政治和意识形态的问题？这就将上述四种课程设计模式融入其中。

以笔者开发的“通识论文写作课程”为例，由于国内关于通识论文写作课程的开发尚处于初级阶段，对写作课程的本质认识不够充分，没有形成完整的课程内容和体系，也没有统一的规范性教材，学生论文写作的水平和能力培养效果一直不太理想。发现上述问题之后，笔者研究了国外几十所大学写作课程设置的大纲和教材，于是开始设计本土的通识论文写作课程并编写教材。

（1）“通识论文写作课程”考虑了理论和实践之间的关系。在理论上将论文写作的本质推进到思维培养，强化逻辑思维和论证技能；在实践上依据学生写作的过程和遇到的问题编排课程内容。在附录所列举的目录中，第一编是背景篇，强调写作能力在高等教育中的意义和社会效用，提升学生对于写作重要性的认识来回答为什么要从事论文写作的问题。第二编是认识论，通过对写作的本质、内容、要求和过程的分析来回答论文写作是什么的问题。第三编是方法论，从写作的准备阶段、构思阶段、写作阶段、修改阶段、答辩与提交阶段入手来阐释整个论文的写作过程，其中准备阶段涉及大量文献阅读、文献综述，属于输入阶段，构思阶段属于酝酿输出阶段，写作阶段属于正式输出阶段。通过纵向描述学生推进论文写作的过程和步骤，横向整合学生写作、师生互动的指导和教学管理三个过程，对论文写作进行过程管理和控制。这样的内容安排解决了如下几个问题：首先，在认识上，学生不重视论文写作，通常将论文写作排在找工作、课程学习和考试之后，致使写作过程和质量受影响；其次，在课程内容上，国内的写作课一直未调整到思维培养的范畴，只是停留在经验分享层面，没有对写作的本质形成符合教育学的认识；再次，在写作过程上，国内没有完整的写作过程全链条指导，同时在每个步骤学生应当做到什么程度、完成什么任务方面没有细致的标准，缺乏过程控制，最终导致结果不理想；最后，国内的写作课没有捋清楚写作过程中学生、导师和教学管理机构之间的关系，进而导致师生关系、教学管理关系存在一定的矛盾。该书在三编九章内容的设计中，涵盖了从理论到实践的全过程。

（2）“通识论文写作课程”做到了将学生的学习过程融入并准确地从学生认知角度进行内容设计，帮助学生学会过程控制与管理。如前所述，课程内容的安排需要充分考虑学生应当掌握的基本理论和学生写作的基本实践，依据学生推进写作的实际流程设计教学内容，并对每个环节进行管理和控制。同时，不同于以往的教材强调写作技巧，本课程更多是从思维培养、可以看得见的论据、论证、前提、结论入手，手把手教学生完成每一个写作环节，考虑学生的认知情况，进行精准指导。

（3）“通识论文写作课程”尝试突破西方的范式。国内有很多写作教材源于西方，多为翻译版本，不仅存在翻译腔等语言转化的问题，更为重要的是，国外关于论文写作的叙事展开与国内习惯的叙事逻辑并不相符。国外的教材是配合国外的教学体系进行设计的，每份教材背后都有强大的教育体系作支撑。由于西方和中国的教育体系、课程安排等存在不同，直接引进国外教材并不能保证其很好地嵌套在中国的教育体系中，容易产生“水土不服”的现象。此外，国外教材中的例子不适合中国国情，发生的场景都是国外的，如电视辩论、总统竞选等。这些例子一方面不容易被学生理解，另一方面不适合中国国情。因此，本课程选取的例子、叙事的逻辑都是按照本土的实际情况来设计，尽量做到本土化。

此外，为了配合“通识论文写作课程”的开设，笔者开发了主教材——《论文写作——一本适合各学科、各年级的通识论文写作书》以及辅助教材——《批判性思维与写作》《100天写出一篇论文——论文写作的本质及过程控制》《你学习那么好，为什么写不好论文》，帮助学生进一步提升对写作的认识和加强对写作的实际训练。

综上所述，“通识论文写作课程”基本上综合了目标模式、过程模式、实践模式和批判模式的特点，打造了适合中国本土、符合学生认知、揭示写作本质、实现过程控制的论文写作课程。

3. 课程设计思路及实例

介绍完课程设计模式之后，我们要结合上文提及的教育学关于课程设计的五项内容，即课程目标、课程内容（含教材建设）、课程实施、课程评价和课程组织具体谈一下课程建设的思路，此处仍以“通识论文写作课程”为实例。笔者一方面会解释课程目标、课程内容、课程实施、课程评价、课程团队的具体要求，另一方面会揭示“通识论文写作课程”是如何按照上述课程设计的五方面要求进行建设的。

1）课程目标

要想准确定位课程目标，需要将其与教育目的、培养目标、教学目标等相关概念区别开来。教育目的是一定社会培养人的总要求，是由不同社会的政治、经济、文化、科学、技术发展的要求和受教育者身心发展的状况决定的，它反映一定社会对受教育者的要求，是教育工作的出发点和最终目标，也是制定教育目标、确定教育内容、选择教育方法、评价教育效果的根本依据。[①]教育目的是从整个国家和社会的角度来观察，因此其只能是总体性的、高度概括的，而不可能是具体的、菜单式的。培养目标是对各级各类学校的具体培养要求，它的观察角度是各个学校，制定者通常根据国家的教育目的和自己学校的性质与任务，对培养对象提出特定要求。教育目的和培养目标没有实质性的区别，只是所处的层面不同。教育目的是整个国家各级各类学校必须遵守的统一

① 参见夏征农主编：《辞海：教育学・心理学分册》，上海辞书出版社 1987 年版，第 1 页。

质量要求，培养目标则是某级或某类学校的具体要求。后者是前者的具体化。[①]课程目标是指导整个课程编制过程的关键准则，确定课程目标首先要明确课程与教育目的、培养目标的衔接关系，以便确保这些要求在课程中得以体现。其次要对学生的特点、社会的需求和学科的发展等各方面进行深入的研究，如此才有可能确定行之有效的课程目标。课程目标的编写不仅要注意到学科的逻辑体系，还要关注到教与学的关系，更重要的是要注意到课程内容与社会需求的关系。教学目标是一个最小的概念，是课程目标的具体化，是指导实施和评价教学的基本依据。

课程目标具有丰富的层次，包含：①思想性目标——课程思政；②理念性目标——以学生为中心，以学习成果为导向；③层次性目标——知识、能力、情感；④支撑性目标——课程目标对专业培养目标和毕业要求的支撑度，如表 3-8 所示。

表 3-8 “通识论文写作课程”的目标体系

编	章	节	课程目标	思政元素
背景篇：为什么要从事论文写作		论文写作是一项重要的教育内容	**思想性目标：** ①注重德育； ②知识+观念； ③关注学生成长。 **理念性目标：** ①以学生的认知为中心； ②关注思维培养； ③关注高阶思维； ④关注能力培养； ⑤关注可测量和可	**国际理解：**全球意识、开放的心态，人类文明进程、世界发展动态；跨文化交流的重要性；人类面临的全球性挑战。 **国家认同：**国家意识，国情历史，国民身份认同；文化自信，对中华民族的优秀文明成果的了解，对中华优秀传统文化和社会主义先
		论文写作的目的是思维培养		
		论文写作是破“卷”的有效方式		
		论文写作是人工智能时代高素质人才的标志		

① 参见班华主编：《中学教育》，人民教育出版社 1994 年版，第 69 页。

续表

编	章	节	课程目标	思政元素
认识篇：论文写作是什么	论文写作的本质	论文写作是科研的一部分	量化； ⑥关注学生主动学习； ⑦关注社会和生活； ⑧关注探究性学习。 **层次性目标** **知识目标：** 掌握论文写作的流程；理解各个写作环节的衔接和要求；能够解释研究对象；能够分析研究对象；能对研究对象作出评价；得出问题的结论；遵守写作规范。 **能力目标：** 能够制订一份科学合理的写作计划；能够协调各部分写作安排和控制写作节奏；能够围绕各部分反复练习达到要求标准。	进文化的传播和弘扬。 **人文积淀：**古今中外人文领域传统文化和成果的智慧与精髓；人文思想中所蕴含的认识方法和实践方法等。 **理性思维：**求真精神，基本的科学原理和方法的运用；尊重事实和证据，有实证意识和严谨的求知态度；逻辑清晰，能运用科学的思维方式认识事物、解决问题、指导行为等。 **勇于探究：**好奇心和想象力的重要性；不畏困难，坚持不懈的探索精神；大胆尝试，积极寻求有效的问题解决方法的能力和韧性。 **信息意识：**自觉、有效地获取、评估、鉴别
		论文写作的底层是批判性思维		
		论文写作的核心是推理和论证		
	论文写作的内容	论文写作的基本文体		
		论文写作的基本类型		
		论文写作的基本框架		
	论文写作的要求	对写作者的能力要求		
		对论文的要求		
	论文写作的过程	论文写作是一个链条化的过程		
		论文写作是多方共同努力的结果		
		论文写作是一个长期而艰难的过程		
方法篇：如何开展论文写作	论文的准备阶段	确定选题所在研究领域	**情感目标：** 认识到论文写作的困难度以及重要性；端正写作态度；树立战胜写作困难的决心；认识到细节的重要性；尊重知识产权；具有不断修改完善的耐心。	**使用信息：**数字化生存能力，“互联网+”等社会信息化发展趋势；网络伦理道德与信息安全意识等。 **问题解决：**发现和提出问题、解决问题的兴趣和热情；制定合理的解决方案；复杂环境中行动的能力等。
		文献检索及分类管理		
		文献阅读		
		问题的形成		
	论文的构思阶段	论证框架的形成		
		写作框架的形成		
		开题		

续表

编	章	节	课程目标	思政元素
	论文的写作阶段	标题写作	**支撑性目标：** 高层次人才——深厚的理论素养 + 笃实的践行能力。	**技术运用：**技术与人类文明的有机联系，学习掌握技术的兴趣和意愿；工程思维，创意和方案转化力，现有技术的改进与优化等。
		摘要写作		
		引言写作		
		正文写作		
		注释和参考文献写作		
	论文的修改阶段	初稿提交		
		论文修改		
		论文定稿		
	论文的答辩与提交	论文装订		
		论文预答辩与论文修改		
		论文盲审、修改及答辩		
		论文答辩后修改		
		论文审查		
		论文提交		

2）课程内容

课程内容是指各门学科中特定的事实、观点、原理和问题，以及处理它们的方式。课程目标一旦有了明确的表述，就在一定程度上为课程内容的选择和组织提供了一个基本的方向。新文科建设背景下的课程内容要求具有先进性，这主要体现在思想性、时代性、前沿性、逻辑性、通识性、实践性。其中思想性要求课程内容产生于自主知识体系，能体现时代主旋律和反映社会发展真实需求；时代性则要求课程内容能体现时代的发展进程，内容不落伍；前沿性是指要将科学研究的最新成果纳入课程内容体系；逻辑性要求课程内容既反映学科逻辑又反映实践逻辑；通识性要求课程内容具有基础性，能够被学生广泛接受，反映所处学科的底层本质，课程内容不能过于狭隘或者局限于某个领域；实践性要求课程内容反映知识在实践中被应用的动态使用过程。

从表 3-8 和附录的大纲可以看出，第一，“通识论文写作课程”在第一编开宗明义，揭示了写作在高等教育中的重要地位和对人才培养的重要意义，增强学生对写作重要性的认识，满足了课程内容的思想性要求。第二，将新时代对人才能力培养、思维培养的要求贯穿课程始终，体现了时代性。第三，将理论界关于批判性思维最新的研究成果整合到内容中，并结合国内外写作课程的理论与实践，确保课程内容的前沿性（如表 3-9 所示）。甚至可以说，目前只有笔者主持的“通识论文写作课程”具有比较完整的内容体系，具有系列教材作支撑。第四，课程分背景篇、认识论、方法论整合了论文写作的内容，按照写作顺序、师生互动过程以及教学管理过程展开叙述，体现了课程内容的逻辑性和实践性。为了保证课程最终落到可以操作的层面，笔者创设 IBAC 写作模式指导学生进行微观写作，具有较强的可操作性。第五，本课程的编写是围绕通识课程展开的，针对各学科、各年级，揭示写作底层规律，具有超越学科的共性，因此具有通识性。

表 3-9　批判性思维与写作课程的嵌套

批判性思维能力	任务描述	任务拆解	能力要求	写作课程
开始和澄清	我们的目的是什么	提出研究问题，界定什么是问题	好奇心、同情心以及热情	现象级别问题上升为理论级别问题
查找和生成	我们需要什么	我们需要什么样的信息、什么样的检索策略	坚韧的意志、小心谨慎地操作	文献检索、案例检索

续表

批判性思维能力	任务描述	任务拆解	能力要求	写作课程
评估和反思	我们相信什么	局限和偏见、现有研究内部的状态以及存在的问题	较强的辨识能力、分析能力和评价能力	文献阅读、分析局限、矛盾、偏见和不一致的地方
组织和管理	我们怎样安排	写作时间安排和团队工作管理	协调一致以及团队合作	文献管理、数据管理、研究时间安排和团队分工
分析和综合	我们怎样提炼观点	拆解观点、比较分类以及建构新观点	创造能力	文献综述、研究动态、确定主题、建构研究思路
沟通和应用	我们如何联系	读者是谁、标题怎样草拟、结构怎样展开	建设性的能力，需要推理论证	开始草拟题目、确定大纲、开始分析论证

3）课程实施

相对于传统的一本书、一堂课的课程实施，本课程在两个方面做了调整和创新：一是技术融入，使课程内容更生动；二是模式融合创新，使课程教学更具有魅力。课程实施中对现代性体现得最为鲜明的就是一线教师可以利用现代技术丰富自己的课程内容、完善自己的课程教学过程。新文科建设中，技术是重要的因素，笔者仍结合“通识论文写作课程”的实施分享技术融入的部分，请读者体会技术引入对课程实施释放的操作空间和对学生产生的集群效应。

就本课程而言，技术完成了三方面的工作，如表 3-10 所示，释放了课堂空间、提高了教学效果、强化了师生互动，同时使得课程内容更加生动、学生的参与度更高。首先，笔者将知识性的、原理性的内容录制成线上课程，要求学生在上课之前通过自学完成相关知识的记忆和理解。其次，在课堂教学部分改变讲授式的教学模式，开展小组讨论、同伴互评、实际演练、角色扮演、演讲等相关教学活动，增强学生的参与感和学习体验。最后，我们建设了线上模拟投稿审稿系统作为实践教学体系的组成部分，学生完成写作之后，使用虚拟投稿系统并且能够收到评审意见，从而将写作的全链条通过技术、线上线下融合完整地呈现给学生。

表 3-10　课程实施过程的技术融合创新

课前	线上课程—翻转课堂—释放课堂空间
课中	小组讨论、同伴互评、实际演练、角色扮演、演讲、小练
课后	实践教学体系—投稿系统—校外编辑

技术引入课程实施过程的好处是显而易见的，一方面可以释放课堂空间，使得有限的课堂教学有一部分转化成自学；另一方面将知识类和实践类的内容分开，为学生提供更多的机会参与实际操作，而且能进行仿真实践教学，使学生完成真实写作过程的全链条体验。技术的融入不仅使得课程内容更加丰富、灵活、生动，更重要的是提高了学生的参与感、体验感，产生了良好的教学效果。

本课程实施时还在模式融合方面做了一些创新，从而使课程教学具有吸引力，这也得益于技术的引进。传统课程教学主要是讲授式，学生参与感弱。引入技术处理之后，课程实施中的教学模式可以综合参与式、研讨式、养成式，而不再局限于单一的讲授式和简单灌输。同时整合学生课内、课外、课上、课下的时间，使其能够更多地投入到课程的学习和对课程相关内容的体验中，并不局限于课堂和书本，可以通过多种方式开展学习。

4）课程评价

传统的课程评价局限于“一张卷”，即期末考试定分数，简单粗暴地评价了学生的学习效果。这种评价方式不能全面反映学生的学习过程和学习状态。在课程评价方面，本课程一方面做到了形成性评价，即在学生学习过程中科学选取学习节点进行相应评价，同时采取多种方式评价，如在线考核、答辩式考核、个性化考核等。在考核的内容上，本课程不仅关注知识的掌握程度，还关注写作具体环节中能力指标是否完成，如表 3-11 所示。

表 3-11　论文写作评估指标体系（适合大学 1~4 年级）

初级（1 年级）			非常优异	优异	中等	通过	不及格
中级（2~3 年级）		非常优异	优异	中等	通过	不及格	
高级（4 年级）	非常优异	优异	中等	通过	不及格		
对研究对象的解释（精确且详细）	提供所有关键词的准确定义，对批判对象的整体了解进行精准的解释，包括对批判对象的替代的详细解释	提供所有关键词的准确定义，对批判对象的整体了解进行精准的解释且承认批判对象的替代解释	提供所有关键词的准确的定义，对批判对象的整体了解进行精准的解释	提供所有关键词的准确定义	提供了大部分关键词的准确定义，但也提供了一些不精确的定义或者是没有定义某些关键词	说明了对解释的理解，但是实际解释中包含许多对关键词不准确的解释或省略	没有解释批判对象
对研究对象的分析（洞察力和彻底性）	辨别了批判对象中的组织原则和结构以及大量的显性和隐性的假设和潜在的偏见	辨别了批判对象中的组织原则和结构以及显性和隐性的假设和潜在的偏见	辨别了批判对象中的组织原则和结构以及大量的显性和隐性的假设	辨别了批判对象中的组织原则和结构以及显性的假设	辨别了批判对象中的组织原则和结构，但也包含了一些与批判对象不相关或不存在的元素	说明了对分析的了解，但实际分析中强调与批判对象不相关或不存在的元素	没有分析批判对象

续表

初级（1 年级）			非常优异	优异	中等	通过	不及格
中级（2~3 年级）		非常优异	优异	中等	通过	不及格	
高级（4 年级）	非常优异	优异	中等	通过	不及格		
对研究对象的评估（恰当的标准，严格且公正）	使用适当的标准，包括对支持和反对批判对象的各种论据进行严格的评估，说明批判的意愿，或以自己的观点说明	使用适当的标准，包括对支持和反对批判对象的各种论据进行严格的评估，并说明自己批判的意愿或者以自己的观点说明	使用适当的标准，包括对支持和反对批判对象的各种论据进行严格的评估	使用恰当的标准且评估是充分严格的，但只是单方面的	使用适当的标准，但评估简短且是单方面的	说明了对评估对象的理解，但实际的评估使用了非恰当的标准	没有评估批判对象且接受它表面的解释
综合解释、分析和评估（原创性，说服力和有创造力的）	综合解释、分析和评估一个原创的且具有高度说服力的结论，并展现出相当大的创造力	综合解释、分析和评估一个原创的且具有高度说服力的结论，并展现出一些创造力	综合解释、分析和评估一个原创的且具有高度说服力的结论	综合解释、分析和评估一个原创的且具有说服力的结论	综合解释、分析和评估一个原始的但没有说服力的结论	说明了对综合的理解，但实际上没有原创性、说服力或创造性	没有综合解释、分析和评估

这样在课程评价方面我们就完成了对传统模式的突破，实现了过程评价、能力评价和其他多种方式评价，这种对课程评价方面的改革和尝试能够比较丰满、全面、立体地反映学生的学习效果。

5）课程团队

传统的课程没有团队，教学拓展空间不大，教学效果容易受到影响。笔者在课程团队建设方面做了一些思考和尝试。首先，跨学科、跨专业、跨高校组建课程团队。我们试图将各专业、各学科甚至高校的写作教师整合到课程团队，这样就可以从多角度阐释通识论文写作课程的操作并为课程提供不同学科和专业的实例。其次，借助虚拟教研室制度构建起关于“通识论文写作课程”的组织团体，定时开展教学研讨和交流，对原理性问题进行集体备课，对团队成员授课过程中存在的问题及时进行答疑。再次，注意课程团队的结构，形成老、中、青比例合理的教学团队。最后，及时关注最新的研究成果，提倡团队教师积极自主展开课程研究，不断将新的、前沿的内容引入课程内容中。

以上就是笔者开发和建设“通识论文写作课程”的思路。作为对传统课程的创新和改进，课程从理论上将写作拉到了思维培养的层面，并引入实践过程，真正实现了理论教学和实际操作的结合。同时，鉴于写作的复杂性，笔者一共撰写了四本关于本课程的辅助教材，其中将高等教育出版社出版的《论文写作——一本适合各学科、各年级的通识论文写作书》作为主教材，因为这本书的内容更加清晰地呈现了学生的写作过程、教师的指导过程和教学的管理过程。此外，为了让学生深入地了解写作的底层思维——批判性思维，笔者撰写了《批判性思维与写作》作为辅助教材；为了让学生更好地掌握写作的本质以及对自己的写作过程进行管理，笔者撰写了《100 天写出一篇论文——论文写作的本质及过程控制》，帮助学生更好地掌握分析论证和评论论证能力并将其应用到写作的全过程。同时，笔者还出版了《你学习那么好，为什么写不好论文》一书，围绕师生在论文指导过程中的互动和经常遇到的问题进行分析、解答。这本书被业界称为“写作课程的课程思政案例集”，帮助学生提升对写作的认识以及明确师生在写作方面的分工和界限，避免师生矛盾，增强互动效果。

不论是哪本教材，贯穿写作的都是批判性思维，通过思维的培养盘活知识并让学生在知识的运用中掌握解决问题的能力、团队合作能力甚至是创新能力。只不过每本教材的侧重点不同，这也说明论文写作是一个复杂的事物，有着多层次、多线索叙述的潜在要求。

需要提醒读者的是，笔者的“通识论文写作课程”还在不断建设和完善中，虽然在本书中作为例子分享给大家，但是还存在很多不完善的地方，并且作为一门课程无法体现新文科建设的综合、全方位的要求，仅能在思政元素上照顾到时代性、民族性、国家和社会的需求以及研究精神，在实施上关注科学技术对现代教育的影响，在评价上考虑多元评价方式和过程评价，在团队上照顾到跨学科要素等，有一定局限性。事实上，每门课程只能从自身建设的角度在某个或某几个点上与新文科产生连接。此外，本部分课程建设会涉及大量课程论的原理和内容，这部分的理论相当深奥，笔者是一个后加入教育学领域学习的“晚辈”，理论上的积淀并不深厚，对很多问题的解释可能存在欠缺。但这并不影响读者阅读本书，本书写作的目的仅是强调一线教师的课程建设需要在教育学的指导下科学、有序、良性地开展，而不是不建设或者依据经验“任性”建设。教育学对很多教育问题都有现成的答案，一线教师在解决相关问题的时候可以参考，作为解决问题的“大前提”。至于出身教育学之外的各学科的一线教师，在教育学原理的指导下能够将自己的课程建设到何种程度，其实并不重要，因为只要在心中一直提示自己依据教育学原理建设课程，课程建设就不会太差，至少是在教育范畴内展开的，总好过一直不建设、局限在传统模式产生的教学效果中。课程建设是一个长期持续的过程，在这个过程中可以不断完善，重要的不是一线教师一下子就能将课程建设得很好，而是开启了专业化课程建设的道路，并在这一道路上不断前进。

上文仅是笔者建设思路的分享，由于篇幅的限制不能过多展开本部分的理论基础——课程论的内容。感兴趣的读者除了可以观察笔者建设课程的思路，还可以额外补充一些教育学和课程论方面的内容，增强自己对课程建设的理解，并在理论的指导下不断完善自己的课程。

这样我们就将本章——如何在新文科要求下从事知识传授中的课程建设部分介绍完毕。新文科建设对知识传授有着特殊的、不同于传统模式的理解，反映在课程建设上就是要实现从知识到思维的转型。要想做到这一点，需要将批判性思维及其要素贯穿知识内容，改变原有教材叙事的习惯，结合专业知识将问题、前提、论证和结论等要素融入课程，最终实现学生从既有知识的接受者到既有知识的探寻者和新知识的创造者的转变。接下来，我们从教学论角度观察如何在课堂教学中完成从知识到思维的转型。

（三）新文科建设背景下的教学设计

1. 新文科建设对教学设计的要求

课程论和教学论是教育学中最重要的两大块内容，原因在于实践中课程论对应的是课程建设；教学论对应的是如何将课程转化成教学行为，即一线教师的实际教学行为。在教学行为中有一个核心的能力就是教学设计能力，一切教学行为及其效果都取决于教学设计。在本章的第一部分，笔者已经开宗明义指出在传统教学模式下，一线教师的教学设计能力是偏弱的，不仅是因为一线教师不是出身教育学，对教学论的内容比较生疏，还因为在实践中一线教师缺乏用科学理论指导自己教学行为的意识。很多一线教师的教学方式受其学生时代接受教育的模式以及观察当时授课教师的教学活动的影响，并且传统的教学行为受制于传统的课程内容——以纯而又纯的知识教学为主，并没有向学生解释知识的来源，也没有向学生解释知识的应用。这就使学生对知识产生了疏离感和隔阂感，甚至产生厌学情绪和“知识无用论”的错误认识。

新文科对一线教师教学行为的要求如课程建设一样，要求教师在教学过程中改变知识教学的简单模式，变成教学设计者，通过良好的设计使自己退居知识学习的“二线”，将学生推到知识学习的“一线”，并不直接告诉他们知识是什么，而是通过巧妙的设计使学生自主获取既有知识，并在获取既有知识的同时了解知识是怎么来的这一本质问题和思维的过程。因此，教学设计对于新文科建设非常重要，一线教师通过教学设计要达到的第一个目标就是改变知识传授方式，使学生从单纯的知识的接受者变成既有知识的获取者，甚至是新知识的创造者。这一切都需要结合上文提出的批判性思维，将问题、结论、前提和论证等要素嵌套进教学设计，并与知识学习相结合。

需要注意的是，在教学设计部分还要实现另一项教育关注的内容——课程思政。课程思政对一线教师提出了一个建设要求——在知识传递的同时帮助学生树立正确的观念，这也涉及知识传授。如何将观念和专业知识的学习结合在一起，一直是课程思政建设的重点。新文科建设关注甚至是更为关注立德树人、价值引领的问题。因此课程思政是新文科建设在教学部分关注的重要内容。

因此，本部分要解决两个方面的新文科建设问题：一是如何通过教学设计帮助学生从单纯的知识的接受者转化成既有知识的获取者，以及新知识的创造者；二是如何通过教学设计同时实现知识的传递和观念的培养，即课程思政所关注的思政元素的挖掘与融入。

2. 教学设计的原理阐释

笔者曾多次强调，本书是在批判性思维原理的指导下展开研究和写作的，批判性思维的一个重要特点是依据“客观真实”得出结论。我们要想解决教学设计方面的问题，必须依据教学设计的原理。所以本部分要用极为简单通俗的语言解释一下，什么是教学设计，教学设计的重要性。同样，教学设计理论是非常深奥、专业的教育学理论，由于篇幅的限制，我们只能简单概括地介绍，读者朋友们如果对教学设计相关的原理感兴趣，可以在本书之外进行扩展阅读。本书在此阐述教学设计原理的目的有两个：其一，提醒一线教师，我们的教学活动必须在科学的教学设计原理的指导下开展；其二，通过易于理解的方式描述、提炼教学设计的基本内容，帮助非教育学出身的教师快速掌握并将其应用于自己的教学活动中。

教学设计是运用系统思想和方法，以学习理论、教学理论和传播理论为基础，计划和安排教学全过程的诸环节和各要素，以实现教学效果最优化为目的的科学。教学设计以教学过程为研究对象，用系统思想和方法来分析教学过程的各个要素，用最优化的思想和观点对教学过程进行设计，为教师的教学过程提供一个具体的、可操作的教学活动实施方案。①良好的教学设计能够充分体现学习者的主体地位，能够使教学工作更加科学，提高教学效率和教学效果，也有助于调动学习者的积极性。教学设计的要素包括教学目标、教学过程、教学方法、教学评价，有的教学设计甚至包括教学媒体。接下来我们就对教学设计的几个要素进行简单的介绍，在后续的教学设计实例当中，也会向读者展示我们是如何在课程中使用教学设计理论来指导自己的教学行为的。当然，我们也要时刻记住，高等教育的目标是培养复合型、应用型、创新型的新时代人才，这种培养目标只能在思维培养的背景下实现。因此在进行教学设计时，一线教师不仅要遵循教学设计的原理和要素，还要将思维培养融入教学设计和学科知识当中。

1）教学目标

我们之前已经区别了教育目的、培养目标、课程目标和教学

① 张海珠：《教学设计》，北京师范大学出版社 2019 年版，第 2 页。

目标之间的异同，教学目标是学生通过教学活动要达到的预期学习结果，可以分为课程教学目标、单元教学目标、课时教学目标等不同层次。教学目标具有非常重要的教学作用，对于教师而言，可以提高理论素养和实践技能；对于学生而言，可以减少学习的盲目性，增加学习体验。从教学管理层面来看，教师、学生和教学管理人员可以结合教学目标、教学反馈来纠正教学活动的偏差，确保一切教学活动围绕着教学目标展开。

在讨论具体的教学目标之前，我们需要了解教学目标来源于课程目标，它是某一特定专业课程目标的具体化。因此，讨论教学目标不能脱离课程目标。在课程目标方面，传统上是比较重视“双基”目标的，即基础知识和基本技能。随着我们对教育规律认识得越来越深刻，“双基”目标被调整成“三维”目标，即知识与技能，过程与方法，情感、态度与价值观。这种变迁体现了教育从学科知识到学科能力，再到学科育人观念的转变，从而使高校的教育教学回归人、走向人、关注人，进而真正实现以人为本，这是教育领域最深刻的变革之一。传统的“双基”目标关注客观主义的知识观，强调知识的客观性、普遍性、确定性和对知识学习过程的接受性。“三维”目标秉承建构主义的知识观，强调知识的主观性、情景性、相对性和强调知识学习的建构性。“双基”目标对于稳定教学秩序、提高教学质量具有重要的作用，它使学校教学回归正常轨道。“双基”目标的缺点在于窄化了教学，忽略了人全面发展的需求。“三维”目标就较为完整地反映和体现了学科的内涵和教育取向，它标志着教育从关注学科知识转向了关注人。

但是,“三维”目标在实践操作中容易出现很多问题，比如，知识和技能被弱化，过程和方法被虚化，情感、态度和价值观被粗化处理，从而出现了“两层皮”现象。

本书仍然围绕着“三维”目标来进行教学设计，首先我们看一下“三维”目标的主要内容，如表 3-12 所示。

表 3-12　“三维”目标的主要内容

目标	内容
知识与技能目标:人类为了社会化生存所应当具备的知识和技能的综合	基础知识：主要包括人类生存所不可或缺的核心知识和学科基本知识
	基本技能：获取、收集、处理、运用信息的能力，创新精神和实践能力，终身学习的愿望和能力
过程与方法目标:注重让学生经历过程，掌握方法	过程：学生的学习体验和过程。让所有的学生都经历过程；让学生经历“自主、合作、探究”的学习过程；随机进行创新教育，应该说学生在学习过程中思维的最高境界就是创新型的思维
	方法：包括基本的学习方式（自主学习、合作学习、探究学习）和具体的学习方式（发现式学习、小组式学习、交往式学习……）
情感、态度与价值观目标：以学生的发展为本,培养学生正确的学习态度、高尚的道德情操,形成正确的价值观和积极的人生态度	情感：是人对客观现实的对象和现象的刺激所产生的或肯定或否定的心理反应。在教学过程中，应在充分考虑认知因素的同时，充分发挥情感因素的积极作用，以完善教学目标，增强教学效果，渲染教学氛围，提高学习兴趣
	态度：是指人对客观事物或事物的发展过程所表现出来的情感指向，包含对于事情的基本观点和采取的相应行动。良好的学习态度是一种与高级社会性需要相联系的、较为稳定和深刻的情感现象
	价值观：是和社会性需要相联系的，是人们对客观世界所持的判断标准。它不仅强调个人的价值，更强调个人价值和社会价值的统一

在编制教学目标的过程中，我们要明确以下几个问题。

第一，目前关于教学目标的编制一般采用泰勒的行为目标理论，尽量用行为动词描绘出学生通过课程的学习掌握的知识与技能，在过程与方法目标当中强调学生经历知识与技能的形成过程，并强调学生掌握各种知识与技能的学习方法和策略。所以教师在编写教学目标时要用动词描述出学生经过学习呈现的学习状态。专业课教师由于没有接受过系统的教育学训练，会对这些描述行为的动词不太了解，我们可以参照布鲁姆的标准来选择动词，具体可以参见表3-13、表3-14。

表3-13　认知领域的动词

目标层次	目标特征	可供选用的行为动词
知道	对信息的回忆	下定义、列举、说出、写出、复述、背诵、辨认、回忆、选择、描述、了解、指明
领会	用自己的语言解释信息	分类、叙述、解释、鉴别、选择、转换、区别、估计、引申、归纳、理解、举例说明、猜测、摘要、改写
运用	将知识应用于新的情境	运用、计算、展示、改变、阐述、解释、说明、修改、定计划、制定方案、解答
分析	将知识分解，找出各部分之间的联系	分析、分类、比较、对照、图示、区别、检查、指出、评价
综合	将知识部分重新组合，形成一个新的整体	编写、写作、创造、设计、提出、组织、计划、综合、归纳
评价	根据一定标准进行判断	鉴别、比较、评定、判断、总结、证明、说出……价值

表3-14　情感领域的动词

目标层次	目标特征	可供选用的行为动词
接受（注意）	愿意注意某事件或活动	听讲、知道、看出、注意、接受、赞同、容忍

续表

目标层次	目标特征	可供选用的行为动词
反应	乐意以某种方式加入某事，以示作出反应	陈述、回答、完成、选择、列举、遵守、记录、听从、称赞、欢呼、表现、帮助
价值判断	对现象或行为作价值判断，从而表示接受、追求某事，表现出一定的坚定性	接受、承认、参加、完成、决定、影响、支持、辩论、论证、判断、区别、解释、评价、继续
组织化	把许多不同的价值目标组成一个体系，并确定它们之间的关联，区分重要的和一般的价值	讨论、组织、判断、使联系、确定、建立、选择、比较、下定义、系统阐述、权衡、制订计划、决定
个性化	具有长期控制自己的行为；一直发展个性化的价值体系	修正、改变、接受、判断、拒绝、相信、继续、解决、贯彻、要求、抵制、认为……一致、正规

第二，教学目标的主体是学生不是老师，因此在描述教学目标的过程中，动词的主语是学生而不是老师。如果我们将教学目标表述成“引导学生关注与理想主义有关的国际现象”，这个目标的主体就是老师，就偏离了教学目标的制定原理。该写什么呢？要写学生行为的转变。例如，背诵出理想主义的定义，如果以前学生是背不出的，现在能够背出来，这就是行为的转变；关注理想主义的国际事件，以前学生是不关注的，现在关注了，这就是情感、态度和价值观上的转变。

第三，教学目标不要描写主题。比如，我们不能在教学目标中写“学习理想主义的特征”，要表述成学生学习之后达到的程度，如“能流利地说出理想主义的特征”。

第四，不能“大而空”地概括性表述行为的模式。比如，激发爱国主义热情，正确认识国际社会局势，要具体表述成“承认联合国作用的有限性”。

2）教学过程

教学过程的设计要依据教学内容的性质、学生的特点、教学环境和资源，具体包括新课导入、讲解、媒体选择、提问、内容连接、板书、学生活动等方面的设计。

新课导入是为了引起学生的注意力、激发学习兴趣、在新旧学习内容之间建立联系。教师可以通过直接导入、复习导入、悬念导入、经验导入、故事导入等方式完成这部分的设计。讲解内容设计需要教师确认课堂教学中教师深入讲解即采用讲授式教学方式的内容模块。传统教学模式下，课堂教学以讲授式为主，学生是讲授的对象，参与感较差。新的教学模式要求教师明确自身的定位，强调学生对知识的自我探寻和生成，而非大规模讲授。所以，教师在进行教学设计的时候必须明确哪部分知识内容需要教师讲解，哪部分知识内容需要通过学生活动设计交给学生自主探索完成。这也涉及后续的学生活动设计，这两部分本质上都是考察学生获取知识的方式和对内容的掌控，并在师生之间进行分配和权衡，目的是获得更好的教学效果，使学生对学习过程更加感兴趣。

不同的教学过程虽然围绕同一主题展开，但会涉及不同模块的内容，这就涉及内容的连接，用什么连接以及怎样连接考察的是教师的教学素养。比如，一些教师直接将知识的概念、特征、意义等以罗列的方式传授给学生，知识模块之间的连接十分生硬，学生参与少、获得感不足。笔者听过一位医学教师的授课，这位老师讲授的是“太阳头疼”，即太阳经络上的疾病引发的头疼。教师先通过临床上不同头疼患者的症状导入，引发学生思考，然后让学生观察一名特殊患者的症状即授课内容（太阳头疼）与以往接触到的症状表现不同，从而引起学生关注这种特殊的现象并与教学内容相连。接下来引出要讲授的主题——太阳头疼，然后引导学生总结太阳经络的头疼和其他类型的头疼之间的区别。最后来到太阳头疼的治疗。就这样按照问题导入、病症诊断、疾病治疗的逻辑顺序将三部分内容连接起来，符合医学实践认知规律，课堂教学收到了良好的效果。教师要时刻提醒自己，用什么样的逻辑将不同的模块连接起来更符合学生的认识，从而产生更好的教学效果。

提问设计是很重要的环节，在教学中学生学习的知识是多种多样的，有的需要记忆，有的需要理解，有的需要分析、综合和评价，相应地，提问可以分成记忆提问、理解提问、应用提问、分析提问、评价提问等。只要留意过上文提及的布鲁姆认知分类的读者就能明白这种提问是根据布鲁姆的认知分类金字塔设计的。其中，关于记忆、理解和应用层面的提问考查的是低阶认知，关于分析、评价甚至创造性方面的提问属于高阶认知范畴。在思维的培养过程中，提问是非常重要的，因为它（高阶认知提问）开启了思考的过程。在后续的教学设计实例当中，我们会涉及大量的提问设计。同时，提问既可以发生在某个具体的环节，也可以用提问统领整个教学过程。甚至可以毫不客气地说，优秀的教师善于用提问来启发学生思考，增强学生学习的主动性，检验学生的学习效果以及实现思维培养的目的。[①]

板书设计和媒体设计也是教学过程设计中的重要内容，有的教师在授课的过程中全程使用PPT（幻灯片），没有板书，有的教师的板书很随意，潦草几个字横七竖八地分布在黑板上，这些都是对教学没有设计的一种表现，也就无法保证教学效果。本书并不着重强调这些内容，而是把重点放在内容的逻辑设计和呈现线索、教师角色和学生活动设计上，其余内容请读者在学有余力的时候自行补充。

3）教学方法

确定教学目标、教学内容之后，我们要结合目标和内容确定适当的教学方法。尽管国内外的学者对教学方法的定义和定性并不相同，但对于教学方法的主要内容达成了一定的共识。首先，教学方法与教学目标、教学内容有着密切的联系，它是更好地实现教学目标的手段，是落实教学内容的工具。强调这一点，是为了突出教学方法的目的性。其次，教学方法是教师的“教”与学生的“学”之间的互动过程，是教师和学生共同完成的教与学活动的总和。强调这一点，是为了突出教学方法是一系列活动的总和。最后，教学方法是教师的“教法”和学生的“学法”的总和。强调这一点，是为了突出教学方法由教法和学法构成，它们之间

① 还记得批判性思维的要素吗？——问题、结论、前提、论证，想要实现从知识传递到思维培养的转型，就必须将批判性思维的要素有效融入教学设计当中，其中首要的就是有一个被精心设计好的问题，好的问题能够使整个教学过程顺畅，不好的问题会导致整个教学过程的失败，因此，问题设计能力非常考验教师的专业素养以及思维水平（若想培养学生的批判性思维，教师必须具备特别高的思维水平）。

相互依存、相互作用并相互影响。

教学方法不仅是实现教学目的的重要手段，也是完成教学任务的重要工具，专业课教师要注意到不同的教学方法会有不同的教学效果。

图 3-8 可以说明不同的教学方法对学生学习效果产生的影响。当我们采用讲授的方法，从学生的角度来看就是听讲，这种学习方式从学习效果的角度来看并不理想，学习内容平均留存率只有 5%。如果采取尤里·康斯坦丁夫·巴班斯基（Юрий Константинович Бабанский）的直观法如视听、演示等方式，从学生学习的角度来看，学习内容留存度就会达到 20%~30%。如果采取讨论教学法，学生通过讨论获得的学习内容留存度就会达到 50%。如果采用辛吉娅·威斯顿（Cynthia Weston）和 P. A. 格兰顿（P. A. Cranton）教学方法中的实践方法，如现场教学、角色扮演、模拟和游戏

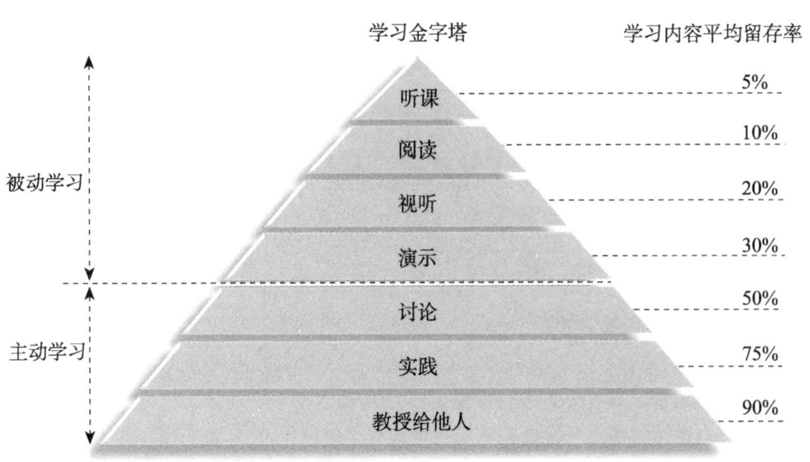

图 3-8　学习内容留存度

等方法，学生的学习内容留存率会达到 75%以上。这说明教师选择不同的教学方法会对学生的学习产生非常大的影响。

在人类长期的教学探索中，人们创造并且形成了众多的教学方法。这些教学方法被整合成了不同的体系。由于专业课教师多数不具备专业的教育学知识体系，对教学方法了解得也不多，加之教学方法众多，又被从各种角度整合成不同的体系，所以，专业课教师经常会对不同的教学方法产生困惑和不解，也不了解各种教学方法的内涵和彼此间的关联。由于教学方法涉及复杂的教育学理论，如在教学方法分类上就存在巴班斯基的教学方法分类[①]、威斯顿和格兰顿的教学方法分类[②]、李秉德教授的教学方法分类[③]、黄甫全教授提出的层次构成分类模式[④]、班华教授的教学方法分类体系[⑤]等，作为各专业出身的教师，先掌握一些基本的教学法及其应用即可，待日后有深度学习的需要时再进行系统学习。

本书只是简单地将常用教学法进行整理，介绍不同教学法适用的条件，如教学任务、教学内容、对学生的要求以及对教师的要求（见表 3-15）。这些教学法并没有优劣之分，对学科知识驾轻就熟，以及善于教学设计的教师总能在需要的时候找到最适合的

① [苏]尤·巴班斯基：《多种教学方法的合理结合》，邓鲁萍译，载《外国教育资料》1980 年第 2 期。

② [美]辛吉娅·威斯顿、P. A. 格兰顿：《教学方法的分类及各类方法的特征》，陈晓瑞译，载《外国教育研究》1993 年第 3 期。

③ 李秉德主编：《教学论》，人民教育出版社 1991 年版，第 195-202 页。

④ 黄甫全主编：《现代课程与教学论学程（下）》，人民教育出版社 2006 年版，第 700-702 页。

⑤ 班华主编：《中学教育学》，人民教育出版社 1992 年版，第 199-217 页。

教学法。同时，这些教学法也不互相排斥，可以组合出现在同一份教学设计中。

表 3-15　教学法及其适用条件

条件 教学法	讲授法	展示法	实践法	复现法	研究法	归纳法	演绎法	自主学习法
教学任务	形成理论知识和实践知识	发展观察力，提高对所学内容的注意	发展应用的技能和技巧	形成知识和技巧	发展独立思维能力、研究能力	发展概括能力和归纳推理能力	发展演绎推理能力和分析能力	发展独立的学习活动能力，增强自我探索能力
教学内容	概念、名词、术语以及理论	可以通过音频、视频等方式传递可展示的教学内容	允许动手实践操作的专题内容	过于简单或过于复杂的内容	教学内容可以被融入一个具体任务、问题的解决中	通过现象能推出本质或者共同属性的教学内容	通过一般本质能推导出个别事物特征的教学内容	适合学生自行学习完成的教学内容，难度不高，但也有一定挑战性
学生情况	对学生的被动接受能力要求很高	调动学生的视觉、听觉等感觉器官进行学习	考查学生的实践操作能力、动手能力	学生尚不具备以问题的方式学习该内容的能力，可以通过复现法来完成	学生已经具备了以问题的方式学习该项内容的能力	学生已经具备基本的归纳推理的逻辑思维和能力	学生已经具备了基本的演绎推理的逻辑思维和能力	学生完全具备独立学习相关知识和教学内容的能力

续表

条件 教学法	讲授法	展示法	实践法	复现法	研究法	归纳法	演绎法	自主 学习法
对教师的要求	教师知识体系完整、逻辑清晰、口头表达流畅	教师有必要的直观教具或者辅助多媒体，教师有能力驾驭这些工具为教学目标服务	教师具备组织实践教学的能力和经验，教师对学科所在的行业和产业有丰富的经验和充分的了解	教师有能力展现该原理使用的实践背景和活动	教师熟练掌握研究式的教学法，并且教学环境允许采用该种教学方法	教师熟练掌握了归纳教学法	教师熟练掌握演绎教学法	教师可以清晰明确地布置任务和学习目标，教师能提供相关的资源和手段

4）教学评价

教学评价是依据教学目标对教学过程及结果进行价值判断并为教学决策服务的活动，是对教学活动现实的或潜在的价值作出判断的过程。教学评价是研究教师的“教”和学生的“学”的价值的过程。教学评价一般包括对教学过程中教师、学生、教学内容、教学方法手段、教学环境、教学管理诸因素的评价，主要是对学生学习效果的评价和教师教学工作过程的评价。

教学评价有非常多的类型，如表 3-16 所示。

首先，根据评价的功能，可将教学评价分为诊断性评价、形成性评价和总结性评价。诊断性评价是指针对学习者的基础知识、基本技能、态度和价值观等学习准备状态和影响学习的因素所实施的评价。诊断性评价也称教学前评价或前置评价。形成性评价

表 3-16　教学评价的类型

<table>
<tr><th>分类依据</th><th colspan="4">包含类型</th></tr>
<tr><td>评价的功能</td><td>诊断性评价</td><td colspan="2">形成性评价</td><td>总结性评价</td></tr>
<tr><td>评价标准的参照系</td><td>绝对评价</td><td colspan="2">相对评价</td><td>自我评价</td></tr>
<tr><td>评价分析方法</td><td colspan="2">定性评价</td><td colspan="2">定量评价</td></tr>
</table>

是在教学过程中为改进和完善教学活动而进行的对学生学习过程及结果的评价。形成性评价一般采取随堂测验、提问等形式，目的是收集反馈、了解学生存在的问题，以方便教师及时调整和改进教学工作。总结性评价又称事后评价，一般是指在一个教学阶段结束之后，对教学和学习结果的最终效果进行的评价。总结性评价的目的是给学生评定成绩，最终会形成学生成绩的证明，因此对严肃性、正式性和权威性的要求相对高一些。总结性评价一般采取期末考试或者考查等方式。传统教学模式下，总结性评价即期末考试是常见的形式，但很多高校仅采取总结性评价，而没有采用其他配套的评价方式，致使对学生成绩的确定简单粗暴，因而饱受诟病。现在主流的教育学在教学评价上主张在学习前、学习中和学习后多个切入点进行观察，将上述诊断性评价、形成性评价和总结性评价结合起来使用。

其次，根据评价标准的参照系，可将教学评价分为绝对评价、相对评价和自我评价。绝对评价又称目标参照性评价，是指评价标准的参照系是根据一定的价值目标设立的客观标准，它来源于评价对象之外，不受评价对象群体状况的影响。相对评价又称常模参照性评价，是以评价对象群体的平均水平为基点来确定评价标准，以此测量个体在群体中的相对位置的一种教学评价类型。

自我评价又称个体内差异评价，是以评价对象为参照系，把每个评价对象的过去与现在或者个体的不同方面进行比较，得出评价结论的一种评价类型。

最后，根据评价分析方法，可将教学评价分为定性评价和定量评价。定性评价是不采用数学的方法，而是根据评价者对评价对象平时的表现、现实和状态或文献资料的观察和分析，直接对评价对象作出定性结论的价值判断，如评出等级、写出评语等。定量评价是采用数学的方法，收集和处理数据资料，对评价对象作出定量结果的价值判断，如运用教育测量与统计的方法，运用模糊数学的方法等对评价对象的特性用数值进行描述和判断。

实践中，一线教师要结合实际需要，依据不同类型教学评价的功能，综合使用多种教学评价方法，最终较为真实、客观、全面地反映学生的学习水平，同时评估自己的教学效果，为下一步持续优化课程做信息储备。

5）教学媒体

教学媒体是为实现教育教学目的，在教学过程中介于教师的“教”和学生的“学”之间携带并传递教学信息，影响师生信息交流与传递的工具。教学媒体能存储、表达、传递和传播教学信息，能在教学过程中被选择、控制和操作使用。随着现代技术的发展，教学媒体多样化，受到了理论教育的研究者和实践教育的操作者的关注。从 19 世纪末的幻灯片应用于教学，到 20 世纪的唱片、广播、电影应用于教学，再到近几十年计算机技术及网络技术的全球渗透正改变着教学的方方面面。教学媒体一般包括课件、图片、特效、视频、音频、模型等，教师对教学媒体的选择不应当是随意的，应当根据教学目标、教学方法、学习任务、学习者的特点和不同课型等作出综合的判断。一堂课是否吸引人，并不在于多媒体做得是否漂亮，而在于它能否为思想提供服务和有效的支撑。善用教学媒体，能够为师生之间的教学互动增添氛围感、提供教学便利以及传递有效信息。教学媒体利用不好，会减损教学效果。教师要清楚教学媒体展示的内容以及对教学过程的作用，不能过度依赖教学媒体，也不能出于对改变的恐惧而排斥教学媒体。

综上，我们将教学设计的基本原理和包含的内容做了一个简单的介绍。本书对于教学设计的介绍相对于其博大精深的理论基础而言显然是概括性的、不全面的，甚至是“表面的”。但对于一线教师而言，在之前的教学中并没有深入思考过教学设计原理，基本是按照教学经验开展教学活动，适当地普及教学设计的基本原理，不仅有助于一线教师了解基本的教学设计要求，还能使一线教师意识到教学设计必须依据科学的原理展开，不能随意而为。本书对于教学设计的介绍虽然相对简单，但也能为一线教师的实际操作提供指导作用，至少从勾勒出教学设计的全貌，至于对一些细节问题和深入的理论问题等的个性化需求，请读者朋友在从事教学设计的时候自行补充和学习。只要一线教师按照教学设计的原理思考自己的教学活动并将之付诸实践，本书的写作目的就达到了。至于熟练完善甚至优秀的教学设计能力，可能需要时间的积累以及对教育学理论的感知，当然更需要教师不断增加学科素养。

3. 教学设计实例与课程思政设计实例

我们先锁定一个教学片段，然后围绕这个教学片段进行教学设计，这是来自《国际政治学概论》[1]的内容。

理想主义学派是西方政治学理论中形成最早的一个学派，其思想可以追溯到近代思想家格劳秀斯、孟德斯鸠、狄德罗、康德、边沁和圣西门等。理想主义学派在哲学观点上主张的是人性善的学说，认为人类的自然状态应有的性质是和谐的，个人利益与社会利益是协调的，只是由于某些人的良知误入歧途，才导致国家间的冲突和战争，良知一旦被唤醒，误解一旦被消除，人类社会仍旧会恢复到和谐、友善的美好社会。在政治观点上，理想主义崇尚国家和世界的民主化和法治化，主张恢复国际规范，建立国际普遍安全机构，完善国际法及其职能，加强国家间的相互合作，用理性战胜邪恶，最终实现一种和平稳定的世界秩序，避免世界战争的悲剧重演。

理想主义最初的代表人物是美国第28任总统伍德罗·威尔逊。早在20世纪初，他在《论国家》一书及其他文章、演讲中，就强调国家间相互关系应遵守道德要求和民主原则。他在1918年提出的“十四点原则”，被称为理想主义的“政治纲领”。理想主义学派也因此被称为“威尔逊学派”。威尔逊的理论观点主要包括：公开外交、集体安全、民族自决、国际邦联、世界政府、裁军非战、贸易平等、公理正义等。其核心是所谓的民主、正义和法律，其实质则是要建立一种以美国为领导的世界秩序。

① 陈岳：《国际政治学概论》，中国人民大学出版社2010年版，第42页。

两次世界大战之间的20余年，理想主义学派在西方国际政治学理论中一直占据着主导地位，其主要代表人物，还有英国的弗朗西斯·布拉德利、博纳德·博赞基特、H.劳特巴奇和美国的乔赛亚·罗伊斯等人。第二次世界大战的爆发使理想主义学说受到了沉重的打击，在战后初期的大论战中败给了现实主义学派，从此一蹶不振。

20世纪60年代后期，理想主义学派，特别是规范理论开始重新抬头。这一方面使美国在越南战争中越陷越深，美国对外政策在道德和国际法方面的合理性遭到了质疑。美国的国际法学家R. A.福克尔再次打出了国际法和人权的旗帜，但是仍无法与主流的现实主义学派抗衡。与此同时，在20世纪60年代围绕国际政治学研究方法论的论战中，规范主义理论有所发展，即强调国际政治学理论的“理论取向”而非“实证——政策取向”，道德、伦理、人权、正义等问题成为一些国际政治理论家著述的主题。20世纪80年代以后，规范主义的理论研究开始与新现实主义相融合，开始注重研究与现代性和后现代相关的一系列理论问题。

以上是教科书给出的具体授课内容，通常一线教师如果缺乏教学设计，纯粹依照感性认识或者围绕教科书讲课的话，主要授课内容包括以下几点。

（1）理想主义的概念。

（2）理想主义的特征。

（3）理想主义的代表人物。

（4）理想主义的主要内容和历史沿革。

专业素养相对深厚、对学科了解较为深入的教师可能会做一些延伸，强调一下自己对理想主义的理解，对教材内容进行扩展和解读，比如：

（1）理想主义是现实主义的对立面；现实主义重点关注实然的东西，理想主义则重点关注应然的东西。

（2）理想主义的核心观点包括：

①“强者能其所事，弱者受其所难”仍然是国家在安全问题上的切实感受。

②自助、结盟、集体安全等成为国家维护自身安全的可供选择的路径。理想主义学派认为，除了战争，国家还可以通过和平手段来实现自身的安全。

（3）与现实主义相比，理想主义和新自由制度主义更加注重集体安全和相互依赖。

（4）理想主义学派代表人物美国总统伍德罗·威尔逊认为建立国际组织、健全国际法和国际公约可以确保和平与安全。

（5）理想主义者把“制度”引入国际关系中，之前现实主义者主要强调“实力”。

①在无政府状态下，国际社会成员之间具有高度的不信任感，而建立国际制度、成立国际组织可以增进成员之间的了解，促进成员之间的沟通和合作，从而降低这种无政府状态下的不信任感。

②在一个相互依赖的国际社会里，战争的成本越来越高。国际行为体之间建立的国际制度可以降低战争发生的概率，加强国家间的合作。

总之，基于互惠基础上运作的国际制度，是维持和平的重要力量。

如果我们在听课的时候能遇到不围绕教材照本宣科，而是有所解读的老师，说明他们已经是具备一定的学科素养。不论上述哪种教学“设计”，都可以按照我们上文阐述的教学设计原理进行优化，使教学过程更具有成效。

1）教学目标

我们以西方国际政治学理论的主要流派理想主义学派的教学内容为例设计教学目标，按照“三维”目标体系和泰勒的行为目标理论用动词（表 3-12、表 3-13、表 3-14）描述出学生经过学习呈现的学习状态。同时，根据这门课程的基本特征，挖掘并锁定本次教学过程中的思政元素是正确认识国际组织的作用，想要达到的育人目标是习近平总书记提出的“四个正确认识”中的“正确认识世界和中国发展大势”，并将思政目标放在情感、态度和价值观目标这个维度中，参见表 3-17。这里要对思政目标稍微展开一点论述，在课程思政建设中，很多教师认为思政目标是单独的教学目标。其实不然，思政目标就是情感、态度和价值观目标，是教学目标体系的内生变量，并不是外在强加的。课程思政建设是对这部分的强化，并没有脱离教学设计的原理。

表 3-17　所选教学片段的教学目标设计

知识与技能目标	①知道理想主义的概念和主要特征； ②能够说出理想主义的主要代表人物； ③理解理想主义的主要理论内核； ④能够比较理想主义和现实主义之间的不同；

续表

知识与技能目标	⑤能够评价以联合国为代表的国际组织的性质； ⑥能够分析某一具体国家具体行为背后的理论支撑
过程与方法目标	①通过小组讨论的方式知道每个人对事物的观点是不同的； ②通过呈现和辩论的方式体会为观点提供依据的论证过程； ③通过回答特定问题感受知识应用于具体问题解决的过程； ④通过对具体问题设计解决方案感受头脑中观念（假设）对问题解决思路的影响； ⑤通过对比针对同一问题前后形成的不同解决方案体会自己思维的变化
情感、态度和价值观目标	①关注与理想主义有关的国际事件； ②承认理想主义的优势和局限性； ③能够解释与理想主义有关的国际现象； ④能够对与中国相关的国际关系作出判断； ⑤承认联合国作用的有限性

同时，教师也要区分情感、态度和价值观目标的不同维度，它表达了学生在稳定观念形成过程中经历的三个阶段。其中，情感是指感性上的情绪共鸣，是指学生对某件事情产生了情感上的同频共振。比如，了解到联合国在过去几十年间在消除贫困、保护妇女儿童等相关领域做出的贡献。我们也要认识到，情感上的共鸣是感性的，不会太深刻。所以，要持续加深对相关观念的输入和强化，争取让学生进入第二个阶段即态度。态度是指学生对某件事情有了自己的判断。比如，认同联合国在伊拉克问题上的立场，即学生表达了对某件事情的看法。这标志着学生有了态度，但并不意味这种态度不会改变，因此态度是不稳定的。第三个是价值观，价值观的特点是稳定，即学生不仅会对某件事情产生情

感共鸣、态度认同，还会积极投身实践。如学生在学习完国际关系相关知识之后，积极投身到联合国维护妇女儿童权益、保障妇女儿童利益的工作之中。也就是说，价值观是指稳定的态度，不会轻易发生改变，在遇到困难的时候还能继续坚守，持续遵从自己的价值指引战胜困难，完成自己的使命。所以，情感是共鸣，态度是认同，价值观是稳定。稳定价值观的形成需要过程，更需要时间和反复强化。这也是教育部强调门门课都要课程思政、次次课都要课程思政的原因，目的是通过反复强化帮助学生形成稳定的价值观念，最终实现在正确的观念指导下运用知识解决问题。本书对此仅是简单描述，如果读者对这个话题感兴趣，想要深入了解，可以阅读笔者撰写的《批判性思维视域下课程思政的教与学》一书全面了解课程思政及其教学设计。

介绍完课程思政所要求的情感、态度、价值观目标之后，我们再将视野调整回知识和能力目标、过程和方法目标。在知识和能力目标中，通过知道、说出、理解、比较、分析和评价等动词的使用，分别在不同的认知（图 3-7 布鲁姆认知分类金字塔）层面上考查学生对知识的掌握程度。同时，我们已经了解到分析、评价涉及的是高阶认知的考查，符合我们对高阶性的要求，并实现对高素质人才的培养。在过程和方法目标中，通过观点、前提、论证、假设、问题解决、知识以及思维等关键术语的设计，使学生的学习过程围绕批判性思维展开，知识只是思维的一个模块，对应我们上文提及的将学生从知识的接受者，变成既有知识的获取者甚至是新知识的生产者，将批判性思维融入整个教学过程，并在教学目标中予以体现。

2）教学过程

表 3-18 呈现的教学过程设计包括新课导入、讲解、媒体选择、提问、内容连接、板书、学生活动等方面。其中，教师的职能完全定位于提问，成为“脚手架”，将学生推到学习的主体地位。围绕思维培养的各个要素设计问题，收集学生关于结论、前提、论证方面的反馈，通过两个思维训练过程和一个新知识的学习过程将内容连接起来，同时在每个环节都设计了教师活动和学生活动并解释了设计意图。

表 3-18　所选教学片段的教学过程设计

程序	学习过程			设计意图
	思维要素	教师活动	学生活动	
第一次思维过程	问题	设计问题——为什么有些国家能够绕过联合国采取行动	对学生进行分组，确定各组学生的构成和确保每组能够充分讨论	问题是开启思维的钥匙，启发学生围绕问题展开思考
	观点	要求学生提供观点并呈现不同观点	在组长的带领下，小组对问题形成观点并向老师展示。 学生观点：联合国形同虚设，联合国无法与某些大国抗衡	注重集体智慧，突出学生主体作用
	前提	要求学生提供支撑自己结论的前提	在组长的带领下，小组对前提进行总结并展示。 学生总结的前提： ①某些国家实力雄厚； ②联合国也得听某些超级大国的； ③国家之间的实力相差悬殊	训练学生为观点提供支撑，注重逻辑
	假设（论证）	要求学生提供论证过程，即能够证明前提能推出结论	在组长的带领下，小组将假设提炼出来并展示。 学生提炼的假设：实力决定一切（现实主义）	训练学生的逻辑能力，掌握论证技能

续表

程序	学习过程			设计意图
	思维要素	教师活动	学生活动	
新知识学习	为新论证提供论据	教师讲授或者利用慕课自学；要求学生自行补充关于联合国的信息	学生听课或者通过慕课自学；自行浏览联合国网站，检索联合国相关工作和信息	补充新知识，强化新知识和新结论之间的关系
第二次思维过程	问题	重复问题——为什么有些国家能够绕过联合国采取行动	组织学生重新讨论	启发学生再次围绕同一问题进行思考
	新结论	要求学生提供观点并呈现不同观点	重新讨论并提供结论。 学生的新结论：联合国不是一无是处，联合国也在很多方面发挥了积极的作用	使学生感受新知识的学习和新信息的获取对结论的影响
	新前提	要求学生提供支撑自己结论的前提	重新讨论并提供前提。 学生的新前提：①一些国家绕过联合国发动战争不能说明联合国没有发挥作用；②联合国在维护世界和平与安全、促进经济发展、保护世界遗产、提升人权状况、改善环境、促进医疗和健康方面取得了很大的成就和发挥了巨大的作用	明白检索信息的重要性，新信息、新知识的获取对同一问题会得出不一样的结论
	新假设	要求学生提供论证过程，即能够证明前提能推出结论，使学生意识到假设即为头脑中的观念，人是观念的产物，人对事物的判断取决于观念	学生提供假设，同时明白假设就是自己的观念。 学生提供的新假设（未表达前提）：①国际关系是由多种因素共同作用形成的；②实力是其中的一个因素，但集体理性和结盟是另一种维护国家安全的手段；③联合国是理想主义的产物，它不是一无是处，它能够在一定范围内发挥作用	意识到假设是观念，观念的形成受知识、信息的影响

表 3-18 左侧第一列为程序，展示教学过程设计中不同的内容是如何被衔接的。其是通过没有摄入新知识的情况下对问题的解决过程（包含结论、前提和论证）和摄入新知识的情况下对问题的解决过程（包含结论、前提和论证）的对比，将三个内容模块有机结合起来。这样设计，不仅突破了照本宣科介绍理想主义的定义、内涵、特征的模式，而且深刻揭示了该理论在实践中的操作情况，在认知上属于考查应用、分析、评价等高阶认知。在学习过程中将知识学习嵌入问题解决以及思维培养过程中，让学生不仅了解到知识学习的意义，还能了解到问题是如何被解决的，经历了哪些思维过程。表 3-18 第二列是思维的要素，表明课程设计的所有环节都围绕思维的要素展开，设计的目的是突破原有纯而又纯的知识传递，要使知识的学习成为解决问题的一个环节，从而让学生了解知识在实践中的应用，还能激发学生为了解决问题而自主学习新知识。表 3-18 第三列设计了教师的活动，教师的活动完全是辅助性的，通过教学设计将自己的角色定位为学习的支撑者、服务的提供者，不断提出问题，引导学习进程，但是不主动提供任何知识，所有的知识都是学生在问题的指引下生成的。值得一提的是，教师的活动完全是依据问题展开的，这就彰显了提问在以思维培养为主的教学过程中的重要地位。讲授方式只是在必要的情况下才使用，比如新知识的学习可以采取讲授的方式，但是这部分学习可以放在线上完成，充分释放课堂空间，留给学生进行小组讨论。讲授还可以发生在学生讨论、自学受阻的情况下，由教师对某些环节进行讲解，顺畅整个思维学习过程。表 3-18 第四列设计了学生的活动，学生完全成为学习的主体，对问题的

理解、结论的得出、前提的提供与论证的生成全部由学生自行完成，只有在遇阻的情况下向老师寻求帮助。可以看出学生的活动是呼应第二列思维的要素展开的，同时学生是唯一能够对本教学片段的实际内容做出持续反应和回答的主体，真正凸显了学生的学习主体地位。表 3-18 最后一列是设计意图，目的在于揭示本教学设计的底层思路和想法。

在上述教学过程设计中，教师可以穿插媒体设计和板书设计，比如要求学生浏览联合国网站，熟悉国际网站信息的获取方式以及练习英文阅读等。综上，笔者用自己的一个授课片段展示了教学过程设计，同时对传统的纯知识讲授和表 3-18 以思维培养为基础进行的教学过程设计进行了实际对比，为的是帮助读者了解到教学设计如何实现从知识的单纯传递到思维培养的转化，同时也为了说明一个清晰完整的、在科学指导下设计的教学过程能够更好地实现教学目的，从而为人才培养做出一节课的贡献。

此外，需要提示读者的是，表 3-18 承载的教学过程设计也实现了课程思政的目的。在没有获取新知识之前，学生的假设是实力决定一切。在获取新知识之后，学生为新结论提供的假设是国际关系是由多种因素共同作用形成的；实力是其中的一个因素，集体理性和结盟是另一种维护国家安全的手段；联合国是理想主义的产物，它并非一无是处，而是在一定范围内发挥作用。假设既是前提能够推出结论的依据，也被称为未表达前提，同时又是人的观念①，即学生头脑中最开始的观念就是实力决定一切，在新

① 若想更深入地了解这部分内容，请参阅笔者撰写的《批判性思维视域下课程思政的教与学》。

知识摄入之后慢慢改变了观念。这样通过教学设计，我们同时完成了知识传递、知识应用、思维培养以及观念塑造。在最后一个环节设计了观念和假设之间关系的探讨，从而完成了课程思政的教学任务。

3）教学方法

在讨论本书教学设计中所使用的教学法之前，我们需要注意的是，应视具体的教学情境的需要对不同的教学法进行优化组合，所选择的教学方法要形成一个具有内在同一性的体系或结构。教学法的有效性应当体现在教学目标是否实现，也就是学生“学”的有效性上。从目前整体的教学观念来看，能够体现建构式的学习、能够促进学生发展的教学方法都是有效的，但也没有哪一种教学方法是万能的。教师在实际授课的过程中要注重将多种教学方法有效组合，最终实现教学目标，传递教学内容，确保学生的学习效果。

本书在设计上文的教学片段时综合使用了表 3-15 中的多种教学方法，如讲授法、自主学习法、展示法、研究法、归纳法、演绎法等。

首先，在教学过程的整体设计上，本教学片段采用的是典型的 PBL 教学法①，所有的教学过程都由问题引导。其次，在使用具体的 PBL 教学设计的过程中，融入了表 3-15 中的多种教学方法，比如在新知识获取部分，既可以使用讲授法，又可以让学

① PBL 教学法是在教师的引导下，“以学生为中心，以问题为基础”，通过小组讨论的形式，学生围绕问题独立收集资料，发现问题、解决问题，培养学生自主学习能力和创新能力的教学模式。该教学法最先产生于医学领域，后被其他领域逐渐引入。

生通过线上自学完成，这是自主学习法。在要求学生为其结论提供前提、论证的过程中又涉及归纳法、演绎法等思维训练的专属方法。最后，在获取相应的联合国信息的时候可以用展示法，利用网站等多媒体媒介来完成信息的传递。虽然在教学过程中可以将多种方法综合起来使用，但有一点需要提醒读者，思维培养有一个必备的要件——只能在问题和特定的场景下发生。因此，问题导向的教学法是思维培养必不可少的方法。设计好的问题是思维培养的关键，但是好问题或者好问题所在场景的设计并不容易，它不仅要求教师具备扎实的学科储备，理解本学科知识在实践中的应用，还要求教师具备思维培养能力，这样才能设计出问题导向下的、融入新知识的、以思维培养为主要目的的教学过程。

4）教学评价

上文介绍了多种评价类型，有一点需要牢记，教学评价要改变传统的单一评价方法，尽量照顾到过程评价。为了改变以往"一张卷"的总结性评价方式，在近些年对教学评价的考核中，形成性评价和过程性评价[①]成为关注的重点。"金课"建设、新文科建设的要求是使学生从单纯的知识的接受者转变成既有知识的获取者和新知识的创造者。在上文我们经过分析可知，既有知识的获取与新知识的生产必须被还原在其产生的思维模型里——提出问

① 形成性评价和过程性评价在中国被赋予了同样的含义，都是指在教学的过程中选取几个点进行评价，只不过过程性评价被认为只要选取超过三个点就可以了，形成性评价的要求可能会高一点，评价的点更多，标准更细。如果用通俗的话来描述，过程性评价是一种发育不全的形成性评价，当初在将形成性评价引入国内的时候，还没有完全学会操作，就产生了过程性评价这种评价类型。

题、分析问题和解决问题（包含四个思维要素：问题、结论、前提、论证）。因此，对教学过程的考查实际上就变成了对思维生产过程和考查，以及对这个过程中知识获取和生产的考查。教学评价设计就要围绕着思维要素、思维生产过程、知识的获取来进行。同时，要注意，教学评价不仅是对学生“学”的评价，还有对教师“教”的评价。我们先来看教师“教”这部分的评价设计，再看学生“学”这部分的评价设计，如表 3-19、表 3-20 所示。

表 3-19　对教师的教学评价

教学过程评价（75 分）			
评价模块	评价内容	评价指标	评价标准
	思维要素	思维要素与专业知识的结合	
第一次思维过程	问题的设计	问题是否与教学内容紧密衔接	非常好（5 分）、好（4 分）、还可以（3 分）、一般（2 分）、不好（1 分）
		问题是否符合学生认知水平	非常好（5 分）、好（4 分）、还可以（3 分）、一般（2 分）、不好（1 分）
		问题的提问方式是否恰当	非常好（5 分）、好（4 分）、还可以（3 分）、一般（2 分）、不好（1 分）
	结论	是否准确锁定并收集了学生的结论	非常好（5 分）、好（4 分）、还可以（3 分）、一般（2 分）、不好（1 分）
	前提	是否有效组织并收集了学生对结论的前提	非常好（5 分）、好（4 分）、还可以（3 分）、一般（2 分）、不好（1 分）
	论证	是否准确引导学生提供前提能推出结论的论证过程	非常好（5 分）、好（4 分）、还可以（3 分）、一般（2 分）、不好（1 分）

续表

教学过程评价（75分）			
评价模块	评价内容	评价指标	评价标准
	思维要素	思维要素与专业知识的结合	
第一次思维过程	未表达前提（论证能够成立）	引导学生关注决定论证成立的未表达前提（既有知识）	非常好（5分）、好（4分）、还可以（3分）、一般（2分）、不好（1分）
知识获取过程	新知识（本节课教学内容）的获取与思维（问题解决）的关系	专业知识是否有助于问题的解决，构成新的论证（过深、过浅还是过广泛、过狭隘）	非常好（5分）、好（4分）、还可以（3分）、一般（2分）、不好（1分）
		专业技能能否帮助学生形成新的论证（过难、过易、过宽泛、过狭窄）	非常好（5分）、好（4分）、还可以（3分）、一般（2分）、不好（1分）
		知识和技能传递的方式是否恰当且符合学生的认知水平	非常好（5分）、好（4分）、还可以（3分）、一般（2分）、不好（1分）
第二次思维过程	再一次提问	再次提问并引导学生反思之前的解决过程	非常好（5分）、好（4分）、还可以（3分）、一般（2分）、不好（1分）
	新结论	是否准确锁定并收集了学生的新结论	非常好（5分）、好（4分）、还可以（3分）、一般（2分）、不好（1分）
	新前提	是否有效组织并收集了学生对新结论的前提	非常好（5分）、好（4分）、还可以（3分）、一般（2分）、不好（1分）
	新论证	是否准确引导学生提供前提能推出结论的新论证过程	非常好（5分）、好（4分）、还可以（3分）、一般（2分）、不好（1分）
	新未表达前提（论证能够成立）	引导学生关注决定论证成立的新未表达前提（基于新获取的知识）	非常好（5分）、好（4分）、还可以（3分）、一般（2分）、不好（1分）
对教学其他方面的评价（25分）			
教学形式选用是否得当		小组讨论、讲授、互动等	非常好（5分）、好（4分）、还可以（3分）、一般（2分）、不好（1分）

续表

教学过程评价（75 分）			
评价模块	评价内容	评价指标	评价标准
	思维要素	思维要素与专业知识的结合	
教学方法选用是否得当		PBL、展示、归纳、演绎等	非常好（5 分）、好（4 分）、还可以（3 分）、一般（2 分）、不好（1 分）
教学节奏的控制是否得当		是否拖沓，是否紧凑，是否存在前松后紧、虎头蛇尾	非常好（5 分）、好（4 分）、还可以（3 分）、一般（2 分）、不好（1 分）
课程思政部分是否达成		思政元素的挖掘是否准确	非常好（5 分）、好（4 分）、还可以（3 分）、一般（2 分）、不好（1 分）
		思政元素是否有效融入课堂教学	非常好（5 分）、好（4 分）、还可以（3 分）、一般（2 分）、不好（1 分）

评分说明：100~85 分表示优秀；85~75 分表示良好；75~60 分表示合格；60 分以下，表示没有完成“知识 + 思维”教学。

表 3-20　对学生的学习评价

学习过程评价（60 分）			
评价模块	评价内容	评价指标	评价标准
	思维要素	思维要素与专业知识的结合	
第一次思维过程	问题	是否准确理解了问题并在专业范畴内思考	非常好（5 分）、好（4 分）、还可以（3 分）、一般（2 分）、不好（1 分）
	结论	是否对问题给出了专业的结论	非常好（5 分）、好（4 分）、还可以（3 分）、一般（2 分）、不好（1 分）
	前提	是否为结论提供了前提	非常好（5 分）、好（4 分）、还可以（3 分）、一般（2 分）、不好（1 分）
	论证	是否能够解释前提和结论之间的关系	非常好（5 分）、好（4 分）、还可以（3 分）、一般（2 分）、不好（1 分）

续表

学习过程评价（60分）			
评价模块	评价内容	评价指标	评价标准
	思维要素	思维要素与专业知识的结合	
第一次思维过程	未表达前提（论证能够成立）	是否能够指出前提和结论之间关系背后的未表达前提（既有知识）	非常好（5分）、好（4分）、还可以（3分）、一般（2分）、不好（1分）
知识获取过程	新知识（本节课教学内容）的获取与思维（问题解决）的关系	是否准确并深入获取了新知识（通过自学或者上课）	非常好（5分）、好（4分）、还可以（3分）、一般（2分）、不好（1分）
		是否准确并深入获取了新技能（通过自学或上课）	非常好（5分）、好（4分）、还可以（3分）、一般（2分）、不好（1分）
第二次思维过程	再一次提问	是否再次准确理解了问题	非常好（5分）、好（4分）、还可以（3分）、一般（2分）、不好（1分）
	新结论	是否对问题给出了新结论	非常好（5分）、好（4分）、还可以（3分）、一般（2分）、不好（1分）
	新前提	是否为结论提供了新前提	非常好（5分）、好（4分）、还可以（3分）、一般（2分）、不好（1分）
	新论证	是否能够解释前提和结论之间的新关系	非常好（5分）、好（4分）、还可以（3分）、一般（2分）、不好（1分）
	新未表达前提（论证能够成立）	是否能够指出前提和结论之间关系背后的新的未表达前提（及与新知识的关系）	非常好（5分）、好（4分）、还可以（3分）、一般（2分）、不好（1分）
对学习其他方面的评价（40分）			
学生在学习组织中的表现		在小组讨论中发挥的作用	非常好（5分）、好（4分）、还可以（3分）、一般（2分）、不好（1分）

续表

学习过程评价（60分）			
评价模块	评价内容	评价指标	评价标准
	思维要素	思维要素与专业知识的结合	
学生在学习组织中的表现		在表达判断中发挥的作用	非常好（5分）、好（4分）、还可以（3分）、一般（2分）、不好（1分）
		在推理中发挥的作用	非常好（5分）、好（4分）、还可以（3分）、一般（2分）、不好（1分）
		在观念挖掘中发挥的作用	非常好（5分）、好（4分）、还可以（3分）、一般（2分）、不好（1分）
学生对思维的感知		是否意识到思维运作的模式	非常好（5分）、好（4分）、还可以（3分）、一般（2分）、不好（1分）
		是否对自己的思维有了认识与反思	非常好（5分）、好（4分）、还可以（3分）、一般（2分）、不好（1分）
		是否认识到思维与知识的关系	非常好（5分）、好（4分）、还可以（3分）、一般（2分）、不好（1分）
		是否认识到思维与观念的关系并达成思政目标	非常好（5分）、好（4分）、还可以（3分）、一般（2分）、不好（1分）

评分说明：100~85分表示优秀；85~75分表示良好；75~60分表示合格；60分以下，表示没有完成“知识+思维”学习。

这样我们就将教学评价设计完成了。在上述教学评价设计中，我们能够感受到思维的要素，思维与知识被结合在评价的内容和指标体系中，从而完成了以思维为基础的知识传递和人才培养过程。在这样的教学设计中，学生会将知识的学习整合进问题的解决过程中，并在问题的解决中感受思维及其要素，同时作为思维组成部分的观念也可以在教学中得以树立。评价可以采取问卷、测验、同伴互评甚至是随机的课堂提问等方式，但是评价之后要及时给予学生反馈，只有学生认识到自己的问题，才能最终进行自我评价。

当然,这份教学评价设计只是一种尝试,只提供了一种参考,读者可以结合自己的课程教学，设计出符合自己情况的教学评价指标体系。但无论如何，未来的教学过程及其教学评价一定是考核学生的思维水平的，而不是只考查知识的掌握程度，只有做到“思维 + 知识”教学，才能够实现新文科背景下人才培养的目标。

综上，我们用一个包含思政融入的教学片段向读者展示了教学设计的原理、过程以及在设计过程中的各种考量。这个教学片段肯定有不成熟的地方，但是作为专业教师对教学改革、教学设计的尝试以及对教学设计原理的理解和应用的经验是可以分享给大家的。还请读者体会该实例中笔者的努力和探索思路，包括不断用教学理论指导自己的教学实践，不断将思维培养融入教学过程，不断将学生推到教学主体的地位，不断尝试以更好的方式呈现教学内容。

结　语

行文至此，已经“全剧终”了，回顾本书的写作过程也是一个问题的解决过程。

首先，笔者通过文献分析和文献综述发现了新文科建设存在的两个关键性问题：①没有落到教育学范畴进行思考（或者即便落到教育学领域，也没有落到准确的教育学层面）；②缺乏一线教师这类基本、庞大、核心的建设主体的视角。前者之所以是一个问题，是因为专业的事情需要专业的人来做。教育部之所以需要高等教育领域来解决新文科建设这个问题，就是因为高等教育能提供专业的解决方案。对于高等教育学界来讲什么能体现它的专业性？一定是教育学的理论和知识。对于新文科建设的专业性体现在高等教育学界能否用教育学的理论和知识结合各自具体学科（法学、经济学、社会学、文学……）实践为新文科建设做出贡献。令人遗憾的是，在既有的新文科研究中，我们看到了很多“学者”使用的不是教育学理论，而是用和国家、教育部一样的表达话语（政治话语、政策话语）来解释新文科的问题。这是一种不专业的表现，顶多就是对政策和教育部要求的无谓重复。还有一类学者，他们虽然将新文科建设拉回到教育学范畴来思考，但由于教育学本身是一个复杂的体系，包括不同层面的内容，如课程、教学、招生、培养、专业、学科、学位、就业……对上述内容不加区分，泛泛地讨论并不能将新文科建设落到实处。因此，高等教育界要解决新文科建设问题，不仅要将观察视角拉回到教育学范畴，还要将视角准确定位在某个具体的教育学层面和内容上，否则就会“又大又空”，不具有操作性。

后者之所以成为问题，是因为以下几点。第一，高等教育体系中存在各种复杂的横向和纵向结构，处在每一个环节的人所承担的新文科建设任务是不一样的。校长、教务处处长、学院院长以及一线教师的职责范围不同。对高等教育的复杂结构不加识别而笼统谈建设、谈思路是一种不专业的表现。第二，在高等教育这个复杂的结构体中，有一类主体是基本、大量和核心的存在——一线教师。教育部下达的各项建设要求最终要通过一线教师来完成。没有一线教师，仅凭几位领导喊喊口号是没有意义的。在既有文献中，我们看到了大量的领导在谈新文科的建设，这不能说不对，但作用只局限在领导职责层面，无法落地。没有一线教师的视角，新文科建设这个事情就做不成。更具有建设意义和观察意义的视角是一线教师应该如何建设新文科，这才是新文科建设的重点。

将第二个问题中的一线教师的视角与第一个问题中的拉回到教育学范畴以及准确的教育学层面相结合，我们发现，一线教师建设新文科的参与感就体现在一线教师的本职工作中：一是一线教师所从事的科学研究，二是一线教师所教的课程及其教学。一线教师是新文科建设的微观主体，不涉及招生、就业、学科建设、专业设置、人才队伍、教师梯队等众多宏大的教育学名词，要想使新文科建设落到实处，必须锁定一线教师这个建设主体以及他们手中的两项基本工作——科学研究和教学（包含一线教师手中的一门课以及如何上好这门课）。这样我们就将问题拆解完毕，将新文科建设的本质问题通过分析呈现在读者面前，并明确指出本书的写作目的——一线教师如何建设新文科，也锁定了本书的主题和写作目标。

其次，在提出问题并且充分论证问题是成立的之后，笔者开始分析问题和解决问题。我们需要围绕一线教师的两项本职工作——科研和教学（课程以及怎么上课），如何将这么抽象的两个名词落到可以看得见、摸得着而且可以评价的步骤和环节之中呢？这恐怕仍要依据教育学原理。事实上，本书所有观点的得出（包含上文所提及的两个问题）都是依据教育学原理和客观事实，这也是批判性思维要求我们在解决问题时必须具备的能力，依据客观真实而不依据自己的主观想象。从教育学原理和客观真实的角度来观察科研和教学，你就会发现它们的本质只有一个——知识。科学研究就是新知识生产，教学就是知识传授。教学中的课程指的是所要传授的知识是什么（what）；上课指的是如何（how）传授知识。接下来我们需要做的工作就是：第一，揭示新知识生产过程的底层规律，拆解新文科建设的要求，最终在新文科的要求下，按照知识生产的底层规律从事新知识生产（新文科要求 + 知识生产底层逻辑 = 新文科知识生产，即新文科背景下的科学研究）。第二，阐述课程建设原理，拆解新文科关于课程建设的要求，最终在新文科的要求下，按照课程建设原理建设符合新文科人才培养要求的课程（新文科要求 + 课程建设原理 = 新文科课程），以及阐述教学设计原理，拆解新文科关于教学设计的要求，最终在新文科要求下，按照教学设计原理改革教学环节（新文科要求+教学设计=新文科课堂教学）。这就形成了本书第二章和第三章的主要内容。

在这里必须强调以下几点。①我们必须弄清楚新文科的要求并将其进行分类，不能将新文科的不同关键术语“眉毛胡子一把抓”，不做区分地使用。因此笔者制作了新文科的知识地图，将新文科建设的关键词按照建设背景、建设动词（思路）、建设抓手（或落脚点）和建设结果分成四组，在分析的过程中方便读者进行比对。②我们必须依照新知识生产的底层规律开展新文科建设的科学研究，原因是很多一线教师的科研行为仍处于自由探索模式，并没有上升到清晰的科学规律指导层面。新文科背景下的科学研究其实就是将新文科的要素（相关关键词）融入科学研究（知识生产）的各个环节。③我们必须依照课程建设原理和教学设计原理来组织课程建设和教学过程，不能按照经验和自我的想象来开展教学活动。这也是批判性思维在教学领域的体现，我们对问题的解决依据必须是客观真实而非主观想象。在教学中客观真实是课程建设和教学设计的有关原理，而不是我们的经验。④要想对课程建设和教学设计有所突破，就必须了解高等教育目前面临的问题。中国的高等教育改革在内容上面临的问题是如何从纯而又纯的知识传递转换为思维的培养（知识是思维的一个要素），相应地，在人才培养上要实现学生从单纯的知识的接收者变成既有知识的探索者和新知识的生产者，从而完成新文科背景下创新型、实践型、复合型甚至国际型人才培养的目标。所以，在课程建设和教学设计的过程中，我们要体现从纯知识教学向思维教学的转变，但这种转变要依据上文所提及的课程建设和教学设计原理，不能随意或任性展开。⑤教学的本质是知识传授，除了上文提及的传统教学模式下的纯而又纯的知识传授要转变成思维培养，课程思政即在知识传递的同时帮助学生树立正确的观念（“知识＋观念”）也是新文科背景下知识传递的重要内容。新文科建设在教学部分天然含有课程思政、立德树人的内涵。知识传授在新文科背景下就从传统的狭隘的老师对“知识”的传授（纯而又纯的知识传递）变成了学生对既有知识的探寻、新知识的生产以及“知识＋观念”（课程思政）广义的“知识传授”了。

以上是我们对新文科建设和一线教师手中的两项具体工作——知识生产和知识传授的拆解。至此，新文科建设就被解读成在新文科的要求下从事新知识生产和广义的知识传授。

再次，本书在第二章详细阐述了新文科背景下如何从事知识生产。为了解释这个问题，需要分成三个步骤：①知识生产的本质和底层规律是什么；②新文科的要求是什么；③新文科的要求如何落实到知识生产环节和如何评价。这部分的阐述极为艰辛，因为知识生产的本质和底层规律是相互交织的两条线索——知识生产过程（提出问题、分析问题和解决问题）和思维本质（问题、结论、前提、论证），思维本质下面甚至包含各种论证技能（分析论证、评论论证，什么是分析、什么是评价）。而本书只能以其中一条线索即知识生产过程为主线，但在阐述提出问题、分析问题和解决问题的时候还要随时补充思维、逻辑、论证、分析、评论等相关方面的知识和技能。这使得第二章的叙事线索显得极为复杂，但是没有办法，因为知识生产本就是极为复杂的事物。具体内容已经在第二章详细介绍了，在此就不再赘述了。需要强调的一点是，当我们从底层的知识生产规律拆解了科学研究，并且将新文科的要素融入科学研究（知识生产）的具体步骤和环节中的时候，困扰学术界多年的新文科评价问题（科研部分）就迎刃而解了。这一点笔者在写作的时候并没有意识到，只是在写作推进到这个部分的时候突然萌生出来的想法，而且这个想法具有说服力，这就是写作和思考的魅力，因为只要你开始写，你就会与很多新的思路不期而遇。

最后，我们来到了第三章新文科背景下如何进行知识传授。这部分内容在第三章介绍得颇为详细，我们在这里仅做一个总结。中国的高等教育目前面临着很大困境，那就是纯而又纯的知识传授并不能满足人才培养的需要，必须转型到思维培养的轨道上来（不是不注重知识，而是将知识放在思维的培养过程中予以强化）。这个转型势在必行，而且从国外高等教育的发展历史以及联合国教科文组织的相关决议中就能够得出这个结论。在这一背景下，狭义的知识传授必须转化成广义的知识传授（上文已经解释，不再展开），体现在一线教师手中的这门课如何建设以及这门课如何上好，这就涉及课程建设和教学设计的相关理论。尽管笔者再三强调批判性思维要求我们在作出判断的时候必须依据客观真实以及教育学原理对课程建设和教学设计的重要性，在这部分还是要再强调一下，笔者是依据课程建设和教学设计的教育学原理来解决新文科背景下的知识传授问题。倒不是炫耀笔者对批判性思维的遵守、对教育学原理的掌握，只是想要再次提醒读者，依据教育学理论解决教育问题是我们高等教育工作者的本分。但就是这样的本分，很多人没有意识到。这才导致很多“学者”用政治话语、政策话语解读新文科，这本身是不专业的，即便有些人觉得不妥当，却说不出为什么不妥当，原因就是没有做到用专业（教育学）解决教育问题。这是令人遗憾，甚至是难以接受的情况，这相当于一个不懂数学的人在大学里教授数学，不懂经济的人大谈特谈中国的经济政策。闲聊可以，如果在学术圈混未免贻笑大方。写到这里，笔者想起了苏格拉底的名言——“我唯一知道的就是我一无所知”，这句被后人广泛传颂为——“我知我不知”的名言其实很简单但很难被人意识到。不知道就不能瞎说，一定要克制自己的表达欲，以免沦为公众嗤之以鼻的“所谓专家”。

以上就是本书的写作缘起和行文思路，本书探讨的话题非常庞大，涉及新文科、科学研究（知识生产）、知识传授、课程建设、教学设计等诸多内容。囿于篇幅的限制，我们没有办法将所有的内容深入细致地展开，还有很多底层的逻辑、设计原理没有提及，书中对一些理论可能解释得过于简单，可能使读者产生理解上的障碍。这一切请读者在阅读本书的过程中随时补充课程论、教学论、教育学以及教育部颁布的高等教育相关文件。同时，本书的写作是在批判性思维的指导下展开的，尽量符合批判性思维的要求，在知识生产、课程建设、教学设计等方面无不体现批判性思维。书中对批判性思维的介绍过于局促，请感兴趣的读者阅读笔者出版的其他著作或者参考文献中提及的关于批判性思维的著作来增强对批判性思维（关于批判性思维，美国已经持续研究了100年，联合国教科文组织将其列为21世纪重要的教育课题）的理解。

参考文献（全部）

扫码阅读

参考文献（部分）

文献：

[1] Lori Varlotta, "Designing a Model for the New Liberal Arts", 104(4) *Liberal Education* (2018).

[2] Marijk van der Wende, "The Emergence of Liberal Arts and Sciences Education in Europe: A Comparative Perspective", 24 *Higher Education Policy* (2011).

[3] Samuel Goldberg, "The Sloan Foundation's New Liberal Arts Program", 18(2) *Change* (1986).

[4] Ted Baker & E. Erin Powell, "Entrepreneurship as a New Liberal Art", 52(2) *Small Business Economics* (2019).

[5] Tricia A. Seifert et al., "The Effects of Liberal Arts Experiences on Liberal Arts Outcomes", 49(2) *Research in Higher Education* (2008).

[6] [Anonymous], "New Ways from the Liberal Arts?", 298 *Nature* (1982).

[7] 安丰存、王铭玉：《新文科建设的本质、地位及体系》，载《学术交流》2019 年第 11 期。

[8] 别敦荣：《人文教育、文科教育、"新文科"建设概念辨析与价值透视》，载《高等教育研究》2022 年第 8 期。

[9] 蔡德贵：《美国的新文科探索及其"疑"与"难"》，载《新文科理论与实践》2022 年第 3 期。

[10] 操太圣：《知识、生活与教育的辩证：关于新文科建设之内在逻辑的思考》，载《南京社会科学》2020 年第 2 期。

[11] 段禹、崔延强：《新文科建设的理论内涵与实践路向》，载《云南师范大学学报（哲学社会科学版）》2020 年第 2 期。

[12] 樊丽明：《"新文科"：时代需求与建设重点》，载《中国大学教学》2020 年第 5 期。

[13] 樊丽明、杨灿明、马骁、刘小兵、杜泽逊：《新文科建设的内涵与发展路径（笔谈）》，载《中国高教研究》2019 年第 10 期。
[14] 方延明：《新文科建设探义——兼论学科场域的间性功能》，载《社会科学战线》2022 年第 4 期。
[15] 冯果：《新理念与法学教育创新》，载《中国大学教学》2019 年第 10 期。
[16] 龚旗煌：《新文科建设的四个“新”维度》，载《中国高等教育》2021 年第 1 期。
[17] 季卫东：《新文科的学术范式与集群化》，载《上海交通大学学报（哲学社会科学版）》2020 年第 1 期。
[18] 李凤亮：《新文科与当代中国文论的“破”与“立”》，载《探索与争鸣》2022 年第 9 期。
[19] 李凤林：《加快建设“新文科”主动引领新时代》，载《中国高等教育》2020 年第 1 期。
[20] 龙宝新：《中国新文科的时代内涵与建设路向》，载《南京社会科学》2021 年第 1 期。
[21] 马骁、李雪、孙晓东：《新文科建设：瓶颈问题与破解之策》，载《中国大学教学》2021 年第 1 期。
[22] 权培培、段禹、崔延强：《文科之“新”与文科之“道”——关于新文科建设的思考》，载《重庆大学学报（社会科学版）》2021 年第 1 期。
[23] 田晓明、黄启兵：《论我国“新文科”建设之中国特色》，载《苏州大学学报（教育科学版）》2021 年第 3 期。
[24] 王铭玉：《新文科——一场文科教育的革命》，载《上海交通大学学报（哲学社会科学版）》2020 年第 1 期。
[25] 吴岩：《国际共识 中国创新——准确把握新时代高等教育发展的着力点》，载《中国高教研究》2022 年第 8 期。
[26] 徐显明：《新文科建设与卓越法治人才培养》，载《中国高等教育》2021

年第 1 期。

[27] 赵奎英:《试谈“新文科”的五大理念》，载《南京社会科学》2021 年第 9 期。

[28] 赵奎英:《“新文科”“超学科”与“共同体”——面向解决生活世界复杂问题的研究与教育》，载《南京社会科学》2020 年第 7 期。

[29] 周毅、李卓卓:《新文科建设的理路与设计》，载《中国大学教学》2019 年第 6 期。

[30] 朱晓刚、廖源菁:《论“新文科”的价值取向与建构路径》，载《新文科理论与实践》2022 年第 3 期。

图书:

[1] Erik J. Coats & Robert S. Feldman, Steven Schwartzberg, *Critical Thinking: General Principles & Case Studies*, Mcgraw-Hill College, 1994.

[2] Frans H. van Eemeren & Rob Grootendorst, *Argumentation, Communication, and Fallacies*, Routledge, 2016.

[3] Gerald Graff & Cathy Birkenstein, *They Say/I Say: The Moves That Matter in Academic Writing*, W.W. Norton & Company, 2016.

[4] Judith A. Langer & Arthur N. Applebee, *How Writing Shapes Thinking: A Study of Teaching and Learning*, National Council of Teachers of English, 1987.

[5] [美]布鲁克·诺埃尔·摩尔、理查德·帕克:《批判性思维》(原书第 10 版)，朱素梅译，机械工业出版社 2015 年版。

[6] [美]丹尼斯·库恩、约翰·米特:《心理学之旅》，郑钢等译，中国轻工业出版社 2015 年版。

[7] [加]董毓:《批判性思维十讲——从探究实证到开放创造》，上海教育出版社 2019 年版。